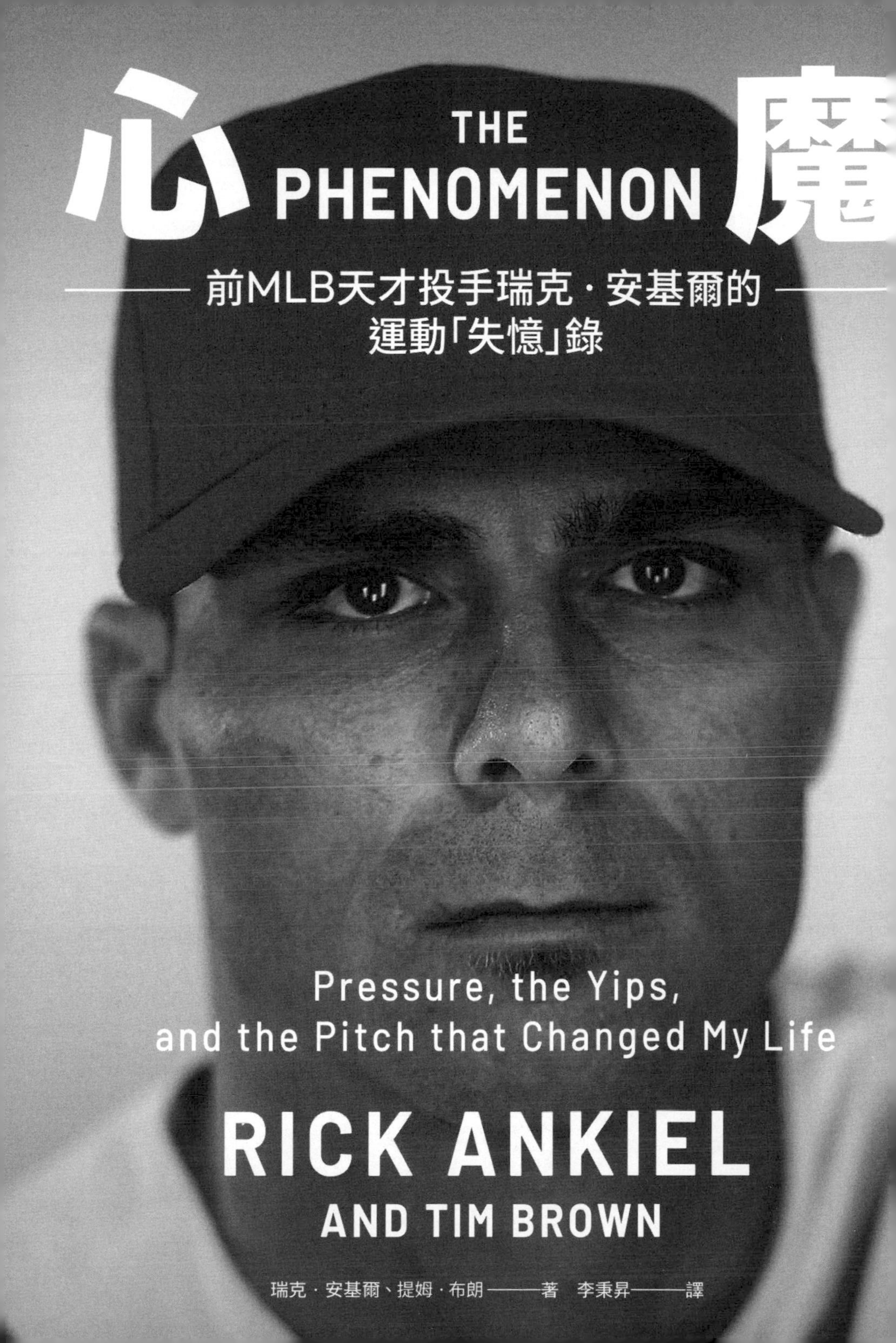

心魔

THE PHENOMENON

前MLB天才投手瑞克·安基爾的
運動「失憶」錄

Pressure, the Yips,
and the Pitch that Changed My Life

RICK ANKIEL
AND TIM BROWN

瑞克·安基爾、提姆·布朗——著 李秉昇——譯

目錄

序章

我有兩個兒子。他們讓我保持良善、知道如何活在當下、變成更好的人。

他們的名字分別是戴克蘭（Declan Ankiel）和萊克（Ryker Ankiel）。他們會陪我釣魚，就跟我小時候陪我父親釣魚一樣。憑我記憶所及，我父親在我小時候是釣魚高手，現在可能也還是。

戴克蘭和萊克算是對棒球有興趣。過去有一段時間，我非常熱愛棒球，後來有陣子失去了一些熱情，然後才又重新愛上它。我以往的人生，有很大一部分就只有棒球，好的經歷、壞的經歷都有。如果戴克蘭和萊克開始問起棒球，我會推薦棒球的好給他們，而感覺上他們也快到了會開始問這種問題的年紀。他們有權決定自己的喜好。只要他們願意承諾有耐心地學習，並且把打擊頭盔戴牢，我就會無怨尤地替他們投打擊練習，直到他們不想打為止。

這兩個孩子是這麼地年輕，我幾乎記不得我在那年紀時的事情。他們是很乖的男孩，平常還會很貼心地關心他們的媽媽——也就是我的妻子蘿瑞（Lory Ankiel）。蘿瑞應該覺得自己有三個男孩要照顧，而不是兩個，因為我有時候的表現就像個還沒長大的孩子。我會渴望自己的童年重新來過不是沒有原因，有一部分的我希望自己能度過另外一個版本的童年，讓我能夠清晰地回憶，並且感到溫暖。

我時時刻刻都在思考，該怎麼好好養育戴克蘭和萊克長大、該怎麼把「作為人父」這件如此重要的事做好。當他們看到一些滑稽好笑的事情而樂開懷，讓我不禁跟著笑出來的時候；當他們在我心情不好的某天跟著哭泣的時候；當我開皮卡車載著他們，跟他們一起唱鄉村歌手布萊恩（Luke Bryan）[1]的歌的時候，我都在思考這些事情。

看著兩個孩子長大，參與他們的生活，有時候他們掉牙齒了、頭髮亂糟糟的、吃一半的巧克力甜甜圈黏在臉上，都會讓我一再讚歎他倆怎麼會那麼完美；也會讓我回想，自己過去是不是也是那個當父母望向車子後照鏡時會看見的孩子，坐在座位上被安全帶保護著，確信那天會是美好的一天，明天也會是美好的一天，爹地、媽咪會永遠在一起，而我也會永遠陪伴在他們身邊。

戴克蘭今年五歲，喜歡數學。他有時候會練習念ABC來殺時間，一邊把樂高方塊組成車子、房子、或任何他認得的東西，一邊哼著字母歌。打開電視，他會看的節目是《美國忍者勇士》（American Ninja Warrior）[2]。戴克蘭長得跟我很像，我們有一樣的眼睛，也是我外公的雙眼。他出生時，護士把他包在藍色的毯子裡，交到我的雙臂中，看著他，我覺得他是我這輩子看過最美麗的事物。他對著他的父親，也就是我，眨了眨眼睛。在這眼神的交流中，我承諾會一輩子善待他，教他怎麼善待別人；關愛著他，努力試著不讓他失望。我不會用言語羞辱他、不會動手打他母親。相反地，當他需要被推一把時，我會在他身後支持他；當他面臨危機需要保護時，我會在他前面變成盾牌；當他不需要我時，我仍願意伴他左右。戴克蘭是下一個世代，跟我們這代不一樣，我承諾給我長子更好的成長環境。喔對了，戴克蘭跟我一樣，都是左投左打。

萊克今年四歲。他已經認知到，身為家裡年紀和體型都最小的人，他必須比他哥哥更強硬、更好鬥、更會耍一些小聰明才行。他是我的小鬥士，很敢言也很果斷。最近我都要叫他「嗆辣小子」（**hot sauce**），他才會在第一時間知道我在叫他。通常他哥哥喜歡什麼，他也會跟著喜歡什麼，這行為似乎是他故意惹戴克蘭生氣的策略。萊克投球的慣用手是右手，出生時一樣被護士包在藍色的毯子裡，而我也對他許下相同的承諾。

如果晚上有棒球比賽的話，我們會一起看。

「把拔，我們應該幫誰加油啊？」戴克蘭問。

我會回他：「這個嘛，把拔曾經跟這個叔叔當過隊友，他人也很好，所以我們今天晚上就幫

---

1 盧克·布萊恩（Luke Bryan）是一位美國鄉村歌手，在二〇一三和二〇一五年都獲選為鄉村音樂學院獎的年度最佳娛樂人物。（摘編自《維基百科》）

2 《美國忍者勇士》（American Ninja Warrior）是美國的　檔闖關真人秀節目，節目模式源於日本節目《Sasuke》，第一季於二〇〇九年開播，冠軍可以奪得一百萬美元的大獎。（摘編自《百度百科》）

他加油。」或是「把拔曾經幫那支球隊打過幾支全壘打、拿過幾次勝投，就是那支穿紅色球衣的球隊，所以我們今天晚上就支持他們贏球吧。」在說這些話的同時，我會把紅雀隊[3]的球帽戴上，然後待會兒再告訴他們為什麼我會這麼做。接下來幾個小時，我們會聊那場比賽，聊有哪些球員在場上，他們為什麼會打球，他們做了哪些努力才能在那個賽場上。紅雀打得好的時候我們會擊掌；打得不好或輸球的時候，我們通常都會忽略，然後開始計畫明天晚上的沙發看球時間。有時候我們會安排更多在客廳打威浮球[4]的時間，只要能把球打到天花板的吊燈，就算揮出全壘打。這兩個孩子對棒球的好奇心，重燃起我對這個運動的興趣。這不是說我之前不想跟他們玩棒球，而是一直以來都有其他事情要忙要做——陪他們玩模型車、餵他們吃晚餐、幫他們洗澡、替他們刷牙、念故事給他們聽直到他們墜入夢鄉。還是球員的時候，打客場或轉隊到新城市，電話中簡短的對話，我都會跟他們說我愛他們、很快就會見到他們。「再睡兩個晚上，把拔就會回到家了。」我通常會這樣說。喔，當然，我也會跟他們講，今晚我會試著為他們打一支全壘打。現在我們則是可以一起玩棒球，很單純地享受棒球的樂趣。

某些傍晚，夕陽西下之時，天氣轉涼，我們會把釣魚裝備收拾好，帶到後院外面的小碼頭一起釣魚去。在水深較深的地方，藏著紅鯛魚、鯰魚、鋸蓋魚。晚餐吃剩的廚餘，都有可能變成我們的魚餌，光是雞塊的碎塊，就可能帶來不錯的收穫。釣魚的時候，我會輕聲地跟戴克蘭和萊克講，以前我父親跟我說的釣魚心法：到底那些魚有多麼聰明，好像總知道接下來會發生什麼事；

牠們喜歡吃些什麼東西；何時會出來覓食。就跟我年紀還小時一樣，男孩們有時候似乎對魚餌桶裡的東西更感興趣，裡面有沙丁魚、鯡魚、大眼鯛、烏魚，等待著被我們掛上魚鉤甩出。我發現我希望戴克蘭和萊克也會喜歡釣魚、喜歡追捕的過程、喜歡與大自然對抗的勝負、喜歡這過程中的美感，因為我自己非常熱愛這一切。身為人父，我覺得兒子們應該要能夠一直跟父親一起從事這樣的活動。

在某些湖水沉靜的夜晚，釣線忽然變緊、看似有東西上鉤的時候，戴克蘭和萊克看著我的眼神，我以前從來沒經歷過，也完全不是我會看待自己的方式。也許這只是我自己的想像，但我滿喜歡那種感覺的。我喜歡被那種眼神看著的感覺，因為它教導我要無私、要承擔責任，在被需要時能挺身而出。我也喜歡它讓我更認識自己，讓我知道自己今天必須扮演什麼角色，以及未來每一天要擔負什麼責任。

要知道人生有分成幾種，一種是你「想要」的人生，一種是你「過著」的人生，另一種則是你「支配」的人生。

3　聖路易紅雀隊（St. Louis Cardinals），是隸屬於美國職棒大聯盟（Major League Baseball）的一支球團。

4　威浮球，原文Wiffle Ball，為一種改良過的安全類棒球。威浮球有特製的塑膠球棒，一隊三到五人即可。因球路變化幅度大，所以沒有捕手，取而代之的是一個大布幕上面畫上好球帶。因其為塑膠製品，球打不遠，打到人也不會痛，也不會打破玻璃，可以室內室外，場地不用太大，已在美國風靡多年。（摘編自《台灣棒球維基館》）

看起來好像很單純，實則完全不然。

過去，外界說我擁有世代級的左臂，而這一點我可是從比戴克蘭現在年紀大一點的時候就知道了。在棒球界，有不少還不錯的投手，也有一些傑出的投手，但能被認為是「獨特」、「世代級」的投手，可是少之又少。當年的我就獲得了這樣的評價；球探這麼認為，打者這麼認為，大家都這麼認為，而我似乎也不得不那麼認為，相信自己擁有獨特的手臂。此外，我自己也想成為那個特別出色的投手。

那就是我過去的人生，帶著獨特的左臂努力前行，直到這條左臂不再特別。而我想要述說的故事是，當左臂不再特別之後，我是如何面對調適這個劇變。

當然，這故事不僅止於此。它也關於一個缺乏信任的童年，因為這童年中的父親不值得信任；它也關於那條左臂，如何帶我掙脫多年的痛苦家暴束縛。高中畢業才兩年，二十歲的我就已經登上大聯盟，成為人人稱羨的大聯盟球員、業界讚頌的天才大物；二十一歲，我站上了從小到大唯一夢寐以求的大聯盟季後賽舞台，擔綱先發投手的大任。

這故事也關於那場比賽之後的發展。在那場季後賽，我比過往更要求自己的左臂，希望它能比之前更加強大，但從那一刻起，它背棄了我；也或許，是我背棄了它。接下來五年，我嘗試追回我曾經嚮往的人生，那個我認為我欠自己、甚至好像全世界都欠我的人生，因為我不想辜負老天爺賜予我如此獨特的左臂，也不想辜負我為了使左臂保有威力所付出的努力。我相信那個人人稱羨的大聯盟人生，是我應得的。

我父親當時只能在監獄裡看著這一切發生。為此我感到很慶幸，特別為我的母親感到高興。

這故事也關於我試圖變回以往那個天才強投的奮鬥之路。我之所以選擇如此奮鬥，是建立在保護自己免於被父親傷害的意志和心理之上。在路程中，我不是沒有成功過，但都持續不久，更多的是失敗的經驗。那些失敗把我往內心黑暗深淵的更深層推去，刺激著我的戰鬥或逃跑反應（**fight-or-flight**）[5]，每一次都讓我付出巨大代價，失去快樂和情緒的穩定性。童年時期對抗總是喝醉又容易暴怒的父親，這份鬥爭意志伴隨我長大成年；成年之後我反抗的對象變成存在於我內心的心魔，不斷糾纏磨耗著我，卻又因為無形而難以捉摸。那時為了追回我嚮往的人生，我使勁地掙扎、粗暴且不顧後果地推進。不是有一句話好像是這麼說的嗎？「如果遇到一個完全不在乎自己打鬥後會變怎樣的人，千萬別跟他打起來。」這是因為打下去的話，你不可能獲勝，而且這場架會怎麼打都打不完。我受困在這樣的鬥爭當中，長達五年的時間，然後又再掙扎了一陣。我希望我能在這一切結束時說：「對，我是很慘沒有錯，但你看看我的對手，它也沒好到哪去。」

---

5 戰或逃反應（**Fight-or-flight response**）是心理學和生理學概念，為一九二九年美國生理學家沃爾特・布拉德福・坎農（**Walter Cannon**）所提出，其發現動物機體面對威脅時，通常會激起神經和腺體的反應產生應激（壓力），使軀體做好防禦、掙扎或者逃跑的準備。後來，這一反應被認為是脊椎動物以及其他生物應激反應的最初階段。不同的荷爾蒙雌激素、睪酮和皮質醇都會影響人們如何對壓力作反應。（摘編自《維基百科》）

但實際上，當我選擇不再跟心魔抗爭時，它感覺沒受到什麼損傷，甚至連疲累、喘氣都沒有。

這故事也關於一些人生的光明面、一些成功的經歷。沒錯，或許我沒辦法成為一名堪用的投手，也不再是很久以前在午後聖路易走上投手丘、然後蹣跚退場的年輕小夥子；但我還是能勝任「棒球員」的角色。

在二十五歲左右時，我的棒球生涯歸零重啟，以外野手身份從低階小聯盟再出發。雖然我的年紀在低階小聯盟根本像是個老年人，但我還是一路往上，並且在二〇〇七年的仲夏夜，再次回到大聯盟賽場。即便對於我這種已經經歷過從小聯盟爬上大聯盟的人而言，這還是一件滿不可思議的成就。雖然沒有真的達成我嚮往的棒球生涯，但依然是回到了大聯盟賽場，只是以另一個身份在場上揮灑。

外界稱我是「天生好手」（The Natural）[6]，但擔負這稱號並不容易，過程也不是那麼光彩。不過我還是喜歡《天生好手》的故事[7]，如果要做比擬的話，我覺得我更接近原著作者馬拉默（Bernard Malamud）筆下的霍布斯（Roy Hobbs），比相隔三十二年才誕生的電影版更加堅毅不拔。我的人生有一段不知道該如何解釋的過去，以前的我也完全不想解釋，因為那段過去太黑暗、太私密，除了我自己之外，其他人不需要知道這些，而且我也已經花太多夜晚嘗試去遺忘，卻沒有辦法。

當比賽時間到來，不管是在投手丘上還是在打擊區上，我都會獨自承擔、面對，就只有我跟心魔的纏鬥。它們曾要脅著毀壞我的棒球生涯，就像在我之前它們已經搗毀了許多前輩的棒球路。那時候的每一天，我都會一再挑戰心魔的限度。我會再做一次深呼吸、再投一球，忘掉前面做過的事，然後重來一遍。當我沒辦法再投球下去、快失去一切希望時，我換上了一雙新的釘鞋，拿起球棒，再做一次深呼吸，再做一次空揮，再給自己一次嘗試的機會。我的故事是關於一名大聯盟球員誕生的過程，這件事本身並沒有多麼空前轟動，只是我達成了兩次。這也是關於一個人如何從男孩變成男人的故事，在這件事上，我只有一次機會，而我也是盡力去做到最好。

這故事也關乎各式各樣的關係與連結。一個男孩與壞脾氣父親之間的關係、一個男孩與受家暴母親之間的關係、一個男孩和棒球之間的關係、一個年輕人與他內在良心的糾纏。還有，一個

6 也是一部知名好萊塢棒球電影，改編自伯納德・馬拉默德（Bernard Malamud）一九五二年所寫的同名小說，由勞勃・瑞福（Robert Redford）主演，該片講述了一個渴望成為棒球員的農家男孩霍布斯（Roy Hobbs），努力成為一名前途無可限量選手的故事。

7《天生好手》電影劇情簡介：霍布斯從小立志成為史上第一棒球員，十四歲時用一棵被雷擊中而倒塌的橡樹製造屬於自己的球棒。十九歲那年，他暫別女友愛麗絲，決定前往芝加哥展開棒球生涯。然而，卻在離家圓夢的火車上發生了意外。十六年後，霍布斯已不再是身體力強的小夥子，他加入了一支人家都不看好的三級球隊，然而熱愛棒球的他，仍然找到機會展露他的實力，一度締造「羅伊霍布斯風潮」，卻遭人覬覦，企圖以金錢收買及美人計，終止他的棒球生涯。當初戀女友愛麗絲帶著驚喜消息出現在棒球場時，忍著舊創的霍布斯精神為之一振，他是否能擊出勝利的一球，畫下其棒球生涯的完美結局？（摘編自桃園電影節影展資訊）

迷失自我的人，以及那些幫助他追尋嚮往人生、安撫他妥協於既有條件的人，他們之間的互動。

這故事也講述一個男孩，怎麼經由棒球獲得解脫，卻又遭到棒球背棄。

這故事也探討人的大腦，怎麼會讓一件簡單到不行的動作——拿起一顆棒球向前丟，變成幾乎是不可能的任務；為什麼有那麼多跟我一樣身材高壯的職業運動員——大聯盟投捕手、NBA[8]射手、NFL[9]四分衛[10]、高爾夫選手，也遭遇到類似情形，過程中甚至被憂鬱和焦慮折磨，心理出現難以修復的傷痕。球員時期被心魔完全主宰時，我每天晚上都會在汗水和恐懼中驚醒；醒來之後，便會慢慢開始做日常準備，前往球員休息室，換上制服、從置物櫃底層抓出一個手套，然後想著，今天會不會終於是我找回自己的那天？

有非常長一段時間，我都不在乎為什麼我會是那個身陷囹圄的人。世界上有成千上萬名投手，而我正好是遭到心魔纏身、半夜會冒冷汗大喘氣、徹底迷失自我的那一小群之一，很多有類似際遇的人或許會想大喊「為什麼是我」，但我卻完全沒有這種想法。那時我心裡想的是，如果知道為什麼，能改變這一切嗎？我會因此變成比較好的投手嗎？我能因此把我的人生從心魔手中搶回來嗎？

車子爆胎之後，知道爆胎的原因能改變爆胎的事實嗎？你還是得打開後車廂，把備胎拿出來，換掉爆胎，然後繼續前行。畢竟，該走的路還是要走，目的地依然在那兒，而時間則是不留情地一點一滴流逝。與此同時，有數以百計的車子經過，上面的人肯定都想著：「還好爆胎的不是我。」或是：「那傢伙真可憐。好，我應該在這個路口左轉，還是下一個？」或是：「外面看起來很冷耶。」

以前我認為自己不需要了解原因，我可以自己換輪胎，就算它中途又漏了氣，我還是能幫它打氣，不斷重複這個循環，盡可能地走多遠是多遠。

過了幾年之後，走完了那些路、經歷過兩段職棒生涯的我，才開始好奇，到底爆胎的原因是甚麼，為什麼我當年會被心魔纏上。我想我的兩個兒子未來應該也會想知道。下個世代的球員，如果有人跟我一樣遭遇生涯的爆胎，旁邊經過的車輛中，會有人願意暫時把車停在路邊，下去關心他們嗎？誰會願意下車走到他們身旁，一邊意味深長地目視遠方的艷陽，一邊跟他們說：「嗯，看起來你的輪胎輾過釘子了，我以前也遇過這種衰事呢。」

我應該能幫上忙吧。至少我能確定，我可以花心思投入並且關心這件事。我的故事，或許會

8 國家籃球協會（National Basketball Association, NBA）是北美的男子職業籃球聯盟。（摘編自《維基百科》）

9 國家美式足球聯盟（National Football League, NFL）是世界最大的職業美式足球聯盟，也是世界最具商業價值的體育聯盟之一。（摘編自《維基百科》）

10 四分衛（Quarterback, QB），是美式足球和加拿大式足球中的一個位置。四分衛是進攻組的一員，排在中鋒的後面，在進攻線的中央。四分衛通常是進攻組的領袖，大部分的進攻由他發動。四分衛有責任在大部分的進攻前發出暗號。（摘編自《維基百科》）

讓這些生涯不幸發生爆胎的選手，知道他們並不孤單，就算他們的輪胎可能再也沒辦法恢復正常（常常都無法完全恢復），但至少有個經歷過的人願意為他們駐足停留。有了這樣的想法後，我也才終於做好去了解更多的準備，到處詢問探訪，聽聽別人的故事、專家的研判，來逐步解開「我到底發生什麼事」的謎團。我很清楚自己遭遇的症狀有哪些，但症狀的根源和發生原因，我卻不了解。我不想要帶著痛苦且憤世嫉俗的心情去探究原因，而是單純且實際地想知道：為什麼是我遇到了爆胎？誰有可能是下一個遇到類似問題的人？未來針對這樣的情形，有沒有更好的對策？

我想講述的故事，也是一段沿著來時路往回走的旅程，只是這一次面對自己的過去，我不再畏畏縮縮、垂頭喪氣，而是抬頭挺胸且誠實地回首過往，帶著好奇心檢視我曾經嚮往並實踐的大聯盟生涯，以及那段大腦裡住著心魔的日子。事實上，那隻心魔至今仍留存在我的大腦某處，只是我們已經學會了如何和平共處。也或許，我能跟我的心魔結為同盟，一起來協助對抗他人腦中的心魔。為了做到這件事，我也想積極地向前看、向前行。我想帶著坐在副駕的妻子蘿瑞，以及在後座安全座椅內的兩個孩子，一起經歷接下來的旅途。我會活在當下，努力成為更好的人。

在心魔吞噬我的第一天，我人站在聖路易紅雀主場的投手丘上，能夠聽到血液從大腦流逝的聲音。我跟心魔有很多種互動模式，我時常咒罵它、為了它接受藥物治療、試圖跟它把酒言歡、也會央求著它饒過我。到最後，我選擇向它投降，不再想著要征服它，而是選擇另一條道路，與之共生共存。雖然沒辦法完全抹除它，可是我的人生沒有因此停滯，我依然昂首前行，而我希望多年之後，我的孩子們也能承繼這樣的精神。有時候我們只能無可奈何地接受人生的某些際遇，可是過程中的奮鬥和掙扎，也不會白白浪費，每一分努力都值得。

我想讓我的孩子在長得夠大、夠懂事、夠好奇的時候，了解我的故事，而這也是我想出這本書的目的。我不想要漏掉這故事的任何一部分，因為它包含了好壞各種面向：正面的部分，是我人生嚮往而且有做到的事情；負面的部分，也是我認為孩子們應該知道的現實。畢竟，在戴克蘭和萊克未來的人生道路上，肯定也會有足以構成阻礙的釘子。也許，我的故事能幫他們先清掉一些釘子，讓他們能走得順遂一點。

我會盡可能回憶這路程上的點點滴滴，把值得記下的環節分享給大家。

第一章 審判日

警訊來的步調不像毛毛雨那樣，斷斷續續且力道不足，反倒更像是一條湍流，正穿過佈滿岩石的河床，雖然看起來頗急，可是跟我還有一段距離，應該在上面一層，或是更高的地方，還得再翻騰幾波才會下來。照這情況，我應該還算安全吧？如果我不動、當作沒看見、或是站在不會被波及的地方，這條警訊湍流就會通過，我也可以不再緊張屏息，開始放鬆呼吸。然而，我的心卻想要我起跑，跟著湍流並行。

瑞克（Rick Ankiel，作者自己），快點，我們得衝了。現在就得衝了。

但我沒辦法起跑，我只能待在那兒。那條湍流朝我這而來，它從一開始就鎖定我了。

跟它正面對決吧，瑞克，跟它拚了。你行的，瑞克，回想一下你的投球機制。右腳掌往後……

湍流拍打岩石、石子翻攪碰撞的聲音漸漸加大，就像一個變了調、走了音的交響樂，音量愈來愈大，聲響引發的震動衝破了空間的限制。湍流翻騰穿過了攔阻，我頭腦裡血液快速流動的聲音環繞耳際，流量過大像是溢出了血管，拍打激盪著動脈管壁，就如同大雨之中被雨水震撼的屋簷排水導管、大海之上遭到浪濤無情對待的扁舟。隨著令人不安的內心聲響愈來愈大聲，我的心臟跳動地愈發激烈，頭部血液的流動更加不受控制，從我額頭後方、繞過眼睛周圍、到耳朵旁邊、延伸至臉頰附近，最後沿著頸部後方順勢而下。

忽然間，我臉上的血色褪去，取而代之的是一陣爆汗。雖然流汗，但其實全身發冷，唇齒乾燥渴求水份的滋潤。我感受不到自己的雙手，於是雙眼向下沿著左臂看去，試圖定位左臂的確切位置。我手上應該有拿著什麼東西的。喔，是一顆棒球。原來我剛才手上有拿著一顆棒球？他們已經把球傳回來了嗎？

現場實在太吵了，看臺上的觀眾，直朝著我大吼大叫，我聽不清他們在說什麼，但我能聽到來自頭腦內部黑暗處的聲響，那些令人不安的警訊噪音，朝我席捲而來。我只能孤身一人面對。

瑞克，你行的，不過就是打棒球而已嘛，你知道該怎麼做的。

但我當下已經不知道怎麼投球了。在那之前我很會投，但那個當下我已經忘了。

該死的，瑞克，把球丟出去就好了啊。來，右腳往後踏……

我看到了，球在我的手掌裡，但我完全感受不到它的存在。我感受不到縫線、被塗抹過泥土的牛皮表面，也感知不到球的圓潤形狀還有重量。一點熟悉感都沒有。我就像戴著毫不相關的烤箱防燙手套，而那顆球好似是別人幫我拿著，捧在手上，等著我去拿球開始丟。

瑞克，把球拿起來啊。把球拿起來，然後丟出去。

心魔主宰了我。它再次主宰了我。

心魔的力量匯聚起來，可怕又不輕易饒人，吞噬著我，讓我頭暈目眩、陷入黑暗、迷失了方向。我無力反擊，毫無防備能力。我曾試著一笑置之，或是哭泣宣洩，不斷丟球直到沒辦法再丟為止；我也曾試著不予理會，把它忘記，一個小時或兩個小時，有時甚至一整天，但回來後才發現問題沒有解決，心魔反而在我內部深處變得更加壯大。

那時的我還很年輕，才剛開始可以喝酒[11]；在心魔啃食的當下，我非常需要酒精的麻痺。我投出一球，它跌跌撞撞地滾向捕手的位置，然後一切急轉直下。我的腦子瞬間被不確定性佔據，身體不受控制地緊急關機，焦慮感則使喉嚨沙啞。我的大聯盟生涯因為一顆失控的投球開始迷航，並且把我一部分的人生、一部分的所愛、一部分的所恨、一部分的未知，跟著一切帶進了迷途。焦慮襲來的態勢，就像水壩支撐不住洪流崩垮，而我就是在下游載浮載沉的那葉扁舟，迎接失控的洪流而來，經歷一陣沖刷之後，在災後的沙河泥濘裡舉步維艱，每一步都踐踏地更深、每一步都被河水淹沒更多，最後慢慢地陷入溺斃的邊緣。

我以前能夠投球，我以前很會投球，而且是很強的那種。然後轉瞬之間，我就不會投球了。

我不知道為什麼會忽然喪失了這個能力。即便過了十年之後，我還是不知道為什麼我突然不會投球。

外界曾經盛譽我會成為下一個科法斯（Sandy Koufax）。科法斯是大聯盟史上最偉大的左投手之一，而他們認為我有可能達到跟他類似的成就。然後在一瞬之間，這個比喻就不復存在，因為我不再是當初那個他們看到的投手。

我曾經對自己人生的未來很有把握，至少有信心說大致的方向不會太偏差，然後在一瞬之間，我變得完全迷惘。

我曾經非常清楚自己爭鬥的對象是甚麼，通常他們就在我前方，距離我剛剛好六十呎又六吋[12]。在小時候，我爭鬥的對象不一定距離我六十呎又六吋，比較近，而且近非常多，帶著迷離狂亂的眼神、酒氣薰天的口氣，以及陰晴不定的臭脾氣。但那還不算最糟的，真正可怕的爭鬥會在之後襲來，一下子攻佔我的全部，一下子全然消失，有時候則像現在，無情地現身，讓我內心的焦慮感迅速堆積起來，掩蓋我的聽覺，外面五萬人的嘶吼吶喊，甚至抵不過我頭裡面的噪音。這場爭鬥我必輸無疑。我會輸掉，然後跌入更加黑暗的深淵，在那裡空氣變得稀薄，就連最簡單

11　美國的法定最低飲酒年齡為二十一歲。

12　六十呎又六吋為棒球運動投手板至本壘板的距離，由棒球規則規定之。

的動作——比如說丟球——都會變成挑戰我心智成熟度的終極考驗。我的決心，甚至是我該死的理智，也都受到了挑戰。

標準的大聯盟投手丘，從最高到最低點大概二十五公分，光這高度就足以讓我產生棒球版的懼高症症狀。

與此同時，謝亞球場（Shea Stadium）[13]觀眾席上有一個球迷舉起了一個手做的牌子。看臺上有數萬名球迷，比賽又是在十月份[14]，所以現場非常嘈雜、氣氛陷入沸騰，這是一場在紐約進行的季後賽該有的樣子。感覺上，看臺上的人都在對著我吼叫，並且帶著嘲諷地口吻拉長我名字的音節。「你爛透了！安基——爾！」、「你真是個怪胎，安基——爾！」、「快丟個好球過來嘛，安基——爾！」過去面臨到類似的情況，我從來不曾往觀眾席的方向看去，因為我當時夠堅強、對自己夠有信心，那些球迷根本沒辦法撼動我。不過這一次，我看向了觀眾席。

在那一刻，我的職棒生涯正在崩壞，我的球隊不能夠再倚靠我的投球了。我已經好幾天沒有睡好。我的父親雖然在監獄裡，但是有機會就一直打電話給我，拖慢我前行的腳步，甚至是把我往後拉。我的母親也一直問我的情況，想知道我是不是安好，擔心我是不是在休息區染上了什麼不為人知的神經肌肉病變。記者不斷追著我，問一些我沒有答案的問題。那些問題老實講，沒有人有答案。有些人——包含一些朋友——就只是注視著我，什麼都不說，但這還不是最令人難受的。最令人難受的是，有些人會對我說一些聽起來很好聽的話、一些鼓勵的話，但他們不知道，那些話在我耳裡更像是在可憐我。

我心裡想，看臺上幾千個陌生人，能說出些我還不知道的事情嗎？

於是我把頭抬起來，看向那個舉起牌子的球迷。

那個男的笑著，雙手高舉形成V字狀，上方的牌子寫著：「安基爾是個X檔案[15]。」

他根本不知道這是什麼感受；看臺上的人沒有一個知道。

大家都在看著我，所以我給了一個反應。我笑了。但那只是個光天化日下的謊言。

從外面看來，我最終可能像是挺過了心魔的折磨，或是我自己感覺像是已經度過了那一切。

我選擇了向心魔投降，選擇轉向另一個爭鬥，在那個新的人生爭鬥裡，我不會做重複的惡夢、不會用伏特加麻痺自己、不會整天一直從一百倒數我的呼吸次數。以前我做這些事情，單純只是為了撐到比賽開打、保持思緒的穩定，但往往達不到預期的效果，到最後都還是會心魔纏身、陷入

13　謝亞球場（Shea Stadium），為紐約大都會隊於一九六四年至二〇〇八年的主球館，位於紐約皇后區。二〇〇九年，大都會隊將球場遷移至花旗球場，謝亞球場也隨之走入歷史。球場的名字來自一位律師威廉・謝亞（William Shea），他在一九六二年時爭取大都會隊落腳紐約。（摘編自《維基百科》）

14　大聯盟季後賽通常在十月份進行，賽事重要性增加，因此會受到更高的關注。

15　在美國知名影集《X檔案》（The X-Files）的設定當中，X檔案指的是美國聯邦調查局（Federal Bureau of Investigation, FBI）的一種檔案類別，為無法結案或是被ＦＢＩ列為較低重要性的案件，通常涉及神祕、靈異、科學和常理很難解釋的超常現象。

崩潰。

那些掙扎的過程是很負面的，但也是這故事很重要的一部分。這些掙扎的起點，是在一個相當美好的午後，地點位在聖路易紅雀的主場。在這座球場裡，棒球是一種信仰，球員則是盡忠職守且受到愛戴的實踐者。一切看似美好，但對於場上那個身穿紅雀制服、身處在季後賽首戰、準備開始投球的人來說，可不是如此。

這場景發生在我看見舉牌人的十一天前；從那之後，我投出了至少十二顆猶如脫韁野馬不受控制的球。舉牌人如果是真的有意干擾我的思緒，那他真的是選對了場合，因為就是在人夠多的場面，我更容易受到影響。

當時的我，其實還沒有真正達到球技的巔峰，畢竟才剛變成所謂的「大人」，看上去初生之犢不畏虎，哪怕是子彈射過來都不怕，在球場上對決虎視眈眈想用球棒予以重擊的對手。雖然我自認可能沒辦法成為像大家說的「下一個科法斯」，但我相信自己應該可以一直投球下去。

結果我的投球生涯早夭了。心魔佔據我之後，我從未「真正」投過球。曾經有一段時間，我的投球生命苟延殘喘地活著。我嘗試說服自己，我正在投球；也許這樣做，就還能繼續下去。

他們把心魔稱作「那個東西」，因為它沒有正式的診斷，也沒有明確的解方。他們嘗試逃避、不去面對，甚至連稱呼它都很避諱，因為棒球員的談話中不可能出現「焦慮症」這種詞彙。他們就管它叫「那個東西」。簡單來說，「那個東西」會把擁有運動天賦的人，轉變成癱坐在角落、眼睛盯著時鐘的可憐蟲。這可憐蟲身邊盡是被翻得皺褶掉頁的勵志類書籍，而他之所以看著時鐘，只是為了保持頭腦清楚，並且在比賽時間到來前讓神經穩定下來。

我見過這些可憐蟲。在我自己成為可憐蟲前，我看著他們心裡會想：「該死的，老兄，振作一點吧，丟個棒球有那麼難嗎？」然後沒多久，我也被「那個東西」纏上。

我曾對天發誓，心魔不會把我擊倒。畢竟，我已經花了那麼多時間、那麼賣命地去嘗試成為下一個科法斯、第一個安基爾、或是任何值得這一切的成果，其他結局都是我所不能接受的。我會投出精準且強而有力的速球，使球殘酷無情地掠過打者身旁，讓他們無計可施；我會站上投手丘超過一千次，在上面慢慢變老、變得更有智慧、變得富有，然後成為一個不凡的人，因為這是我努力之後應得的。我也會成為我小時候夢想成為的那個人。在那些童年的深夜裡，我會聽到車子停在路邊的聲音，緊接著前門會大聲地打開、闔上，隨後就是吼叫、拳打腳踢；睡不著的我，只好想像自己在一個夏天的早晨脫逃到棒球場打球，嘗試著在喧鬧聲中睡去。每每遇到挑戰和障礙，我都會掌控好狀況，一一排除、繼續前行；對我來說，我父親就是個障礙，而我總是會試著讓自己跟他之間保持距離，愈遠愈好。

我會變得更好、變得毫無畏懼，最終戰勝一切。

但這些都是謊言。

我永遠無法理解，「那個東西」究竟真的只是單純地隨機發生在我身上，還是我不知怎麼地在我特別脆弱的時期召喚了它出現，抑或是它其實早就潛伏多年，默默地等待、策劃、瞄準目標，最終等到機會把我拿下。「那個東西」不會跟我說話，不會對我解釋。我唯一知道的是，它找上了我。在那些覺得特別孤獨無助的日子裡，我甚至感覺「那個東西」就只折磨我這一個人。

我原以為心魔不會把我拉回破碎的年少時期、不會讓我再次面對過去經歷的可怕真相、不會讓我重新經歷那些不光彩的事情，但我錯了。為什麼我當初沒有起身反抗他？那個我試圖逃避閃躲的人，到底是個怎麼樣的人？

十五年過去了，現在的我知道心魔讓我陷入了什麼樣的狀態、使我成為什麼樣的人，而大多數時候，我已經能夠接受這一切。沒錯，有時候我還是會不禁去想，要是心魔當初沒有出現，現在的我會變成什麼樣子；也會想說，會不會老天爺早就安排心魔在我的人生中出現，我人生的劇本本該如此，而非我原本預想該有的樣子。不過現在，我已經比較少去想那些問題了。現在的我，覺得自己已經戰勝心魔，就像找到了解方；或者不該說是解方，而是一種繞道而行的辦法。回到在謝亞球場的那場比賽，當時的我其實只要把頭望向觀眾席、然後不要讓恐懼堆積就好。

瑞克，把球拿起來啊。把球拿起來，然後丟出去。

「安基爾是個X檔案。」看板上寫著。

那真的很好笑。現在我回頭看那個看板，真的覺得滿好笑的。

為什麼會好笑？現在我來說給你聽。

第二章　失控

這是個很長的故事，最主要是關於棒球跟我的關係，關於棒球怎麼拯救我，然後再把我拋棄、讓我孤軍奮戰。我想這故事也關於我父親跟我的關係、關於對我侵門踏戶的心魔、關於一個名叫多夫曼（Harvey Dorfman）的人怎麼和我對抗心魔，然而由於這心魔被養成的時間，幾乎就是我的一輩子，所以沒辦法用「投一顆球」、「投幾千球」的方式來修正，也不是花一整天、花一個棒球季、甚至花一輩子能解決的問題。這故事也談到了，要如何在心魔的糾纏之下生活下去、如何與之共存。這隻心魔很大也很小：大到能盤踞你的全世界，小到可以躲藏在人腦之中；它既是隱形也是具象，就跟投手的投球數據一樣；它沒有聲帶，可是卻常常在夜裡對我吼叫，迫使我驚醒。

這是我看待心魔的方式。當然，大多數時候，我是那個唯一能如此看待心魔的人。這點對我來說，既是解脫，也是不幸。我曾經拒絕它、隱藏它、治療它、對它揮劍直到手舉不起來，也曾與之共存。

夜晚過去，早晨降臨，一天重新展開，新的困境跟著到來，跟舊的麻煩並無二致。其他人看見的不是心魔，而是被心魔困擾的受害者。在我的案例上，受害者就是我，還有賽後成績表裡悲劇的數據。這並不是說心魔跟我毫無關係，也不代表心魔是無緣無故找上我的。畢竟，這個腦袋是我的，身體、手臂、恐懼感也都是我的。我承受著心魔帶來的痛苦，也得透過自己才能夠與之抗衡。說到底，這一切不過只是天殺的棒球比賽而已；對，只是棒球比賽，沒什麼大不了的吧？有時候這樣想著想著，我會聳聳肩、笑一笑，然後繼續邁開下一步。然而，事實是，棒球對我而言就是一切，我不想聳聳肩、笑一笑，然後假裝沒事走過去。雖然承受損傷的人是我自己，但我希望這一切是有代價的。

不過在那一切開始之前，我就是個擁有速球、曲球，以及美好未來的年輕小夥子。那時候我看待世界的方式是帶著一抹不知天高地厚、自以為是的笑意。我覺得沒有任何事物能阻止我、能困擾我，因為我已經成功搞定了我人生的一大難題：我的父親。

心魔（或叫作易普症〔Yips〕、投球失憶症、「那個東西」、「那個現象」等等，它有非常多不同的別名）的到來，是在二〇〇〇年、我第一個完整賽季的十月份，那是一個週二的午後。那年例行賽，我在大聯盟先發三十場，拿下十一場勝投，在一百七十五局的投球中三振掉一百九十四名打者，並在國聯新人王票選獲得第二名的佳績。當我所屬的紅雀隊確定搶下國家聯盟中區冠軍的頭銜時，我是那場比賽的勝利投手。有賴於投手教練鄧肯（Dave Duncan）和擅於配球且懂得安撫菜鳥緊張情緒的資深捕手馬西尼（Mike Matheny），我在球季中感覺自己投得愈來愈好、愈來愈進入狀況。我甚至在打擊上也有一些建樹，那賽季累積七十三打席，繳出二成五〇的打擊率且附帶兩發全壘打。

然後，我投了一場非常糟糕的比賽。真的，非常糟糕。

我沒有受傷、沒有怯戰、沒有生病、沒有分心、沒有特別焦慮、也沒有碰上什麼可怕的意外。即便是這樣，我卻還是經歷了棒球生涯中數一數二糟的一天。那是陽光和煦、帶點微風的溫暖週二午後，國聯分區系列賽[16]第一戰，布許球場（Busch Stadium）[17]共有五萬兩千三百七十八名觀眾，包含我的母親在內。我站在球場中央的投手丘上，堅信自己會投出一場漂亮的比賽。我相信那是我的宿命。

但結果並非如此，我投得一點都不漂亮。我不知道為什麼會這樣。我只知道事情發生的經過、心魔對我的所作所為（或者是說我對心魔的所作所為）、還有它使我變成甚麼樣子。

---

16 為當時大聯盟季後賽的第一輪。那個時候，大聯盟每年有八支球隊可以打進季後賽，兩個聯盟（美國聯盟、國家聯盟）各四隊。季後賽第一輪由單一聯盟四支球隊分成兩組對戰，採五戰三勝制，是為分區系列賽。

17 聖路易紅雀隊主場。

那天的確切日期是二〇〇〇年十月三日，在一般情況下，不過就是日曆上的一個空格，沒什麼特別的。我是個年僅二十一歲的年輕人，正享受著新鮮的大聯盟生活。

我童年的經歷，讓我成為不會輕易感到舒適或信任新環境的人。我不會為此感到愧疚；相反地，我某種程度上還心懷感激，因為那些經歷使我變得堅強、不容易被擊倒，讓我覺得沒有人能傷害我。即便如此，二〇〇〇年的我已經開始在大聯盟找到歸屬感、舒適感，開始相信明天會比昨天更好。

當時的聖路易紅雀，有馬奎爾（Mark McGwire）[18]、凱爾（Darryl Kile）[19]、艾德蒙斯（Jim Edmonds）[20]、克拉克（Will Clark）[21]、祖魯（J.D. Drew）[22]等明星球員，坐鎮督軍的則是名教頭拉魯薩（Tony La Russa）[23]。對於那個週二在現場觀賽的許多球迷而言，這支紅雀隊，跟過去傳奇球星吉布森（Bob Gibson）[24]、穆休爾（Stan Musial）[25]、史密斯（Ozzie Smith）[26]、布拉克（Lou Brock）[27]等人所待過的紅雀隊，是一樣的。紅雀依然是美國職棒的傳統名門。

這天本該是換我閃耀的時刻。紅雀已經十八年沒有拿下世界大賽冠軍，分區系列賽第一戰，亞特蘭大勇士隊來訪，這是一個重責大任，而我則是那個銜命出戰的騎士。紅雀教練團決定把球交給他們的未來之星、菜鳥強投——也就是我——的手上，對戰勇士的賽揚強投麥達克斯（Greg Maddux）[28]。對於紅雀球迷來講，接下來的三小時，就是要來搶先看看未來二十年可能會是甚麼樣子。

我沒有達到他們的期待。我投了一球，完全不在捕手所要的位置，投出去的時候看起來不該變成這樣，但最後仍偏離了捕手擺放手套的準壘點。我不太明白那是怎麼發生的。我把眼睛瞇起來、咬緊牙根，再投一球，試圖去反抗讓我失去控制的力量，但為時已晚。在那一刻，我的投球

---

18 曾單季揮出七十轟的大聯盟巨砲，生涯累積五百八十三支全壘打。

19 大聯盟九〇年代的知名先發投手，曾三度入選明星賽。二〇〇二年，年僅三十三歲、仍在當打之年的凱爾因心臟病發猝逝。

20 大聯盟知名中外野手，除了打擊火力兇猛，外野防守更是一等一，生涯曾拿過八座外野金手套獎，入選過四次明星賽。

21 大聯盟史上著名的一壘手，曾獲得兩座一壘手銀棒獎，入選過六次明星賽。

22 打擊能力出色的大聯盟右外野手，入選過一次明星賽。

23 已經入選美國棒球名人堂的知名總教練，截至二〇二一年球季結束為止，執教生涯累積兩千八百二十一勝，為大聯盟史上第二多。

24 已入選棒球名人堂的投手，曾兩度獲得象徵投手最高榮譽的賽揚獎，生涯累積超過三千次三振。

25 紅雀隊史最偉大球星，生涯累積多達三千六百三十支安打，以及四百七十五轟，平均打擊率為三成三一。

26 大聯盟史上防守最強的游擊手之一，生涯拿過十三座金手套，入選過十五屆明星賽。

27 大聯盟史上的盜壘好手，曾八度獲得聯盟盜壘王頭銜，生涯累積九百三十八次盜壘成功，為球史第二多。

28 大聯盟史上最強投手之一，以精準控球和多變球路著稱，生涯累積三百五十五勝，曾拿下四座賽揚獎、十八座金手套，於二〇一四年入選名人堂。

生涯實質上已經結束了，但跟大多數人畫下職業生涯句點的方式不一樣。其他人大多是因為年紀大了，或是肩膀壞了，才選擇高掛球鞋，但我不是，所以也沒有老將退休時回顧輝煌生涯的待遇。我是以受盡恥辱的姿態，走下棒球場。當然，這不是一次就直接告別了棒球生涯，而是一段十分漫長的路程，經歷過不知道多少次受盡恥辱的退場。

一次看似平凡到不行的投球，卻引發了一連串的崩壞。在那之前我已經執行了不知道多少次類似的投球，都沒有問題，但就在那一球之後，我後續投的許多球，都把我一步步推向令人冷汗直流、感到難堪的結尾。

那一球出現的原因可能有上千個。為什麼我會投出那球？我是怎麼投出那球的？那球最後的進壘點怎麼會是在那裡？為什麼即便那球已經過去了，我卻不願意忘掉它？或者是說，為什麼那球一直在我腦中縈繞，不願消失？

三局上，一出局，一壘上有獲得保送上壘的麥達克斯，打者區上的則是瓊斯（Andruw Jones）[29]，球數一好〇壞。當時紅雀六比〇領先勇士，對我來說，接下來只要繼續勇於進攻好球帶，試圖控好位置不讓打者揮出全壘打，不用做甚麼太偉大的事情，我們應該就能穩穩的贏球。若我們贏球，對我來講也是個人的勝利，代表紅雀的未來一片光明。

當天我們派出的捕手是赫南德茲（Carlos Hernandez），他是很有資歷的捕手，人也很好，或許不是明星等級球員，但蹲捕功力十分紮實。不過，他終究不是馬西尼。之所以沒有派主戰捕手馬西尼，是因為他在前一週不小心被過生日時收到的獵刀劃傷手掌，暫時無法接球。那個球季我出賽的場次，大部分都是馬西尼來接我的球，因為我只是個菜鳥，我相信馬西尼的配球，還有他所說的每一句話。他的聲線非常深沉，帶著一點沙啞，聽起來像是克林．伊斯威特（Clint Eastwood）[30]，能讓人覺得值得信任、感到放心。然而，現在我人在投手丘，馬西尼則倚靠在休息區的欄杆上，我沒辦法聽他說話。

赫南德茲打暗號，伸出兩根手指，指示我投曲球。他往身體的右側蹲去，遠離右打者瓊斯所在的位置一些。瓊斯那年例行賽打擊率三成〇三，附帶三十六發全壘打，是一名非常強悍的打者。我也同意這時候應該對他投顆曲球，所以眨了一下眼睛示意接受配球，進入投球預備動作，先讓眼睛飄向一壘跑者麥達克斯，然後再轉往赫南德茲手套所擺放的進壘點。

到目前為止狀況一切正常。我不會感到疲累，現場的氣溫不會太熱、也不會太冷，剛剛好。主場球迷情緒十分投入，看臺上有不小的喧鬧聲，他們相信我的投球實力，也覺得六分領先能為球隊帶來勝利。我手臂的狀態很不錯，頭腦也很清醒，完全專注在投那顆曲球上，絲毫沒有其他雜念，一切相當自然，根本不用去思考投球機制。就讓球出手，然後它就會飛往捕手的手套吧。

29　勇士隊史著名外野手，生涯前期是兼具長程砲火和頂級防守能力的球員。

30　知名好萊塢演員、導演。

在我內心的影像裡，出現了一個非常聚焦的視線，我已經能想像到等下球脫離我的手之後，會形成什麼樣的路徑：球會從我的手飛出，通過視野聚焦的路徑，最終抵達捕手手套，發出「啪」的撞擊聲。這是我在內心已經可以看到的景象，之前投球，我也總是能看到類似的畫面。我做了一次深呼吸，讓自己稍微放鬆，感受球在手掌裡的感覺、雙腳蓄積的能量，想像那個聚焦的視線，準備把球投出。

我是在上高中後不久，學會投我那顆曲球的基本要領。教我的人，是一位非常有耐心、名叫佛萊澤（Charlie Frazier）的投手教練。後來我到密蘇里州喬普林市，為青少年奧運會（Junior Olympics）[31]練習、進行測試時，又再去精煉了這個球路。當時我的投手教練是歐森（Bill Olson），他會跪在投手丘和本壘板的中間，然後我會往捕手所在的位置，投數十顆越過他頭頂的曲球。「這球不行。」他會說：「不行，還是不行。要記得把窗簾往下拉的動作。這顆還是不行。讚啦，這球這樣就對了！來，再來一顆，就跟剛剛那球一樣的投法。不對，這顆不對。對了！沒錯就是這樣！」有賴於歐森教練的指導，我的曲球從一個只能在自家後院丟著好玩的球種，變成足以在大聯盟賽場使用出來的武器。我很喜歡這顆曲球，也很信任它。當它狀況不好的時候，我會去回想那些把一顆顆曲球扔過歐森頭頂的日子，回憶他是怎麼一點一點修正我的曲球、試圖喚回出手時那種順暢的感覺，直到狀態回歸為止。

接著，我也不太確定確切發生了什麼事，可能是球出手的時間點太晚了吧。由於對當時曲球的狀況不是特別有信心，加上為了不要投出下墜幅度不足的曲球，我扣球的動作可能太多了，所以沒有投出走後門[32]的軌跡，而是把球送到了反方向、非常靠近打者的位置。那球脫離我手掌和手指的方式和感覺，全亂了套。赫南德茲往他身體左側快速移動，雙膝落地試圖去擋球，但球在打者瓊斯的腳附近落地彈起，掠過了赫南德茲的肩膀，彈到主審後方形成暴投，而一壘上的麥達克斯也趁著這個機會進佔二壘。那球打到了本壘板後方觀眾席前側的軟墊反彈回來，赫南德茲起身去追那球。我投完球後，站在投手丘的前方目睹這一切，內心開始覺得不對勁。

其實在這顆曲球之前，有一球也怪怪的。那是一顆速球，出手之後的情形不太尋常。在投那顆速球前，我希望它的進壘點會是在右打者的內角。講到這個，就得先說一下我對右打者投內角速球的思維和做法：我不想把內角速球失投到本壘板正上方，或是不小心投到對打者來說很甜的位置，而且對此非常要求、防衛心很強，所以久而久之養成了一個幾乎變成潛意識運作的出手習慣。這個習慣是，在投右打者內角速球時，我的手腕會有些微的左向轉動，使手指在出手的同時往球體的左側偏移，進而改變球的轉軸，然後影響到球路軌跡。幾乎每一次，我的內角速球到

31　青少年奧運會是美國業餘體育聯盟（AAU）舉辦的年度盛會。與奧運會不同的是，青少年奧運會只對美國選手開放，並在美國城市舉行。

32　指球路從壞球區削進好球帶外角的軌跡。

快進壘前，都會往右打者內角多跑幾公分，這樣的尾勁有時候能幫我凍結住打者，製造站著不動的三振，或是讓打者受到擠壓、打成斷棒。馬西尼就非常清楚我內角速球的尾勁，因為他已經接過、看過好幾百次了。我的內角速球就是會這樣跑，而在一場全國轉播的季後賽比賽、所屬球隊又有六分領先、腎上腺素催化的狀況下，應該有可能比平常多跑個幾公分，但也不至於失控。所以我選擇投了內角速球，但它失控了，往赫南德茲左側的方向竄去，赫南德茲完全反應不及、沒接到，球最後落到了主審的後方。投完之後，我自己覺得有一點怪，後續腦子裡也去想那球，花了比平常多一點的時間和情緒在一顆球上面。不過我沒有被那球羈絆住，後來想想，那應該就只是個普通的失控壞球，當時沒有人在壘上，所以投到捕手沒接到也沒關係；也或許只是單純看錯暗號，投了一顆不在捕手預期之內的球，讓他反應不及。那不過就是在不太重要的情況下，所投出的一顆不太重要的球，除了我之外，沒有其他人會再去想起它。然而，有可能那顆失控的內角速球，已經試圖在告訴我，接下來可能會發生的事情；它也許是在心魔到來之前，我唯一得到的警訊。當然，還是有可能，那球根本沒有什麼重要意義，是我自己後來在投出暴投的曲球後，腦補太多的結果：如果我之後想再投速球的話，結局也會跟剛才那球一樣嗎？暴投的曲球出現後，主場球迷發出了呻吟聲，那場比賽的戰局也在那一刻之後開始轉變。我跟主審示意要一顆新球，把手套舉起來，等待他把球丟過來，這時我心裡想：

嗯，我投出了一記暴投呢。

那天下午，我母親在現場觀賽；我父親不在，因為他正在聯邦監獄服為期六年的刑期，罪名是共謀持有且意圖散發古柯鹼和大麻。要不是他供出了走私集團的首領——也就是他的老闆（這很符合我父親的行事作風），刑期還會更重。他入獄的時間點比原本預定的日期提早了幾個月，因為在被判刑到發監執行的這段時間裡，他又因為持有手槍而被逮捕。嗯，「持有手槍」這個說法有點委婉，更精確來說，是在車上對同行的友人揮舞手槍威脅之後，遭到警方鎖定追蹤，然後持槍的手還伸出車窗外甩來甩去。對一般家庭而言，前述的行為應該是很可怕的事情，但對我們家來說，似乎已經見怪不怪。我們知道該怎麼跟這樣的他繼續生活下去，儘管我們之間的連結瀕臨斷裂，但關係依然存在；有時我們會直接忽視他的一些行為，有時候則是讓有關單位或警察介入處理，「暫時」修正問題。

雖然我的名字是依照我外公的名字——理查·里歐·托頓（Richard Leo Turton）——所取，但諷刺的是，他的名字跟我父親的名字——理查·派崔克·安基爾（Richard Patrick Ankiel），剛好都有「理查」。小時候很多人以為我名字的來由出自我父親，但其實不是。我並非從小就痛恨我父親，至少不是「一直」都恨他。我也曾希望他能對我和母親付出關愛，做一個父親該做的事。我對他的恨，是到後來才逐漸生成的。

小時候若有人問起我父親的職業，我都會回答他是建築工地的石膏板師傅，或是專業的釣魚嚮導。我不是在胡謅，他是真的會做這些事。但根據我們家當地警察的說法，我父親沒有正當職業，就是個毒品販子、小偷、慣犯，曾經被逮捕不下二十次，其中有一半後續被定罪，而有時候我同母異父的哥哥也會跟著他一起被抓。

我們不能選擇自己的父親是誰，但如果你夠幸運的話，你的父親不會是那個在棒球場邊叫你該投什麼球，然後對你的教練大聲咆哮的人；如果你夠幸運的話，你的父親不會是那個在酒吧裡自顧自喝酒，然後把放學後的你丟在停車場內汽車後座的人；如果你夠幸運的話，你父親從事的職業，不會是在吃早餐的時候緝毒局來敲你家門關切的那種；如果你夠幸運的話，你的父親不會是那個在喝醉酒之後，對你母親施暴的傢伙。顯然，我不夠幸運。

我爸之所以只是個幹不了什麼大事的小罪犯，而不是什麼犯罪集團的首腦，是因為他經常被抓。他被抓之後，罪名通常不嚴重，所以關一下很快出來，然後帶著很糟的心情回家。

他是我父親，但這不代表我得一輩子當他的兒子。我接到從監獄打來的電話，試著跟他解釋：對，我是健康的，我不知道我在場上發生了什麼事，或許是投球機制的問題，但他絕對沒辦法幫我解決這個問題，透過一通電話更不可能。我也跟他說，好，我會寄一些我的簽名紀念品到他所在的佛羅里達監獄，讓他送給新認識的獄友。當時我腦子裡已經充斥著夠多雜音了，各種自我懷疑以及對於不確定性的恐懼，它們正一步步把我推向恐慌；我的思緒已經飽和，容不下其他需要分心的事情。

我好不容易靠著在棒球場上的奮鬥，把自己從破碎的家庭環境中抽離，遠離受到我父親折磨的那些年，卻又在大聯盟生涯的起步之時，跌入了一場沒有贏家的心理鏖戰。這聽起來很不公平，但我那時候還不這麼覺得。當時的我也不想承認，我父親的存在對我而言是個劣勢；就算那時有人跟我說，我的父親可能是造成我投出那顆暴投、讓我內心陷入混亂的原因之一，我也不想示弱，不會認可這樣的說法。這就是那時候的我，只專注在手中的球、只想著要怎麼把下一顆好球投出來、只在意要如何贏下球賽，如此而已。我不管外界怎麼去揣測，說什麼我的「家庭背景」、我的「出身」在我最備受考驗的時候帶來最負面的影響，那些說法對我而言都是胡說八道，因為大概在一週前吧，他們才在說我的「家庭背景」跟「出身」，磨練我讓我成為韌性強大的場上鬥士，即便才二十一歲，但面對季後系列賽第一場比賽的先發任務，卻能夠毫無懼色、依然保持意志堅決。

他們說得頭頭是道，直到我的左臂忽然失靈，而我也瞬間變得滿臉懼色。

我深深吐了一口氣，讓心情沉靜下來，決定先忘掉剛才發生的事，繼續投下一球；結果下一球也飛到了主審後方。然後我投出了保送，保送完又是一記暴投；隨後再重複一次：暴投、保送、暴投。「糟了。」我心裡想：「狀況還沒有解除耶。」勇士隊打者一個又一個接續站上打擊區，而我則是一球接著一球地不斷搞砸。超早就挖地瓜的曲球，以及直接飛到本壘板後方護網的直球，交替出現；可憐的赫南德茲，本來背部就有些痠痛，也帶著打完一整個例行賽所累積的疲勞，這時卻還要跟冰球守門員一樣左撲右倒，像在防守全世界最大的球網。現場觀眾有些不知所措，不知道究竟是該大聲替我加油，給予鼓勵，還是應該因為眼前這令人不安的發展而肅穆起來。投手丘上的我，正在逐步崩潰，每次呼吸都上氣不接下氣，一方面是因為愈來愈明顯的焦慮感，另一方面則是因為我幾乎是每兩球就會投出一顆暴投，所以要一直衝向本壘板去補位本壘[33]。勇士隊第五棒打者喬丹（Brian Jordan），上來之後打第一球，敲出安打，繼續在傷口上撒鹽，不過其實他選擇在第一球就出棒，對當時已經完全沒有控球的我而言是一件好事，我甚至有想要上前去擁抱他、感謝他的衝動。（十六年後，我在紅雀隊為球迷舉辦的「夢幻棒球營」[34]中遇到了喬丹[35]，特別上去擁抱他，並且告訴他背後的原因，為此我們大笑了一番。）此時，我已經在那半局投了超過三十球，其中大多數在離手時，我都完全不知道它們會飛向哪個位置；也因為如此，勇士就算只把一球打進場內，卻仍能得到兩分。隨後懷斯（Walt Weiss）敲出左外野方向的安打，賞我一個解脫。總教練拉魯薩走向投手丘，揮舞手臂示意後援投手進場，而我則是把球交到他手上。那是我這輩子第一次因為能夠退場而感到開心，日後我也會漸漸習慣這樣的感受。

總結下來，那個第三局上半我留下的數據如下：投三十五球、被打兩支安打、掉兩分、送出四次保送、丟五記暴投，帶著一個永遠受損的心理狀態退場。

各位知道勇士當天的先發投手麥達克斯，在那年一整個例行賽、總共兩百四十九又三分之一局的投球中，投出過多少顆暴投嗎？答案是：一顆。有鑑於麥達克斯向來無懈可擊的控球能力、足智多謀的投球智慧，那一顆暴投可能也是他刻意為之，而不是控制失準。再問一題，各位知道上一次有大聯盟投手單局投出五次暴投，是多久以前的事情嗎？答案是：一百一十年前。喔，對了，順便也問各位，你知道大聯盟史上單一投手生涯，累積最多的季後賽暴投數是幾顆嗎？答案是：六顆。我在那個週二下午，單局就快追平歷史紀錄，而且投出五個暴投所花的用球數僅僅只有二十顆。

老實講，那天的事情我記得的不多，事情發生的隔天是如此，十年後也是如此。有很長一段時間，那天的回憶對我來說都很破碎，多年之後還是一樣。我不太想喚回關於那一天的細節和記憶。事發將近十五年後，我回去看了那場比賽的影片，看著退場後我臉上的神情，我很訝異：我怎麼看上去那麼冷靜、那麼沉著？之所以會訝異，是因為我很清楚當時的我，內心一點都不冷靜、一點都不沉著。我坐在球員休息區裡面，看著場上自己搞出來的爛攤子，什麼話都沒說，沒有砸手套、沒有破壞任何東西，也沒有想哭的感覺，或者是說，甚麼感覺都沒有。現在回想起

33　投手投出暴投後，捕手通常都會去本壘板後方追球，離開本壘附近。壘上有人的狀況下，為了避免跑者趁機跑回本壘，捕手以外距離本壘最近的投手，就得去補位本壘進行防守。

34　夢幻棒球營（fantasy camp），是美國職棒球隊會在休賽季期間為球迷舉辦的活動，讓球迷可以親身體驗大聯盟球隊春訓基地的設施、球場、訓練課程，同時接受退役大聯盟球星的指導，跟他們互動，希望能達到「兒時夢想成真」的感覺。

35　喬丹在加盟勇士之前，大聯盟生涯發跡於紅雀，所以也有受到邀請去參與紅雀的夢幻棒球營。

來，我當時應該是處在驚嚇的狀態中：一個自以為無人能擋的二十一歲年輕人，認知到自己其實十分脆弱的那瞬間，所受到的驚嚇；他忽然發現了一個之前不曾察覺的盲點，發覺內心深處有東西不太對勁，而且這問題似乎沒辦法很快地獲得解決。這很像頂級拳擊手第一次被擊倒的情形。通常他們第一次被對手擊倒之後，眼神都很空洞；這空洞或許百分之九十來自於剛才臉上挨的那拳實在太重了，但應該也有百分之十來自於自信心和傲氣的流逝。當時的我，也像是臉上重重挨了一拳，然後被拖到板凳區，只是我的臉並不像拳擊手挨拳有瘀青，我沒有一個明確的傷疤來解釋剛才和後來發生的一切。

賽後，我告訴所有人，我只是投球動作跑掉了，這種事情之後不會再發生，順便笑兩聲、調侃自己一下：至少現在棒球史上關於暴投的記錄裡，肯定少不了我的名字了。然而，事實是，「這種事情」將一直發生，而我的職業投球生涯也在剛起步不久之時，就陷入了近乎沒有任何希望的窘境。不過對於才剛在比賽裡折騰了十五分鐘、投得亂七八糟、隨後跌入情緒風暴的我而言，實在是太多東西需要消化了，很難清楚認知到那一切代表的確切意義為何。

易普症，或者說是心魔（我的經紀人波拉斯〔Scott Boras〕是這麼稱呼它的，但他從來沒有在我面前講這個詞），自那場比賽後便纏上了我、糾纏著我，最終戰勝了我，摧毀了我的投球生涯。它以前也幹過類似的事情，受害者不計其數，諸如投手布拉斯（Steve Blass）、沃勒斯（Mark Wohlers）；二壘手薩克斯（Steve Sax）、納布拉克（Chuck Knoblauch）；捕手薩瑟

（Mackey Sasser）、班奈特（Gary Bennett Jr.）等人。這些受害者當中，有些是大聯盟球員，但更多的是球迷未曾聽過的小人物。他們再也找不到以前熟悉的丟球出手點，接著失去面對一切的勇氣；也有可能是反過來，先失去了勇氣，才找不到正確的出手點。誰又確切知道到底是怎麼發生的呢？通常心魔造成的主要症狀，是無法做出最簡單基本的傳球；如果職業棒球員連基本的傳接球都做不到，那真可說是武功全廢。對於投手來說，最基本要能傳到的距離，就是從投手板到本壘板的六十呎又六吋，再加上從本壘板到捕手手套之間的那幾吋；捕手的話，要把球回傳給投手，也要能做到同樣距離的傳球；至於一壘手，則是要能傳更長一點的距離。

我聽過很多人的故事，主要的情節大同小異，但主角的名字會一直變來變去。他們都是在某一天，忽然不能像以前那樣傳球、丟球，手臂就像患上了幾乎無藥可醫的暈眩症。不過那些故事都是「他們」的故事，老實講，以前的我不是很在意。當然，我會同情他們的際遇，但只有一點點，後來，我比較能夠感同身受，因為自己也成了受害者之一，可是我光自己的問題就已經夠棘手、夠麻煩了，哪裡還有時間去管別人遭受什麼痛苦、面臨什麼失敗呢？這些球員某一天忽然喪失賴以為生的技能、最終被迫退出棒球賽場的故事，有任何意義嗎？我真能從中學到任何東西？

心魔降臨之後，我得到的是無盡的惡夢。有時候視角會有所不同，一種版本是以第三人稱觀察自己投球，另一種版本是透過自己的雙眼看比賽經過，但夢境的基本結構都差不多，大概是這樣的：球在我的左手上、打者在打擊區等球過來、捕手舉起手套準備接球。我的工作是把球投到捕手手套所擺的位置，但感覺上那不單純只是工作而已。在夢境中，拿起球、把球投到捕手手套，像是我這一生的終極夢想、唯一目標。它的重要性之大，甚至達到了關乎生死的地步。雖然投球這動作看似簡單容易，但我已經能感覺到災難將至，所以我遲疑了。手中的球好重，周遭的空氣愈來愈蓊鬱，我開始冒汗，呼吸愈來愈大力、愈來愈急促，我到底在害怕甚麼？四周的人群瞪大雙眼看著，張嘴叫著，不解為什麼我還不開始動作。我也想把那球投出去，比任何人都還要想，但同時希望還有時間再讓我準備一下。

拜託請再給我一分鐘的時間。一點點額外的時間，都好。

我看不見平常投球時會有的聚焦視線，它跑去哪兒了呢？為什麼不見了？終於，我點頭，要開始投球了：抬起右膝、頭往後傾、右腳朝本壘板的方向跨步、握球的手從手套中脫離。動作運行至此，我右眼的餘光已能瞥見捕手手套，接著左臂向後延伸，左腿發力，跨步的右腳落地，感受到投手丘前方的斜度。我的投球機制相當完美，緊跟著就是最後把球送出的動作，然後左臂像鞭子一樣向前拋甩。照前面這樣一系列的動作下來，我應該能投出一顆好球，而且有信心可以重複投出好幾顆，甚至是未來永遠都能如此投下去。如果辦到這件事，我就徹底地解脫了，能再次成為那個不受束縛的自己。

然而，那顆球怎麼樣就是飛不出手掌；我的手也怎麼樣都沒辦法把球送出去。也因為如此，我向前踉蹌了幾步，被投球動作發出的動能和地心引力拖拉，險些失去平衡。在這做了不下千次的夢境裡，我都會感到無比的懼怕，害怕那顆球跟我的手始終分離不開。差點跌倒的我，此時把目光從手上的球移開，轉往四周，發現周圍的人們都在注視著我、議論著我，要求我給他們一個解釋：剛才那到底是怎麼一回事？你怎麼沒有把球丟出去？他們對我感到厭惡，不懂為什麼我連這麼簡單的事都做不到。

把球投出去就好了啊，就投出去而已，到底有什麼難的？

深夜裡驚醒。我會躺在床上等待，讓急促的心跳逐漸緩和下來，一邊咒罵著心魔怎麼那麼狠心，不肯放棄對我的糾纏，連我睡覺的時候也不放過。

喔，我的天，各位不知道我有多麼需要、渴求一晚好眠。我只不過是希望能得到一絲平靜，卻好像成了奢求。我想要那些人不要再盯著我看了，拜託他們把頭撇開，不要再注視著我。

我試過很多方式去處理這些問題，包括喝酒舒緩自己，嘗試在那些被惡夢侵擾的夜晚入眠；也曾經藉由吃藥，試圖讓自己好過一些。我曾正面迎戰心魔，花了四年的時間在小聯盟投球，希望能投到心魔消失；那段過程非常痛苦，因為那裡不是我想投球的地方，而我的表現也跟預想的程度差得非常遠。最後，我發現沒有一個方法有用，於是選擇放棄。我放棄的過程也是有故事的，在放棄之前，我是真的把手臂、腦袋、耐性都操磨到不能再繼續下去的地步，重啟投球生涯卻發現一切都已經回不去了，然後看著自己成為眾人眼中的失敗者。

所以最終，沒錯，我選擇了放棄，但我沒有就此止步不前，而是再一次的重新開機。

第三章　名為理查的那位男子

一九七七年的夏天，丹妮絲・托頓（Denise Turton）在佛羅里達匹爾斯堡市（Port Pierce）遇到了理查（Richard Ankiel）。理查是匹爾斯堡當地人，白天在衝浪板上乘風破浪，晚上總會出現在派對之中，跟他喝酒聊天少不了樂趣。

年僅二十歲且單身的丹妮絲，是才剛落腳匹爾斯堡的外地人。她帶著年幼的兒子——菲利普（Phillip），一起從紐約州水牛城（Buffalo）搭乘灰狗巴士（Greyhound）到佛羅里達。此前她這輩子沒見過大海，第一次見著時被遼闊的景色驚艷得說不出話，好像她費了這麼大功夫、跑了這麼大段距離，就是為了找到這個最適合自己的落腳處。丹妮絲認定匹爾斯堡就是她的家，她在這裡會很開心，而菲利普應該也能在這兒快樂成長。丹妮絲對這點很有信心。

不過丹妮絲的父親（也叫做理查〔Richard Turton〕——理查・托頓）卻很擔心，畢竟外面的世界可能會給出許多難題，而他唯一的女兒雖然在過去面臨難題時，有展現出逐一慢慢化解的能力，但在家鄉界線之外的環境，可是完全不一樣的。或許丹妮絲在水牛城和老家所屬的社區生活圈，能找到辦法順利過關、安穩地過日子，但外面世界給出的難題，很可能是不同的檔次。

理查．托頓從事的職業跟他父親一樣，都在水牛城當地的汽車工廠工作，擔任機械工。後來他兒子也跟隨父親和祖父的腳步，加入機械工的行列，因此可說是三代都做同一種工作。托頓在二戰期間入伍當兵，戰後回到家鄉繼續當汽車廠的機械工。他待人謙和有禮，並擁有一雙外貌特殊的眼眸——瞳孔既不是棕色，也不是淡褐色，而是幾乎呈金色，邊緣繞著藍色的環，每當丹妮絲或她哥哥蓋瑞（Gary Turton）做錯事，托頓只需要用這雙眼睛給他們使個顏色，兩個孩子就會導正自己的行為。托頓的妻子，也就是丹妮絲的母親，叫作米爾德蕾（Mildred Turton）。米爾德蕾負責處理家務、接孩子放學、照顧托頓回家後的起居，因為經過一天的繁重工作後，回到家的托頓往往已筋疲力盡。雖然不富裕，但他們的生活很恬靜，彼此的關係很好，沒有緊張的關係、沒有深夜的吼叫，就是一個幸福的家庭。至少就丹妮絲而言，他們家是完美的。

然而，當丹妮絲開始上中學時，米爾德蕾已經因為背痛近乎喪失行動能力，醫生說罪魁禍首是她脊椎裡的某些東西。儘管進行多次手術，但米爾德蕾的症狀不僅沒有緩解，似乎還變得更加嚴重，有好幾個月的時間，她只能臥床，有時待在家裡，更多的時候則是在醫院。每天晚上下班後，托頓都會去醫院照看妻子，他會坐在床邊握著她的手，跟她分享他一天的生活、孩子們的狀況，就跟以前米爾德蕾還沒臥病在床時一樣；在米爾德蕾還沒生病時，托頓回家後，她也會這樣跟丈夫分享生活。後來米爾蕾德去世了，享年五十一歲，醫生說死因是最後一次手術引發的「併發症」——有可能是感染，也有可能單純是飽受病魔摧殘的米爾蕾德再也撐不下去了。那是一九七六年，剛滿二十歲不久的丹妮絲，才經歷完將近十年母親健康逐漸走下坡、最後去世的痛苦過程，希望能走出母喪的哀痛，也想要做些什麼來發掘自身的定位。

於是丹妮絲決定帶著兒子菲利普，動身前往佛羅里達。丹妮絲的朋友莫琳（Maureen）有個跟菲利普差不多年紀的女兒，所以四人結伴一起出發。目的地選在匹爾斯堡，是因為莫琳有親戚住在那兒，好有個照應。匹爾斯堡坐落在佛羅里達東部的海岸，距離邁阿密（Miami）約兩小時車程，是一座以捕魚、畜牧、柑橘等產業為主的小城。丹妮絲和莫琳落腳匹爾斯堡後，丹妮絲在一家餐廳找到了工作，擔任服務生。這兩個年輕媽媽帶著各自的孩子，搬進了一套條件不差的兩房公寓。丹妮絲用五百美金買了一台小小的達特桑[36]汽車，學會怎麼把它開到當地的社區大學，因為她在那報名了會計課程，想利用業餘時間進修。

漸漸地，丹妮絲融入了當地年紀跟她差不多的人群，大部分時候都在海灘附近社交。她很喜歡海灘，那裡是她交朋友的地方，很多她在那兒交到的朋友，三十五年後依然保持聯繫。丹妮絲也是在海灘上結識理查，變成朋友，只是三十五年後，他們的友情不再。不過理查在這過程中，成為了丹妮絲第二個兒子的父親。

理查的原生家庭有五個孩子，他排行老四。大約兩歲的時候，他們家從紐約州的雪城

（Syracuse）搬到了匹爾斯堡。他的父親沒有一起搬過去，只有母親一人帶著五個孩子，單親的條件，使孩子們吃飽穿暖成了奢求。理查基本上不太願意去聊童年的事情，只模糊地提到他的母親、酒精，以及母親的男友們。那些男友來來去去，有時會有暴力傾向，在那種時候，理查跟兄弟姊妹們會四處躲藏，直到一切平息為止。每次談到這些事情，理查最後總是會聳聳肩、表現出不太在乎的樣子，好像那些童年回憶已不再重要，影響不了他。「隨便啦，過去都過去了。」他總會這麼說。

丹妮絲跟理查不一樣，她來自充滿溫暖的和樂家庭。她能夠以實際行動展示美滿家庭的幸福，給理查知道。他們可以建立起令人安心的互信，生活平和、沒有額外的心理壓力，並朝把兩個孩子養大成人的共同目標努力（理查頗喜歡年幼的菲利普，而菲利普也喜歡理查的陪伴）。他們有能耐在匹爾斯堡共組一個家庭，享受著當地不錯的環境、友善親切的社群、美麗歡樂的沙灘。不過理查不是這麼想的，他還有自己的人生要過。所謂「自己的人生」，包含了住在隔壁城鎮的另一個家庭——他的前妻以及他們生下的女兒。理查開始酗酒，有時離家而去，後來更心生

---

36 達特桑（Datsun），乃是日本日產汽車在緊湊型乘用車、卡車等產品使用的品牌、商標、車名。一九七〇年代日產汽車推出膾炙人口的達特桑240Z，在全球引起一陣旋風。當時日產汽車以「NISSAN」主打日本本地，外銷市場則以「DATSUN」行銷，直到一九八〇年代結束才改推單一品牌「NISSAN」。（摘編自《維基百科》）

嫉妒，每每回家總是心情鬱悶，想找辦法發洩、試圖導正他看不慣的事物。

丹妮絲——也就是我的母親——多年後回想那一切，真希望當年的自己能有足夠的勇氣和預判能力，選擇離開理查。如果能在一切剛開始變糟的時候，就斷捨離，也許日後就不會那麼痛苦。不過那時的丹妮絲，總是在理查離家時，逐漸淡忘身上瘀傷帶來的疼痛，然後任憑類似的劇碼重蹈覆轍。

現在，母親跟我、還有我的家人一起住在佛羅里達的朱庇特市（Jupiter）。我們家的成員有我的妻子蘿瑞、兩個男孩、我、我的母親，偶爾菲利普也會來住我們家。在家裡，我們訂了一條規則：不准談論關於父親的任何事情。這規則是有道理的，因為過去每每談到父親，母親總是會為那段難過的人生感到哀傷，而我也會因此生氣，氣我母親也氣我自己；那些對話無一例外，都會把我們帶向鬱悶的低谷，言談過程解決不了任何問題，結束之後也只會留下壞心情。我們覺得實在浪費了太多時間在那些毫無效益的對話上，於是下定決心，不再讓我父親把我們逼向陰鬱的低谷，要盡量擺脫所有悔恨、可怕的回憶、任何與之有關的情緒。

事實是，我還很小的時候，很喜歡父親，希望能夠討好他、希望他能夠享受陪伴我們的時光。我常常覺得不解：為什麼父親會那麼生氣？為什麼啤酒會讓他那麼不開心、那麼暴力？母親當時相信自己總有辦法可以挽救這個家庭，給孩子們一個健全的成長環境；她也不忍心看到我失望的樣子，所以一而再再而三地忍受著父親造成的災難和痛苦。

那個時候，父親有時會跟我們住一起。當他離家時，偶爾也會來探望我們。或者他會打電話，問我們——我跟菲利普——隔天想不想去釣魚，或是去衝浪。我跟菲利普都會說好，然後晚上興奮得睡不著覺，因為爸爸很有趣，總能把我們逗樂。即便我們的父親像是兼職而非全職，但偶爾有些時刻享受到跟其他孩子一樣的父子時光，仍讓我們得到非常多慰藉。

隔天上午，我們會很早起，穿好衣服坐在客廳，等待爸爸的車在九點的時候開過來，停在外面的路邊，因為他跟我們約好九點見面。大約十點的時候，我跟菲利普其中一人會把電視打開，開始看電視，但音量不會開太大，好讓我們還能聽見爸爸的車開過來的聲音。到了十一點，媽媽會說我們可以自己出去玩了，但我們不肯，因為爸爸說他會來，而且我們也比較想去釣魚或是衝浪。過了中午到一點的時候，媽媽會跟我們說，爸爸有打電話跟她講了，說他今天臨時要去工作，很抱歉沒辦法陪我們，之後有機會再好好補償我們一番；但我們都知道電話根本沒有響，媽媽只是在替他說謊而已。不過下一個週六，早上九點，我們還是會乖乖坐在客廳沙發上，穿著衝浪的裝備、擦好去海灘前必備的防曬乳，聞起來活脫是兩顆大椰子，靜靜等待外面街道汽車駛進並靜止的聲音，嘗試著不哭出來。

這一切最殘酷的一點是，當父親真的有時間、也選擇來陪我們時，他確實對我們非常好。我們會很興奮地坐進汽車後座，期待著接下來一整天的精采；爸爸的心情也很好、車頂上綁著衝浪板，目的地是捲浪一波波打上岸邊的沙灘。

上了車，出發前，爸爸會打開收音機，裡面播送著鄉村音樂，此時我跟菲利普都很清楚接下來的活動是甚麼。

「好啦，音樂開始了，如果你們不開始唱歌的話，我們就不去沙灘了喔。」他會這麼說。就算完全沒聽過那首歌也沒關係，我們知道該怎麼做。

我們會先隨著旋律哼，等到歌聲裡面一些語句能夠辨識得出來，就跟著唱，一邊咧嘴不好意思地笑著，好像這是全世界最丟臉的事情。

「我聽不見你們唷。」爸爸會這麼說，然後我們就會提高音量、大聲縱情地唱著，讓左鄰右舍都能聽到我們的歌聲之後，爸爸就會打檔把車子駛出車道邊，展開旅程。我們帶著無比愉悅的心情，唱著關於鄉村酒吧和各種心碎故事的歌曲，享受著彼此的陪伴。

等到我九歲還是十歲的時候，媽媽能替爸爸編的缺席理由都編完了，但她仍然沒有放棄解釋。她依然會替父親道歉，說她很對不起我們，因為爸爸今天沒有出現；她依然會用謊言來幫父親解釋理由，因為她相信孩子們需要一個爸爸，而孩子們也不需要知道事情的全貌。母親認為，儘管父親經常缺席，但一個經常缺席的父親，總比完全沒有父親來得好；此外，她也默默企盼著，某一天父親會認知到，他開進車道邊之前，兩個男孩的期待感有多麼強烈；當他沒有現身時，兩個男孩的失落感有多麼巨大。母親覺得，只要父親體悟到他對孩子的重要性，也許行為就會有所改變。

母親一肩扛起這個家庭，但在必要時，也需要支援。她的父親托頓，有時會給她兩百美金，好讓家裡不被斷電；有時則會塞給她一百美金，幫她支應孩子去打少棒所需的費用和買裝備所需的錢。托頓也會在寄給菲利普和我的卡片中，塞進一張二十元的鈔票，永遠都會附著一樣的手寫紙條：「不要把這些錢全花在一個地方。」母親平常會蒐集各式各樣的折價券，真的不行時就跟朋友借錢付房租，靠著難以支撐三口之家的薪水，日復一日地苦撐。

母親的努力就是為了讓這個家維持正常運作。矛盾的是，雖然她想讓孩子有父親的陪伴，可是她也清楚，要讓這個家正常運作，父親離我們愈遠才是最好的。當父親不在的時候，我們就能找到生活該有的節奏：母親去上班、我們去上學、我回家之後會換衣服、處理好廚房的家事、再出門然後等晚飯前回家。運作起來很簡單，就我們三個人的生活。

父親找到新女友後，會在外面遊蕩好幾個月，接著回家，跟母親道歉。看著他，母親會想到在房間的兩個男孩，或是直接轉頭看向我們，即便內心有拉扯，她還是會選擇原諒，讓家庭回歸四個人。母親始終相信完整家庭的價值，她認為孩子應該要有一個父親在身旁。儘管這個家明明正是因為失職的父親而被拉扯得支離破碎，她還是無法放棄對完整家庭的信念。最不公平的是，母親有時會感嘆父親的缺席，甚至覺得孤單；但父親卻總是在外面風流、闖禍、用完運氣之後，還有一個家可以回、有一頓晚餐供他享用。也許這才是問題所在。不，應該是說，這肯定就是問題所在。

另一個也很嚴重的問題是，父親是個會動手動腳的人，而母親也很懼怕他。母親害怕他的言語威脅、恫嚇，害怕他把她揍到倒臥在廚房地板上的血泊之中。但母親無處可去，她有兩個孩子要養、要保護，她必須保持勇敢。因此，雖然假日孩子最希望聽到父親車子駛進車道邊的聲音，母親卻是會不禁祈禱，在其他時候同樣的聲音別出現在家門外。

第四章　夢魘

我父親可以是個很好的人。在他好的時候，他對我很好，也很講理。他會教我要去哪裡才能釣到鋸蓋魚；衝浪時他會把我放在肩上，或是讓我站在衝浪板的前方，我們有說有笑，享受跟海浪互動的樂趣，然後一起回到沙灘上。回到家在後院，他會打很多棒球給我接。

如果只看我們這一部分的互動，你會覺得我們來自幸福和樂的家庭，我的童年應該是會順順的。

但當然不只有那一部分。在匹爾斯堡沙灘邊的堤道上，有個叫作「小吉姆」（Little Jim's）的老商家，既賣魚餌也賣啤酒跟餐點，很受當地沙灘愛好者歡迎。他們會營業直到我爸喝夠了為止，接著他會回家，帶來一連串的惡夢。在我爸喝酒的過程中，他稱呼我的方式會從「兒子」（他正常的時候，幾乎都是叫我「兒子」），變成「你這個死胖子」，而這還只是最不嚴重的情節。

當時還只是個孩子的我，除了害怕，又還能做什麼呢？母親會大喊：「救命啊！幫幫我！」但我只能躲在床後面，不停地顫抖。聽到廚房裡抽屜被拉開的聲音，菜刀在空中揮舞，刀鋒聽起來像是劃過了什麼。我不敢去看廚房發生什麼事，祈禱著母親有足夠的自衛能力，抵禦廚房裡那頭怪獸的攻擊。然而，尖叫聲再起，我還是什麼事都沒辦法做，只能閉上眼睛，乞求一切趕快結束、那頭怪獸能永遠離開；只要他離開，或許我們就能過得像其他正常家庭一樣開心。

早上醒來，我仍然蜷縮在床後方的角落。打開眼睛，慢慢聚焦，這世界重新回到我的視野裡，在這個時刻，我不會記得前一晚的風暴——那些怒火、威脅、搏鬥、哭泣，反而會感到溫暖、安全，因為我終究只是個男孩，總會說服自己我們在家是安全的。

母親知道我們並不安全，但她仍然選擇留下。我父親可以恣意地在他想回來的時候回來。父親和母親沒有結婚，父親也不曾表現得像是個丈夫，畢竟他在隔壁城鎮還有另一個家庭，也就是我同父異母姐姐的家。母親不敢離開是因為她非常確定，父親肯定會找到她、找到我們，然後把她殺了作為逃跑的懲罰；母親也畏懼，那個總是在喝了一兩瓶啤酒之後，就會揍她、甚至把她打到受傷的父親，會不會因為她離開而做出什麼更可怕的事情。因此，我們留在匹爾斯堡，而父親也繼續喝他的酒。在那些父親從小吉姆喝完酒回家的夜晚（有時候是我開車送他回家，因為他會醉到一直把車開去撞樹。當時我才十二歲），我們都會希望他只是喝酒後的壞脾氣發作，而不是真的有意要致人於死。

緝毒局探員來訪時，往往能提供暫時的解脫。探員會在我們上學前，把車子停在車道邊，通常不只一台，而是會有好幾台。我還記得那些灰灰的清晨時分，警車群紅藍燈閃爍，映照在我家、門外草坪、路樹、鄰居家上的光線。探員會來敲門，找到父親，跟他說他們有搜索票（永遠都是關於持有或販售散發毒品、大麻、古柯鹼），隨後進屋搜查。此時鄰居和對街的人家，都會把窗簾掀開一部分，從屋子的窗戶默默觀察這一切。

當我坐在餐桌上吃完早餐麥片、腦子裡邊想著之前在家用錄影機後方發現的一大包大麻時，探員已經領著父親出門，帶他走過門外草坪，安置他到其中一台警車的後座上。父親之後還是會回來，但絕對不是在那天。我會把吃完麥片的碗放在廚房水槽，刷個牙，在母親臉頰上親一個，出門上學去，好像剛才發生的一切都只是例行公事。

我出門後，母親會站在廚房的一角，內心充滿複雜的情緒——羞愧難堪、身心俱疲、放鬆解脫，但至少父親不在的這段時間，她和孩子是安全的。

有一次，我在緝毒局的車子駛離、鄰居們也都把窗簾放下後，對我母親說：「我絕對不會變成像他那樣。」

「瑞克，你不會的。你不會變成那樣的人。」她這麼回應我。

在某一次父親被警察抓走之後（母親戲稱那些場景根本就是一種《傑瑞．史普林格秀》〔The

Jerry Springer Show」[37]，而那些在窗戶邊和門廊上觀察的鄰居，則像是在現場看好戲的觀眾群），母親鼓起了勇氣，嘗試過上帶著兩個孩子的單親媽媽生活。那些日子裡，父親被帶走後的一兩個小時，母親會因為怕丟臉而不敢出門，但她終究得出門工作、去超市採買、或去銀行辦事，所以還是會等時間稍微沖淡令人感到難堪的程度後，再戴著太陽眼鏡開車出門。她不想成為問題家庭裡的那個女主角，可是事與願違，她只能希望鄰居們能夠理解我們的處境。出門時，她會盡量避免跟鄰居發生眼神接觸，這不僅是替鄰居著想，也是保護她自己。母親知道我們家經歷的事情很可怕、很危險、很糟糕，如果有鄰居的生活因此受到干擾、影響，她很抱歉，但她實在想不到辦法來解決這難題。

我五歲左右的時候，母親在父親不在家的一段時間，出去約了個會。她請了保姆來照顧我（這對當時的她來說可是一大筆開銷），然後跟一個她認識的男人出去吃晚餐、看電影。幾小時之後，他們大約在晚上九點半回到我們的住家，一路上有說有笑，享受了一個不錯的約會夜。

沒想到父親卻已埋伏在旁邊的樹叢之中。看到母親跟另一個男人走回家，他出來先命令母親回房裡，接著把那個男的揍了一頓。母親從家裡看見外面上演全武行，大叫父親要他住手，否則就要報警。但母親沒有報警，其他類似的事情發生時，也都沒有報警，因為到最後，警察終究會離開，而當他們走了之後，只剩下母親自己一人，父親還是會想辦法讓她付出代價。束手無策的母親，只能等雙方的打鬥結束，看著跟她約會的對象憤而開車離去、前往醫院急診室給臉上的傷口縫針。

我父親是個混帳。我真的不希望自己的父親是這樣的人。我希望他能有所自覺，開始改變，不再讓自己當一個混帳，但他依然故我，我們也改變不了他。

每當有選擇的餘地時，父親總是選那個最像混帳的做法，而這也使得那些跟他相處的稀少美好回憶，一次又一次地被沖淡。那些在後院一起傳接球的時光、那些去釣魚的早晨、那些在衝浪板上度過的午後、那些一起看勇士隊比賽的晚上，記憶逐漸泛黃。我還記得父親會帶我到後院，為了好玩而教我投蝴蝶球[38]，像這種時候，我就會覺得他是全世界最酷的爸爸，會回家陪我做這麼新鮮有趣的事情。他有時候回家確實是正常的，好像之前那些不堪的事情從來沒發生過。當他沒有發酒瘋、行為沒有脫序時，對自己充滿自信、舉手投足都有魅力的樣子，讓小時候的我一直相信著，他仍然有可能是個好父親，先前或許是我們看錯他。

---

37 《傑瑞．斯布林格秀》是一個已經停播的脫口秀節目，由曾具有政治人物身份的史普林格（Jerry Springer）主持。節目主要內容就是互相揭露參演嘉賓的私隱，從而激起怨恨、謾罵甚至時有發生肢體性暴力事件。曾被《電視指南》雜誌評為最差的電視節目。（摘編自《維基百科》）

38 蝴蝶球的別名有彈指球、指關節球等，是棒球投手的一種特殊球路。而之所以稱為蝴蝶球，是因其軌跡會像蝴蝶飛舞一樣飄忽不定，有時連捕手都不好接捕。投球時，揮臂不必非常用力，主要是靠著手指在伸直時的彈力把球彈出去，因此也稱為彈指球。（摘編自《台灣棒球維基館》）

一定是媽媽做了些什麼，才會讓父親這麼生氣吧？一定是因為我沒達到他的期望，父親才會那麼不開心吧？一定是警察刻意設了圈套陷害他，父親才會被逮捕吧？至於不只一次幫我擋他拳頭的哥哥菲利普，之所以會去幫父親做事，一定是因為他自己很喜歡，也很擅長做那些事吧？父親一定不會讓菲利普陷入麻煩的，畢竟這世界上應該沒有父親會要孩子去做傷天害理的事，對吧？就是這樣的心態，讓我們繼續容忍父親。有很長的一段時間，我們就是這麼過日子的，我內心還是有那麼一塊崇拜著他，告訴自己不要對他的行為太失望。接著我變得愈來愈強硬，我希望父親能夠喜歡我，不是出自血緣關係的喜歡，也不是因為我很會打棒球而給予鼓勵和稱讚，而是真正的喜歡我這個人本身。結果換來的是甚麼？是更多的失望、更多的暴力相向。菲利普後來也跟著進了監獄，因為父親帶著他沾染毒品，不僅去賣毒、自己也吸毒。照理來說，父親的角色應該是要撫育孩子、引導他們往正向的人生發展，但我們的父親卻把自己的小孩拉去販毒，讓孩子變成共犯。當時我年紀太小、也很害怕，根本無力做出什麼改變，而且就算我長比較大之後，也被告知不應該去挑戰自己的父親，因為不僅沒什麼勝算，還有可能拖累到母親，讓她為此多挨幾拳、身上多幾處瘀青。

如果我去挑戰父親，只會發生兩種情況：一種是我被他毒打一頓，然後什麼都沒改變；另一種是，我靠著年輕的軀體和旺盛的怒氣把他打倒，但他只會一笑置之，明天再把噩夢帶回我們家。兩種情況的結果都是一樣的，所以我選擇不作為、不發聲，並且學會原諒自己這麼做。我默默為母親祈禱，希望她的內心能得到平靜。在那些狂暴的夜晚，我會躺在床上，眼睛緊閉，等待著吼叫聲、尖叫聲、求救聲逐漸停歇。父親離開之後，我希望他就永遠地離開，但心裡清楚那不會發生。隔天，父親就會回來，然後我跟這個毆打恐嚇母親、讓母親眼淚流不停的男人，會在後院傳接球、聊勇士隊的先發輪值、嘗試對彼此投蝴蝶球，投不好時嘲笑對方，好像前一天什麼事都沒發生過。「我們是安全的吧。」我會對自己低語：「媽媽應該也安全了。一切都會沒事的，一切都會有所轉變。」

然而，我父親就是一個死性不改的混帳，等我長大，不再天真、不再傻傻地抱持希望時，他也已經把我跟他的人生都攪得一團糟了。雖說如此，好強的我，內心不承認這件事，我不想讓他得逞、讓他感到滿足：我的人生沒有被他影響、沒有被他擊倒！

「他打不倒我的。」我告訴自己：「他想打倒我的話，壞的程度還得再加三級、爛醉的程度還得再加五級，不然根本不夠壞、不夠醉。現在我已經長得夠大，他沒辦法再撼動我了，因為我根本不屑理他。這就是我戰勝他的方式：我不再鳥他。當你對某個人連理都不理時，他絕對擊不倒你。」

或許父親痛恨自己的人生，想順帶把我們也拖下水，所以才會做這些事情。我不知道，也不確定，但那也不重要了，因為我在對抗心魔的路途中，找到了一個遠比他好的父親，而這個對我猶如父親角色的人，名字叫哈維（Harvey Dorfman）。後來，我自己也成為人父，而且自認做得比父親好很多。那些過去其實是可以有選擇的，我們家可以不是那個樣子的，但父親卻選了最糟的一條路，並一再重蹈覆轍。算了，真的算了。我會找到屬於自己的道路，而當我找到它且大步向前時，絕對不會邀請他參與。

第五章　丹尼斯

我最好的朋友，在我十三歲的時候去世了。他的名字叫丹尼斯（Dennis），住在幾個街區之外的一幢長方形小屋子裡，只有一層，沒什麼特別的，跟很多匹爾斯堡當地的房子長得差不多。我很喜歡那棟房子，因為丹尼斯會在那兒，而且到那邊代表我不用待在家裡。我們家結構上沒有問題，住起來是安全的，只是待在家有很高的機率會遭遇情緒上的風暴，令人難受。

在丹尼斯家，我們會進行各式各樣一對一的運動對抗，項目隨著當季熱戰的賽事而改變，但我們最常玩的還是棒球。我們的玩法很簡單：我投，他打，他打擊出去，我嘗試去接；然後換邊。我們運用想像力，把屋子周遭的環境，想成偶像墨菲（Dale Murphy）[39]所在的勇士隊主場——亞特蘭大富爾頓郡球場（Atlanta-Fulton County Stadium）：打到房子的角落之內，就是一壘

39 墨菲（Dale Murphy）是勇士隊史知名球星，活躍於一九八〇年代，曾兩度獲選國聯最有價值球員獎。

安打，打到遠一點的沙子路上，就是二壘安打，打到更遠一點的鄰居房子旁，就是三壘安打，如果能打到懸在空中的電話線，那就是全壘打。有時候我們會把球打進丹尼斯家後院外的小林子裡，那就是界外球。我們常常跑進林子裡撿界外球，在追球的過程中，有時候會被林內的一些東西吸引，消磨了好一陣子，直到晚餐時間過後才回家。即便當時我才十三歲，對於是非對錯的判斷還沒有很成熟，但我知道丹尼斯人很好，也知道跟他在一起是很安全的。跟丹尼斯在一起，是少數我能得到安全感的地方，因為匹爾斯堡有滿多地方不太安全，而其中一處就是幾個街區之外的我們家。

有時候丹尼斯會來我家。各位不用替他擔心，他來我家不會出事，因為父親對家人以外的人都很好，就像大家的好朋友。通常，朋友來我們家，他們會覺得父親人不錯，父親也會友善地對待他們。只要你不是我，也不是我母親，碰到我爸就不用害怕。不過丹尼斯終究是要回家的，而這也代表父親的好，會隨著丹尼斯的離開消失。

丹尼斯跟他媽媽和弟弟住在一起，他的父親則住在位於匹爾斯堡南方約一小時半車程的博卡拉頓（Boca Raton）。我見過他父親一次，是在丹尼斯的喪禮上，當天我是扶靈者之一。

我跟丹尼斯幾乎形影不離。他跟我一樣都是左撇子，所以我們常常把球打向右半邊，而這也解釋了為什麼我們不需要左外野。像這種看似不是很重要的細節，對小時候在後院打球的我們很重要，因為在我家後院打向右半邊的話，有樹可以幫我們把球攔下來。丹尼斯跟我很像，都主守外野，也會投球。

我們通常會從白天一路玩到晚上，在他家還是我家都沒關係，因為不論在哪我們都能玩得不亦樂乎。如果天黑了還沒回去，我媽知道我一定是在丹尼斯的家，嘗試在能見度很差的夜色裡，去打從丹尼斯手中投出的網球。我跟丹尼斯會天馬行空地聊天，想像自己效力勇士隊，跟布里姆（Sid Bream）、賈斯提斯（David Justice）、史摩茲（John Smoltz）、葛拉文（Tom Glavine）等勇士球員並肩作戰。我們總想著，要是能過上那樣的人生，該有多好。

丹尼斯去世前，我跟他形影不離的友誼，已經綿延了我們一半以上的人生。雖然沒有血緣關係，但我們情同手足。現在想想，要是他能活著看到我長大之後穿上勇士隊球服的樣子[40]，應該也會替我感到非常開心。

有一次週末，父親和母親一起陪我去位在佛羅里達西邊的薩拉索塔市（Sarasota），參與一個棒球巡迴賽。這對當時的我而言可是件大事，因為要出遠門到佛羅里達的西邊，而且晚上還會在旅館過夜。到了目的地之後，一切都很正常，惟白天要去比賽時，母親不肯離開房間，看起來心情很糟，等比賽結束之後，父親跟我才去旅館載她，啟程回家。車程三個多小時，一片靜默，沒有人說話。

40　安基爾曾在二〇一〇年賽季加盟勇士隊，出賽四十七場比賽。

經歷了兩天在球場上的奔馳、揮灑汗水，一回到家，把行李放到客廳的一角之後，我做的第一件事就是跟母親說：「我要去丹尼斯家玩。」母親欲言又止。正當我已經一隻腳踏出家門時，她才說：「親愛的，等一下，你今天不能去丹尼斯家。」語畢，母親拿出一張剪報，上面報導了一件車禍意外，車上載著許多小孩，而丹尼斯正是其中之一，事故發生時，他坐在前座。丹尼斯在我外出去打棒球賽時，死於一場車禍。

我悲痛欲絕，覺得這輩子不會再有比這更令我難受的事情。我不曾感到如此哀慟、如此失落、如此生氣、如此不解。丹尼斯對我的重要性，遠勝過其他朋友，甚至可說超越家人。那台車發生意外，不僅奪走了丹尼斯的性命，也摧毀了我一部分的人生。如果老天爺要帶走丹尼斯的生命，也可以順道把我帶走，這是我可以接受的結局。

我還是去了丹尼斯家。站在他們家外面的街道上，沒有去敲門，也沒有進去。就某種程度上來說，那也是我的家，裡面丹尼斯的家人，就如同我的家人。我哭，不只是為丹尼斯家人失去至親而哀痛，也為自己的損失而感傷。我們全部人的內心，都被掏空了一大塊。最終，我仍然沒有走進他們家門。

丹尼斯去世後的好幾個禮拜、甚至好幾個月，我都還是會走過幾個街區，站在丹尼斯家外面的路上，看著屋子的前門。我想那是因為我不願相信他已經死去的事實。我暗自希望著丹尼斯能打開前門走出來，朝我點頭，然後說：「嘿，瑞奇！」好像什麼車禍、什麼意外都沒有發生過，而我也會跟他搭腔，回到以前那些快樂的片段，一起聊天、做白日夢，享受有安全感且沒有憂慮的生活。

那時候，我常常想著，要怎麼樣才能再找到那種安全感。

第六章　歧途

青少年時期的我，已經很清楚知道哪些事情是好，哪些事情是壞。壞事呢，大概就是有人在半夜跟跟蹌蹌地回家；有人拉著我的哥哥菲利普去販毒；有人被警察上銬，鋃鐺入獄，有時後面跟著菲利普。

好事的話，就是在那些炎熱的佛羅里達夏夜，跟朋友們打場球；或是從某個朋友家裡，偷拿幾瓶他父親的庫存啤酒來喝，純粹調皮享樂，沒有造成他人困擾那種。

在某一個國慶日[41]的前一晚，我跟其他四個朋友，一共五個人，結伴開車到匹爾斯堡的白市公園（White City Park）。那時我十三歲，其他人年紀都比我大。我們的出發點很單純，只是為了實踐在那些無聊夏夜想到的解悶點子：一起去公園打球。對於這些還有點懵懵懂懂的青少年來說，在一座有點令人昏昏欲睡的海灘城市生活，總是要想辦法找點樂子。

我們打球的方式很簡單，只需要一顆威浮球和一根球棒，規則也很鬆，不必太認真。聽起來很隨便，但這比賽打起來，我們也是可以玩個幾小時。我們要在網球場上打比賽，因為是晚上，所以需要開燈。打開圍欄的門，走向燈具系統的投幣機，過程中我們有說有笑，談論著等下誰會從誰手中打出全壘打。我們投了一枚二十五美分的硬幣進去，轉動旋鈕，可是燈沒亮；再投一顆，還是沒亮。於是我們開始搖動投幣機的箱子，用力轉動旋鈕，但除了聽到錢幣在機器內滾動的聲響，沒有其他的變化。大家你看我，我看你，只能雙手一攤。

好笑的是，明明只是錢幣被機器吃掉這麼雞毛蒜皮的小事，卻引發後續一連串的大災難。最後那晚我淪落的下場，是在警察局的停車場狼狽地趴在地上，雙手被銬在背部，我父親則站在旁邊。而造成這一切的原因，完全就是少年時期的愚蠢和不知好歹。雖然是我父親把我摺倒在地，讓我如此難堪地趴在地上，但那反而是極少數我跟父親相處時，會抬頭看著他兇狠的臉龐，然後覺得「沒錯，你確實應該這麼教訓我」的時刻。

當然，他在警察面前板起臉，教訓自己違法的兒子，這其中有多少成份是真的「恨鐵不成

41 美國國慶日就是他們的國家獨立日（Independence Day / the Fourth of July），是為紀念美利堅合眾國於西元一七七六年七月四日，於大陸會議中宣佈獨立宣言所成立的節日。這一天是美國正式宣布從大英帝國宣告獨立的日子，故此獨立日是美國的國慶日。在七月四日這一天，美國會舉辦許多活動，其中最重要的就是敲響位於費城的自由鐘。在各地也會舉會各項慶祝活動，像是放煙火、花車遊行、節慶遊行、燒烤、野餐、舉辦音樂會、棒球賽、以及家庭聚會等。（摘編自《維基百科》）

鋼」，又有多少是「這傢伙很煩，打擾我喝酒」，就不得而知了。我是覺得多少還是帶著一點偽善的成份。有可能他是真的在那一晚相當清醒，意識到自己身為人父的責任，並為自己行為所建立的壞榜樣而感到懊悔，於是用力教訓兒子；但更有可能的是，他只是因為喝酒喝到一半，被警察通知兒子犯罪，不得不前往警局而感到暴怒而已。

不論如何，在他到警車旁，把我從後座抓出來摔到柏油路面之前，我其實還不怎麼擔心警察跟法官會怎麼處置我，因為我爸可能會對我做出更可怕的事。

「這位先生，」其中一位警察對父親說：「你得等一下，他要先經過我們警方這邊的程序。」聽到這位警察說話的當下，我還滿訝異他竟然不認得我這位在匹爾斯堡惡名昭彰的父親。

父親瞪著我，氣沖沖地說：「你最好祈禱他們饒你一命。」

雖然嘴上是說希望我能全身而退，但我實在感受不太到他的善意。

警方沒辦法寬恕我，因為我必須對自己前幾個小時參與的行為付出代價。那幾個小時我做的事情，應該這輩子都不會忘記，之後我也盡可能地警惕自己，別再犯類似的錯，不要再坐上警車被帶走。

所以那幾個小時到底發生了什麼事？

因為燈具系統無法正常運作，所以我們一夥人沒球可打，只好坐在黑漆漆的白市公園裡聊天。其中有個人提到他想買某一台車，但那完全是無稽之談，因為他根本沒有錢。不過又有什麼關係呢？年少輕狂嘛，總是可以做一些白日夢。聊著聊著，我們談到如果能有這台買不起的車，應該要替它配上一個好的音響系統，以及其他各式各樣的配件，當然，這些東西那個人也負擔不起。這話題促使我們離開公園，到附近的車行和停車場探索一番。折騰了好一陣子，等我們心滿意足的開車離開時，後車廂已經裝載了一堆偷來的音響系統和喇叭；不知好歹的我們，完事後還跑去保齡球館打球。還記得，當我們離開保齡球館時，大概有六台警車來追捕，將我們的車擋下，這就是我們幹完不法勾當後的最終結局。警察很快就發現是我們偷走了那些音響系統和設備。

我曾經想嘗試逃跑。事實上，我們被攔下時，正開在我很熟悉的路上，我知道有哪些地方可以讓我躲。但警察實在太多了，到處都是紅藍閃爍的光線，周遭也有許多路人停下來湊熱鬧，好奇地看到底是發生了什麼事。況且警察們的表情都很嚴肅兇悍，那情景讓一幫人裡面年紀最小的我感到無比驚慌緊張。該死的，我實在不想被捲進這種勾當裡面。*這不是我會做的事情啊！*我心想著。*這明明是父親才會幹出的事。*

我們一行人被分在兩台警車的後座，出發前往警局。路途中，我們的車子停在一個加油站加油。沒想到這時候我朋友還有心情開玩笑，在車內說道：「怎麼？到加油站是要給我們買甜甜圈吃嗎？」

開車的警察轉過頭來說道：「沒關係，還是很開心嘛。等下你們可就笑不出來了。」

*喔，我的天阿，別鬧了。*我心裡想著，祈禱到警局後不會受到「特別待遇」。

離開加油站後不久（當然沒有甜甜圈可吃），警車抵達了警局。父親的車跟在後面也停進警察局的停車場。他氣急敗壞地半跑半走，來到門已經打開的警車旁，一把抓起我的衣領，將雙手被銬在背後的我撂倒在地，也才有前面提到的那個場面。

那晚，我在拘留室待了一夜，沒有遭受到「特別待遇」。後續發生的事情，就是法院聽證會、緩刑、賠償蒙受損失的車主和商家。我也寫信向那些受害者道歉。走出監獄，迎接我的是早晨的陽光，以及在另一邊迎接我的雙親。老實講，我有點不想回去。

「以後別再幹這種蠢事了。」父親邊說邊拍我的頭，要我好好記取教訓。

十三歲的我，見識還不廣，最清楚的地方大概就是匹爾斯堡這座小鎮和它的警察局，心裡還想著當地的居民和商家，應該把他們車上的音響鎖好才對，怎麼會讓我們這麼輕易地偷走呢？想著想著，聽到父親說「以後別再幹這種蠢事了」，我的思緒瞬間被拉回現實，腦海裡立刻有所反應：「這個人真好意思說這種話，這話他應該說給自己聽才對吧！」

第七章　屬於我的世界

我看得到捕手的手套，卻聽不見任何聲音。起初，我還聽得到父親在觀眾席上的碎嘴，以及在本壘板後方的吼叫。但現在，我甚麼都聽不到，只感受到球在手中。

腦子裡好像在想些什麼，但其實也沒在想什麼。**我要把球投到捕手手套裡**。

一切正常的時候，我的感知非常敏銳，任何細節都在掌控之中：拇指碰觸的球體表面，上面那條小小的凹痕；垂墜在捕手手套外面的一小段皮線；發力腳——左腳——的釘鞋，下方卡著一團泥土。

與其說我在打棒球，不如說我是已經融在比賽裡面的一部分。我就是棒球比賽的心臟，脈搏控制著賽事的進行，整場比賽隨著我的舉手投足流動，由我主導一切。我能夠拿起棒球投向本壘板，使球高速竄過以為自己有能力擊中球的打者。我具備能主宰打者的速球；雖然才剛把曲球練成不久，但已經可以使用，另外還有一顆我覺得能出打者不意的蝴蝶球。此外，更重要的是，我擁有無比的決心。

事實上，這強悍的決心一直存在。從我能夠分辨「好球員」跟「頂尖球員」之間的差異時，我就知道自己屬於後者。雖然我的身材並不起眼，尤其是剛開始打棒球的時候，但我毫不在乎先天的條件如何。

或許這就是為什麼我的投球動作中，肩膀向後的運行帶著一股傲氣，而我在場上行走時，也都散發著強大的自信。或許這也是為什麼我的眼睛（承襲我外公的眼睛）可以輕易地射出如此銳利的目光，就像能夠射穿打者的胸膛。我把球放在手中玩弄；把左腳輕輕踩踏在投手板上；開始進行投球動作，完成整套機制將球投出後，臉上的表情像是在說：「這就是我投球的威力。」這一切，都是我那無比的決心使然。

我的棒球生涯，始於自家後院，還有匹爾斯堡的泥沙路上。小學的時候，參與聖露西港（Port St. Lucie）的少棒聯盟，在當地的運動公園打比賽。後來就讀聖露西港高中，投身吉祥物為美洲豹的校隊，在總教練梅西納（John Messina）的帶領下，於一九九七年投出佳績，拿下十一勝一敗，在七十四局投球中三振掉一百六十二人（那年我抓到的兩百二十二個出局數中，只有六十個不是因為三振出局），防禦率僅〇點四七。那年我不只投得好，打得也很豪邁，沒有人單季揮出比我更多的全壘打，而且最後一轟的飛行距離還達到四百二十呎。那年我高中畢業，獲選《今日美國》（USA Today）的年度最佳球員獎，而我的背號「二十四」，也被球隊退休。有一名教練就說了：「我覺得我以後再也看不到像安基爾這樣頂級的球員了。」梅西納教練讓高中時期的我，知道怎麼樣當好一名棒球員、怎麼樣在風暴的青少年時期，盡全力精進球技。在升大學或轉職業的人生分叉口，我選擇拒絕邁阿密大學（University of Miami）提供的獎學金，跟在當年美國職棒選秀挑中我的聖路易紅雀隊簽約，獲得兩百五十萬美元的簽約金。一九九七年美職賽季結束後，《棒球美國》（Baseball America）[42]把我評為全美第十八名的新秀，隔年名次上升到第二，而一九九九年季前更來到第一位。

高中時，曾經有雜誌報導我，寫我的身材在頂級棒球新秀中屬於比較胖的那一群。於是我開始大量跑步。比如說，我們家一起外出去漢堡店吃晚餐，吃完之後，我不會跟他們坐車回家，而是一路跑回家。只要有機會，就選擇跑步回家，盡量不坐車。回家的路上，我都會經過一條叫作「簡單街」（Easy Street）的路，然後沿著它跑，但它跑起來可一點都不像它的名字那麼簡單。棒球季結束，進入冬季，教練都會在場上播種黑麥草，讓百慕達草不至於進入休眠狀態，並且花好幾個小時灑水，維持球場草皮的生命力；這時候，我沒辦法去跑球場，就去跑觀眾席。我不是最聰明、最機靈的球員，個性還有點害羞，但我努力勤練；家不是我的避風港，有時甚至會帶來更

42　為美國知名的棒球媒體、雜誌，報導內容以美國職棒小聯盟球員、學生棒球、業餘棒球為主，每年都會刊出美國職棒百大新秀榜，已成為業界重要標竿。

多麻煩，唯有棒球場讓我覺得安全、穩定、有自信。就算對手總是要想方設法攻擊我的球路，但他們終究無法傷害到我。球場上，只有我傷害對手，沒有對手傷害我這回事。我真的很愛棒球，特別是隨著我長大、身體變得更強壯、不再屬於那種身材瘦小的球員後，我愈發喜歡。能夠愛上一個不斷給予我回饋的事物，讓我感到非常美好。棒球不會陰晴不定，它很理性、很客觀。輸球、贏球；表現好、表現差，都有具體的原因。你努力了多少、付出了多少，上了球場，就會得到相應的回饋，無論輸或贏，都是應得的。

學生時代，我的速球愈變愈強，但自己卻幾乎沒有體察到。高二時，我速球的速度大概落在八十英里（約一百二十九公里），如果有風幫忙的話，可能會再快一點點。高三球季之初，速度大爆增，已經逼近九十英里，而且在我需要時，甚至可以硬催超過九十。到六月，九十二、九十三英里的速度對我來說，已經變得頗輕鬆。一九九七年，也是我高中的第四年[43]，隊上原本的助理教練——馬力西亞（Tony Malizia）——變成投手教練，因此他要肩負起守門人的角色，讓我能夠專心訓練、競技，不受場邊大量球探的探詢和影響而分心。馬力西亞把守門人的角色扮演得很好，因為我幾乎沒有注意到球探的存在，可以專心地投球。當然，比賽時我看得到球探，在一些沒有觀眾的場地，戴著草帽、穿著鬆鬆的花襯衫走來走去，不過我不受影響。當我們球隊走出巴士、步往球場時，球探們都會已經在場邊等待，然後仔細觀察比賽，看我是不是他們球隊未來可以簽下的料子。

那時候，馬力西亞在學校辦公室的電話答錄機，平常預錄好的訊息大概如下：「你好，這裡是聖露西港高中東尼．馬力西亞的辦公室。瑞克．安基爾下次投球會是在週五下午的主場賽事。如有其他事情聯絡，我目前人不在，請留言。」

球探間流傳著不少關於我的傳奇故事。舉例來說好了：某一天我在牛棚練投時，速球狀況相當好，有一球直接打破了捕手的手套。那捕手的背袋裡還有第二個手套，所以就用那手套繼續接球，接著上場比賽。第二局，捕手忽然喊了暫停，轉向後方跟裁判說，他的備用手套也破了，沒有多的手套可用。最後怎麼辦呢？剩下的比賽，對方捕手借我們使用他的手套，兩隊共用。換局的時候，敵隊捕手會直接把手套脫下擺在本壘板上面，讓我們的捕手上場取用。

當時的我，真的滿強的，也很享受主宰球場的感覺。對我來說，在球場上表現傑出非常重要，因為我球場以外的人生，過得並不是那麼順遂。有一場午後的比賽，只打七局，我三振了前面十九名打者，第二十人我不小心投了觸身球讓他上壘，不過馬上牽制在一壘上的他出局。第二十一名，也是最後一名打者，他放棄揮擊，改採觸點求上壘，但直接點到了我的正面。還有另一個午場比賽，我投出無安打比賽，對方投手也不遑多讓，投完整場只被打一支安打，只是那支安

43　美國中學一般由六年級起算，到八年級為中學（middle school）或初級中學（Junior High School），共三年，從九年級到十二年級為高級中學（High School），共四年。（摘編自《維基百科》）

打，是由我擊出的全壘打。

高中生涯的最後一場投球，是在地區決賽，如果贏了那場，我們就能挺進州季後賽（state playoff），但最終輸了，所以無緣晉級。比賽後段，我們仍落後幾分，我的用球數也逼近九十球；由於大聯盟選秀即將到來，照理來說，我根本不需要留在場上投球，但我仍堅持投下去。當時我們在位於達尼丁（Dunedin）的客場作戰，敵隊球迷看到我不顧個人得失繼續奮戰，也為我起立鼓掌，這一刻，實在令人動容。在那之前，我不曾接受過這種特別的待遇，因此留下的記憶尤其深刻。後來，我還在最後一個打席敲出了越過中外野全壘打牆的紅不讓。

高中賽事不是每場觀眾都很多，有時候場邊挺安靜的。但我上場的比賽通常都滿吵雜，不是因為很多人慕名而來，而是因為我爸經常會現身在我的比賽。

我後來得出的結論是，父親把他自己視為我的教練。之所以會有這樣的結論，也是因為他常常這麼說自己。在很多練習和比賽，他都會去跟我真正的教練講話。如果他沒辦法太靠近教練，就會用喊的。我只能試著忽視父親在場邊的嚷嚷、試著不讓自己感到尷尬，因為他我行我素，從來不會改變。我始終擺脫不了站在場邊鐵柵欄後方的父親，以及他那過度膨脹的自我意識、覺得別人都搞不清楚狀況的自以為是、在吵鬧派對練出來的大嗓門。於是我練就了把那一切當成耳邊風的功夫，專心投球、專心打擊，一心朝目標邁進，盡量不分心。我學會忍受父親帶來的麻煩和噪音，而我的教練們也是。

當父親在家裡吼叫時，我會嘗試把那些聲音推出腦袋。關上門，然後思考其他不相關的事情。隔天早上，我們一家四口——父親、母親、菲利普、我——會一起做早餐、洗碗、出門走走，好像前一晚的事情沒發生過。或許這很不健康，但如果嘗試去說開，只會引發另一個造成更多吼叫的對話。我們家永遠不可能一起坐下來，好好談自己內心的感受，卻很擅長在爭吵過後假裝一切沒事，繼續過著生活，並盡量閃避眼神的直接接觸。

所以當我站上投手丘或是打擊區時，早就已經多次練習自我保護和區隔情緒的藝術。就算父親在場邊大叫，要我投一顆蝴蝶球給他們瞧瞧時，我還是能將他的聲音推出腦袋，保持專注，用速球搶到好球數。不過有時候我確實也會聽他的話，照投一顆蝴蝶球，出打者不意，畢竟場上的情況很多變複雜。

高中最後一年，有一次我們在主場對上來自傑克森威爾（Jacksonville）的博思學校（The Bolles School），我投得很不錯，而且隊友打了一些分數，我們佔有領先地位。六局下，輪到我們打擊，我坐在休息區，投手教練馬力西亞走過來對我說：「你今天就投到這裡吧。」我點頭。

其實我的用球數並不多，也還可以繼續投，但由於大聯盟選秀在即，馬力西亞希望以我的未來優先，再來才考慮球隊的勝負。我很感謝他這麼做。我喜歡打球，更熱愛贏球，但也得顧慮身體健康和未來長遠發展。馬力西亞很為我著想，在他手下打球，我感到很安心。他不會過度操勞我的手臂，因為未來二十年左右，我還得靠這隻手臂維生。

然而，計畫趕不上變化，六局下半結束得太快，我們的後援投手還沒有熱身完成。馬力西亞對我說：「安基爾，計畫有變，你先上去幫我抓第一個出局數，然後我就把你換下來。」我還是點頭。對我來說沒差，反正我自己也想繼續投。

我有點忘記接下來確切發生了什麼事。我記得的大致上就是：父親認為我不應該繼續投下去；七局上開始，我們只有八名球員在場上，不見投手——也就是我——的人影。當時場上所有人都望向了我們休息區，想著：「現在到底是什麼情形？」

「安基爾，我不是說了你要上去投嗎？」馬力西亞說道。

我回答：「但我爸不希望我再上去投。」

馬力西亞轉向父親所在的位置，這時父親已經喊得面紅耳赤，看起來就是一副想揍人的樣子，不斷說著馬力西亞這麼做會毀了我的左臂。好笑的是，馬力西亞跟他爭論時，比賽被迫暫停，等到雙方好不容易都冷靜下來，我們牛棚裡的投手也已經熱身好、可以上場了。造成這場鬧劇的根源，在兩邊吵完之後，跟著獲得解決。幸好會來看我打球的家人不是只有我爸，還有我媽。母親在球場總是會安靜地跟其他球員的媽媽坐在一起。不管比賽結果為何，她都會面帶微笑，感謝每一位教練的付出。我的教練們都很喜歡母親，也知道父親的狀況，所以即便父親無禮地飆罵處處替我著想的投手教練，他們也都見怪不怪。

上述這個故事，大部分都是多年後馬力西亞跟我說的，因為事情發生的當下，我已經把父親的聲音隔離在頭殼之外。這讓我好奇，我以前到底排除過濾掉多少可能讓我感到不快、或是根本不想知道的事情。

馬力西亞還跟我分享，隔天他在球場記者室準備球隊練習的事項，忽然聽到敲門聲。當他把門打開時，看見我跟父親站在門口。父親為前一天的飆罵致歉，並補充說他其實知道馬力西亞向來很替我著想。他倆握手言和，為這起事件畫下句點，而我則是回到球場上，繼續練球。

或許在那個時候，我的心就已經從許多地方登出了，比如說：父母親之間無止境的爭吵、那棟氣氛常常緊張得讓我喘不過氣的「家」、那座我知道自己不能再繼續待下去的小鎮——匹爾斯堡。我已經把這些事情、這些地方隔離在我的腦袋之外，就算人還在，可是心也已經飄走。母親不應該過上那樣的人生，太不值了，而我當然不會、也不能步上她的後塵。我得去追尋更好的生活。我要勇敢做夢，並盡力朝目標邁進。

第八章 選秀

一九九七年的大聯盟選秀即將到來。我找了知名經紀人波拉斯來擔任顧問，希望如果選秀一切順利，轉戰職業後，我能雇用他為經紀人。假如沒有談成理想的條件，我還有備案——來自邁阿密大學的獎學金，甚至已經跟他們簽下意向書。我不太會念書，不過仍然覺得大學是個不錯的選項。高中時，我功課只做到基本要求，考試都低空飛過；有時候我是真的靠自己通過考試，但有時候也靠已經考過的朋友先透露題目和答案，讓我輕鬆過關。學業對我來說才是真正的生存之戰。這樣聽起來我好像不適合去念大學，但對我有興趣的學校，都不太擔心我的課業問題。最早有意提供我獎學金的學校，其實是佛羅里達州大（Florida State University），然而，當他們得知我在大聯盟選秀可能獲得百萬美金以上的簽約金報價時，便選擇收回他們的獎學金提案。最終佛羅里達州大把該獎學金名額提供給了其他人。而這也代表邁阿密大學有機會用獎學金爭取我的加入。在參觀他們學校的時候，其中一個招生行政人員親切地問我：「嘿，你還有沒有什麼顧慮或擔心的地方？沒關係，都可以提出來喔！」

「其實，有欸。」我說：「就是我的學業成績。」

這時他露出微笑，像是在打暗號地對我眨了眨眼，說道：「這你完全不用擔心。」

邁阿密大學成功收買了我的心。

雖說如此，我真正的心之所向還是直接投身職棒。佛羅里達州大預想的沒錯，我不可能放棄能立即到手的百萬美金以上簽約金，去念大學。大聯盟各球團或多或少也打聽到，我對直接進職棒的興趣很高，所以就算邁阿密大學開出了獎學金爭取我，球團也不會太擔心。球團比較擔心的，應該是我的顧問是波拉斯。

前一年選秀，來自賓州的高中右投懷特（Matt White）、薩拉索塔高中的左投西伊（Bobby Seay）、聖地牙哥州大（San Diego State University）的一壘手李伊（Travis Lee），都找波拉斯當顧問。明尼蘇達雙城（Minnesota Twins）用他們的榜眼籤，選中李伊；舊金山巨人（San Francisco Giants）用第七順位籤挑走懷特；而芝加哥白襪（Chicago White Sox）則是在第十二順位選到西伊。選秀完後，波拉斯利用他在勞資協議規章裡發現的漏洞，讓這三名球員取得自由球員資格。隨後李伊跟亞利桑那響尾蛇（Arizona Diamondbacks）簽下價值一千萬美金的合約，而懷特和西伊則從坦帕灣魔鬼魚（Tampa Bay Devil Rays）[44]獲得價值一千零二十萬美金和三百萬美

---

44 在二〇〇八年改名為坦帕灣光芒隊（Tampa Bay Rays）。

金的合約。這三人後來都因為受傷，沒打出大聯盟平均球員水準的成績，其中懷特甚至連大聯盟的舞台都沒有站上去。

當然，一九九七年的時候，大聯盟各隊和球探都還不知道前述三名球員未來的生涯發展會是如何，但波拉斯特別懂得拉抬球員身價的事蹟，已經深植人心，因此各隊都覺得，同樣請波拉斯擔任顧問的我——來自聖露西港的十七歲左投，索價應該也會不菲。我很期待自己能獲得高價簽約金，父親也是。不過由於我們的策略中包含了「去念邁阿密大學」的備案，加上大聯盟球團普遍不太喜歡在業餘球員身上砸太多錢，因此波拉斯提醒，即便許多媒體都把我評為全美最佳的業餘新秀，我的選秀順位應該也不會落在最前面。雖說如此，球探們還是非常踴躍地來看我的比賽，每當我出賽，球場觀眾席和周遭的停車場都會被塞得滿滿的。我不太注意他們，也不太理會他們，不過這現象可是苦了我的隊友，因為球探會四處跟著他們打探我的底細，就連上廁所時也不放過，一邊「小解」一邊問：「嘿，安基爾這個人私底下如何？」有時候球探甚至會在護欄邊故意把筆丟在我隊友的腳旁，然後請他們幫忙撿筆時順便問一句：「嘿，跟我聊聊安基爾吧。你知道他爸爸嗎？」

我隊友當然都知道我爸是誰。

選秀日當天，波拉斯已幫我們做好心理建設，可能要等一陣子才會聽到我的名字，因為各隊會盡可能在前段順位避免選我。他要我們不用擔心，我們還是有很好的談判籌碼，像是邁阿密大學的獎學金備案，以及我那獨一無二的左臂。波拉斯的專長和工作，就是判讀我在那屆選秀的形勢和立足點，並很有信心地做出判斷，告訴我們選秀日會很漫長，可是結局終究會是好的，讓我們不過度擔憂。他要我們知道，我們預想的高額簽約金定會到手。

「最好是像你講的這樣，不然就糗了。」父親對波拉斯說。

紐約大都會（New York Mets）握有第六順位籤，在選秀前常常來看我，而我也多少認識他們的球探。事實上，時間一久，不只是大都會球探，很多其他隊的球探我也都認得，但都沒有深交。大都會曾嘗試跟我協商一個選秀前協議，沒記錯的話，他們好像是開出了接近兩百萬美金的簽約金報價。他們直接打電話給我，希望可以繞過波拉斯，不受到他的干預。但我還是詢問了波拉斯的意見，最後依照他的指示拒絕大都會。

選秀會第一輪，有五十二名業餘球員被挑中，該輪結束後，電話響了。大家要記得這是一九九七年，我沒辦法用電腦網路即時追蹤選秀的實況，仍然要靠電話接收資訊。我在伸手去拿電話的同時，心裡想：**太好了，我被選中了。**

「喂，你好。」接起電話後，我語帶尊敬的問候對方，同時好奇電話的另一端會是哪一支球團。

「怎麼樣？掉出第一輪的感覺如何？」聽筒裡傳出了這麼一段話。

然後就掛斷了。

我認得那聲音的主人，是一個大都會的球探。電話斷掉後，我轉向父母親說道：「要是哪天讓我再遇到那傢伙，我肯定會好好揍他一頓。」

後來我再也沒遇到他。

我們繼續在客廳等待，聊著其他話題，眼睛時不時飄向牆上的時鐘。我其實不太在乎是哪一隊選我，但還是希望這件事能趕快有個結果。下午三點鐘左右，家門外有人來訪，是一名地方報紙的記者，脖子上掛著一台相機，站在我們的面前。母親把門打開，面帶微笑地說我們一切都很好，希望這次選秀能有好的結果，看起來正要開啟一段友善的對話。

「給我滾出去！」父親這時從屋內大吼，接著開始朝記者走去。眼見苗頭不對，記者趕緊離開門廊，小跑步橫跨門外的草坪，狼狽地逃離我家。

父親當時心裡的壓力應該滿大的。我們沒有針對選秀深聊，不過感覺得出來，我是不是選秀狀元對他來說十分重要。結果我不僅沒有在第一順位被選中，現在整個第一輪都選完了，還是沒有接到通知電話。父親知道這代表著，我的簽約金價碼已經不知道流失了多少。他並沒有那麼信任波拉斯的判斷，所以心情愈來愈著急。那名記者應該慶幸自己沒有被父親逮著，否則應該會吃下不少拳頭。父親急得像熱鍋上的螞蟻，而我則是顯得比較淡定，因為我清楚自己的身手有多麼獨特，也認為這樣的身手具有一定的價值。我信任波拉斯，相信他能把我的身手兌現出相應金額。

選秀進入第二輪，牆上時鐘的指針一樣滴答滴答地走。父親愈來愈焦躁，不斷來回踱步。我開始覺得，他並不是真的在替我著想，而是覺得我的簽約金變少的話，他能從中獲得的利益會跟著縮減，所以顯得氣急敗壞。不過那段期間，父親跟我們相處得還算融洽，花比較多時間在家裡，母親看起來也頗開心，因此我沒有多說什麼。反正父親總是這樣，常常為了某些事情就變得暴躁或直接翻臉。現在來到第二輪第十五順位、第十六順位、第十七順位……。

電話又響了。接起來，另一頭是波拉斯，他說是紅雀隊選了我，在總順位第七十二順位。

「紅雀隊？他們是甚麼樣球隊啊？」我失望地問。

一直以來，我都希望能加盟勇士，畢竟那是我從小到大一路支持、也唯一比較瞭解的球隊。當年勇士握有總順位第八十順位籤，我都已經等了這麼久了，老天爺為什麼不讓我再多等八個順位，讓我被勇士隊選中呢？

「喔，不，這真的太糟糕了。」我對波拉斯說。

「不會，不會，不會。」波拉斯說：「紅雀是一支很強的球團，這是一件好事。他們是一個很不錯的球隊，能被他們選中很棒！」

選秀當天是六月二號，結束之後，我前去參與U-18世界青棒錦標賽的美國國家隊。那隊隊上，後來成為大聯盟球員的還有哈勒戴（Matt Holliday）、柯戴爾（Michael Cuddyer）、希爾（Koyie Hill）等人。世青賽打完，我回到自家房間裡，為前往邁阿密進行打包。也許終究還是得去念大學才行。

波拉斯跟紅雀之間的談判搞得又臭又長，令人難受，花了將近三個月的時間。雖然過程中雙方都覺得應該能談成合約，可是花得時間還是有點太久。那年仲夏，紅雀隊總管賈克提（Walt Jocketty）親自來到匹爾斯堡。他跟一個我不認識的人一起開車來到我家。我跟他們握手，介紹母親給他們認識。賈克提邀請我上車，前往朱庇特市，到了目的地之後，他們向我展示了一塊空地，說那邊日後會建成紅雀隊的春訓基地和小聯盟球隊的場地。他們指來指去，對我描述哪邊會蓋什麼建築，哪邊會蓋成春訓球場，順便提醒我，在這邊打球的話，會離我家和父母很近，不必去到很遠的地方。

他倆看起來滿緊張的，我倒是覺得一派輕鬆。回程的路上，賈克提問我是否覺得自己已經準備好打職棒了。聽到他的發問，我笑了，因為波拉斯有跟我說，他們一定會問這題。這問題旨在試探我的決心，看我是否心態上已經預備好要站上職業舞台，直接去跟職業球員對抗，還是仍然舉棋不定，想著要不要先去大學給自己更多時間往職業路邁進。

「我百分之百準備好了。」我果斷地回答。

賈克提點點頭。

「但你得去說服我的父親。」我接著說：「畢竟是他把我帶到這一步，所以我會信任他的判斷。」

到目前為止，劇本都照著波拉斯先前跟我說的走。波拉斯已經幫我想好了，讓我爸來當黑臉。反正我爸已經假設，如果我拿到愈多錢，就等同他跟著變得更富有。剩下的夏天就是那樣過的。我繼續去打球，高中生涯最後一場比賽，發生在選秀球員跟大聯盟球隊簽約期限的前幾天，我投得精采，三振對方十六還是十七名打者，當時球場周遭都是球探。波拉斯向我保證，紅雀最後肯定會跟我簽約，而且價碼不會差。即便如此，我還是把汽車的油加滿、打包好行囊，為前往邁阿密大學迎新活動的兩個小時車程做好準備。

假如辦理入學，成為邁阿密大學的學生，那就沒有簽約金，我得等到下次符合被選秀資格時，才會有錢可拿，而這代表還得等上至少三年[45]。選擇大學的話，就得延續學生身份，我得念書、應考。雖然之前招生人員有跟我保證課業不會構成阻礙，但我依然對念書和考試感到懼怕。與此同時，我沒有失去對波拉斯的信任。他告訴我，我的價值比過去類似的案例還要更高，這樣的話給了我不少信心。對我來講，選擇就已經擺在那邊，要嘛繼續等待紅雀開的價碼，要嘛直接去念大學。要是選擇念大學，我就得拿著鋁棒再打幾年球，同時認份地在學校安排好的時間去上大一英文課，有時候可能還需要找人幫我應付功課和考試。

45 大聯盟規定，就讀美國四年制大學的學生，要等到至少滿二十一歲，或完成大三學年，才具備被選秀資格。

大學投手安德森（Matt Anderson）是那年的選秀狀元，他直到十二月二十三日才跟底特律老虎完成簽約。波拉斯的另一名客戶祖魯[46]，是選秀榜眼，費城費城人提出兩百六十萬美金的簽約金，可是他選擇拒絕。之所以拒絕，是因為波拉斯幫他找到另一個規則漏洞，要他先去打獨立聯盟，等下一年度再投入選秀，把簽約金衝高。（紅雀在隔年的一九九八年選秀，用第五順位籤選中祖魯，花了高達七百萬美金的簽約金，才把他簽下。）選秀探花是葛勞斯（Troy Glaus），他在九月底跟天使簽約。還有一個值得一提的是大學投手威佛（Jeff Weaver），同樣是波拉斯的客戶，他在比我前面十個順位的第六十二順位被芝加哥白襪挑走，不過最終沒有簽約。

根據大聯盟設下的規則，我一旦成為大學學生，就喪失了跟球隊簽約的權利。學校開學，等同是紅雀隊與我簽約的死線。我已經打包好準備前往邁阿密，對於任何結果都已做好心理準備。就算沒能跟紅雀談成協議也沒關係啊，或許大學生活也滿好玩的，誰知道呢？

動身去邁阿密的前一晚，我跟幾個好朋友在一棟離我家不遠的房子聚會，享受離家前的最後時光。聚會過程中，我的呼叫器[47]響了，紅雀隊開出兩百一十萬美金的價碼。波拉斯跟我說，他有信心可以再把數字往上抬，隔天他再聯絡我的時候，紅雀隊的提案已經來到了兩百五十萬美金，這在當時可是史上第五高的選秀簽約金數字。在那之前，我這輩子做過唯一的工作，就是幫我朋友的父親刮磨他家裡的木製地板，而他付我錢的方式，就是從口袋拿出一些鈔票。我沒有支票帳戶，也沒有一般的存款帳戶，我擁有的錢全都在皮夾裡，有時候是五十美金，有時候什麼都沒有。

忽然之間，我變得非常有錢，是真的超級有錢那種。扣掉稅金和各種雜費之後，我到銀行打開剛剛開好的戶頭，看到裡面的數字大概是一百三十萬美金。我帶著兩個最好的朋友到商場，大步走進一家唱片行，豪氣地說：「你們想聽什麼唱片，全部拿來，我買單。」

我自己拿了十二張唱片，饒舌、鄉村、流行、高科技音樂，什麼都有。我也幫母親買了一台車，她很感激，也為我開心。

接著是我父親。感覺上他不是為我開心，而是為自己開心。得知我的簽約金價碼後，他迸出好多點子：在隔壁鎮買一戶公寓；或是買下在墨爾本（Melbourne）[48]的一棟房子，他說那整棟建築只要九十萬美金就能買下，稍微翻修就可以住得很舒服；如果不買那棟建築，那一定得買河邊的房子，一戶只要四十萬美金。他說這一切都是為了我們家，為了我跟母親。轉瞬之間，我爸成了房地產專家、處處為家庭著想的男人。

「你能成為這麼好的棒球選手，都是因為我的關係。」他說：「我造就了你，所以你該給我一

46　J.D. Drew。

47　呼叫器（俗稱BB.Call），是一種具有接收簡易文字信息功能的個人無線電通訊工具，隨著手機的普及現已式微。（摘編自維基百科）

48　這裡的墨爾本，指的是美國佛羅里達州布里瓦德縣的一個城市。

些回報。」

我寫了一張支票給他，上面的數字沒記錯的話，應該是兩萬五千美金。姑且把這筆錢稱作中間人的佣金吧。他把我帶到這世界上、跟我在數個黃昏時分傳接球、在閒閒不知道幹嘛的時候當起我的投手教練、在我十四歲身材還十分嬌小時咒罵我、不耐煩地待完幾場我主投的棒球比賽。這些是父親為我做過的事情，而兩萬五千美金就是我給他做這些事的報酬。人們常說，親情是無價的，父子之間多年的感情怎麼能用金錢來衡量呢？但我就是要用錢來衡量，兩萬五千塊給他之後，我跟這個人兩不相欠。寫完支票上的文字，象徵著我表達了對他的感謝之意。

至於我自己，則是租了一棟房子，丟了幾個行李箱到後車廂，跟母親說我會常回來陪陪她，然後驅車前往球隊要我報到的地方，準備成為一名職棒球員。當時的我，才十八歲。

第九章　菜鳥新秀

紅雀隊當時在聖彼德斯堡（St. Petersburg）進行他們的指導聯盟[49]。聖彼德斯堡位在匹爾斯堡的西側，大約三小時的車程。一九九七年秋天，我開車到聖彼德斯堡參與指導聯盟，把行囊搬進跟其他球員——西伊和懷特[50]——共住的公寓。你可以說這戶公寓裡住著的，都是波拉斯的傑作。前一年獲得千萬美金的懷特，念過大學，常常在這戶公寓裡扮演「大人」的角色。但他經常亂放錢包，沒有把它顧好，這是他所犯的錯誤之一。

那些日子裡天天都充滿棒球。西伊和懷特是魔鬼魚隊的球員，所以我們早上出門就會分道揚

49　針對年輕小聯盟球員球技養成所舉辦的技術導向聯盟，旨在幫助年輕農場選手訓練基本功、快速提升球技，以更快適應職業賽場的競爭強度。通常在秋天的九月到十月進行。

50　Matt White。

鏣，前往不同方向。下午接近傍晚的時候，身上滿是塵土、皮膚被陽光曬得紅通通的我們，會回到公寓裡，腦袋裡塞著一大堆剛認識的隊友的名字，還有各式各樣的操課作息，以及剛學到的技術指導。剛開始的前幾天，資訊量有點太大，有時令人感到困惑，但我們打的終究是棒球，所以仍然是有趣的、好玩的。我跟西伊、懷特，經常會分享各自在初學成為職棒球員的過程中，所遇到的困難和阻礙。

我們三人沒有一個擅長烹飪，所以常常外食，在附近的牛排餐廳或義大利麵餐廳，延續各自棒球甘苦談的話題。每次外食都是懷特付錢，但他自己卻不知道。之所以會這樣，是因為出門吃飯前，我跟西伊都會趁懷特不注意，從他亂放的錢包裡拿出一張信用卡；吃完，帳單送過來時，我們都會讓懷特先說他要付錢，然後再假好心地說：「沒關係啦，就不讓你破費了，這餐我來付。」但其實是用懷特的信用卡結帳。回到公寓，等懷特睡著，我們再把信用卡放回他的錢包裡。幾週過後，懷特打開他的信用卡帳單，看著上面印著的數字，眉頭逐漸皺起來，這時我跟西伊才說，感謝他這幾週下來請我們吃那麼多頓晚餐。話說完，懷特茅塞頓開，表情也從眉頭深鎖，變成咧嘴而笑。

「好呀，原來是這樣，你們這兩個混帳。」他大概是說了類似這樣的話。

或許是因為自己先對別人惡作劇的關係，我後來很快得到了報應。在指導聯盟的早上，八點鐘全隊要在休息室集合開會，一旦遲到，就算只有一分鐘，也要被罰錢。我的例行作息，讓我每天都能在剛剛好七點五十七分走進休息室，就技術上來說，我甚至算提早到。抵達之後，我會在八點整之前換好球衣，做好開會的一切準備。不過「七點五十七分進休息室」的時間點，顯然還不夠早。

隊上有幾位較資深的球員，注意到我每天都在七點五十七分進休息室的習慣。有一次，我帶著微笑走進休息室，跟大家說早安，走到置物櫃前面，脫掉夾腳拖，心想著還有三分鐘可以換球衣，準備開心地迎接這一天。打開置物櫃的門，咦，奇怪，制服去哪兒了？支架上面一堆衣架，就是不見衣服的蹤影。我轉過頭來，對到一名休息室工作人員的眼睛，用眼神問他，這是什麼情形，但他只是聳聳肩，好像在說他也不知道。其他球員這時都已經差不多換好球衣，把椅子轉向休息室正中央，準備開會，刻意忽視不知所措的我。教練們帶著文件夾板和咖啡一個個走進休息室，會議即將開始。所有人都穿著球衣，唯獨我身上還是便服。

我又對工作人員投射一次求救的眼神，他搖了搖頭，看起來於心不忍，眼睛往上一瞥，給了我亟需的提示。隨著他的目光，我找到了制服所在的位置。我的球衣和球褲被掛在天花板上，距離置物櫃大概三公尺，看上去就像是背號已經被退休的球衣。這就是為什麼，在指導聯盟最初的幾個早晨，我會跑到設備器材室搬鋁梯到休息室，手忙腳亂地展開梯子，把掛在天花板的球衣拿下來，邊拿邊聽著周邊隊友的風涼話：「安基爾，你還好嗎？」、「你自己一個人來沒問題嗎？」、「既然你都爬上去了，可以順便換一下燈泡嗎？」

像這樣好玩的惡作劇不僅止於此，所以我常常跟著大家一起大笑。晨跑完畢後，我們會有幾分鐘的時間，把跑鞋換成釘鞋，展開下一階段的訓練。有幾次我在要換鞋的時候，發現釘鞋的鞋帶已經被打了無數個結。「安基爾，原來你那麼喜歡研究鞋帶啊？」正當我費勁地拆結時，又有取笑的風涼話飄過來。還有一種惡作劇是，當結束一天訓練，回到休息室準備洗澡的時候，發現我的浴室拖鞋竟然被釘在地板上。

這些惡作劇對我來說都沒有惡意，只是出自好玩（好啦，把浴室拖釘在地板上可能確實有點過份），所以我不會生氣，也很喜歡在團隊裡跟大家打成一片的感覺。

指導聯盟的日子過得很快，我也逐漸適應作為紅雀成員的身份。過程中，我喜歡上這支球團、愛上紅雀隊球服上的紅色。我開始認識球場通道牆上黑白照片裡的那些老球員，其中有些名字甚至會出現在與我擦肩而過的人的背上。可以明顯感受到，紅雀球團的歷史非常悠久，但同時因為許多傳統精神和人才都被承繼了下來，所以對我來說，仍然充滿新鮮感。我在球場上全力以赴，而紅雀教練們熟悉了我的投球動作之後，沒有要進行大幅調整的意圖，因此我就堅持著原本的投法，嘗試投出更快的速球、變化幅度更大的曲球。

在指導聯盟的第一場比賽，我就表現精采，沒記錯的話應該是對到辛辛那提紅人體系，面對九名打者三振掉八人；第二次出賽，面對九名打者三振七人次。

投完那兩場，我心想：嗯，太好了，職棒感覺也滿簡單的嘛。

過了數個月，十八歲的我，開始投入新球季春訓，而且直接來到大聯盟的春訓營，跟大聯盟球員一起進行訓練、比賽。有一些跟我資歷差不多的年輕選手，也跟我一起來到大聯盟春訓營見見世面。在那之前的冬天，我回到匹爾斯堡，但遇到了一個尷尬的情況：父親開始跟一個我跟菲利普都很熟、但母親完全不知道的女人交往；儘管我跟菲利普都盡量避談此事，但母親最終還是發現了父親新交女友，甚至得知我們跟這女人也很熟。

所以能愈早離開匹爾斯堡、愈早脫離家裡那些狗屁倒灶的鳥事、愈早回到棒球季，對我來說就愈好。我只想趕快回到球場上打比賽。

關於棒球季的一切我無所不愛，就連備戰正規賽季的春訓，也樂在其中。大聯盟春訓營有時候對於尚未滿二十歲的新鮮人並不是那麼友善，這是因為能出現在這裡的人，絕大多數都拚戰了非常久、非常賣命，才好不容易爭取到一席之地。在他們之中，有些人會看不慣我們這種，一場正規賽季都沒有打過、卻能直接獲得大聯盟春訓機會的球員。他們跟我們處在不同的人生階段，通常都有老婆、有小孩、有貸款，而且已在職業賽場征戰多年；他們有一部分已經把大聯盟的位置站得很穩，可是也有一部分是生涯已接近尾聲、身體傷痕累累、卻還是想再多擠出個萬把塊的邊緣老將。至於我呢，球隊從一開始就設定我不會在一九九八年上大聯盟，但仍然在大聯盟春訓給我一個置物櫃，讓我這個毛頭小子跟那些大聯盟球員一起在同個餐桌吃午餐、在同個牛棚區練投、在同個球場進行技術訓練。

為了避免被前輩閒言閒語，我在春訓營展開前的好幾週，就已經開始每天長跑八公里的自主訓練。我不想成為前輩眼裡那個拿了大把簽約金、仗恃天賦自以為是的菜鳥；萬一在剛到春訓的前幾次跑步，就因為欠缺訓練而不小心把早餐吐了出來，那我肯定會被貼上「狀況外」的標籤。因此，我積極提早訓練，等到去春訓營報到時，體態、體能狀況都保持地相當好，準備把自己當成一塊海綿，努力學習吸收在這高強度環境所經歷的一切。雖然我之前就知道在大聯盟春訓營會跟知名球星共處一室，但真正踏進休息室，看到另一邊長得跟我一樣的置物櫃，上面掛著的名牌，寫著馬奎爾[51]、麥基（Willie McGee）[52]和其他一些家喻戶曉的名字，我還是不禁肅然起敬。

儘管前一年秋天，我就已經在指導聯盟短暫穿上過屬於紅雀球團的制服，可是第一天來到大聯盟春訓營休息室，套上球衣、扣上扣子、戴上球帽、彎曲帽簷，那整個過程仍然令人印象深刻，充滿了儀式感，好像在告訴自己，我現在就屬於這個地方，或許還不會那麼快升上大聯盟，但那天終究會到來。我歡迎球團給我設定有難度的目標，讓我和我的左臂能發揮所長。我不會大聲嚷嚷自己幹了哪些事，而是默默耕耘、默默努力，遵從球團給我的指示、在教練要我上場時認份地投球，按照職棒休息室裡輩份地位高低的潛規則行事。球團要求什麼事情，我不但會執行完成，還會想辦法多做些甚麼，讓自己變更好。

大聯盟春訓營的第一天早上，包含我在內的數十位投手，排成一排準備進行衝刺跑步。有一名在我附近的資深投手開口說道：「輕鬆跑就好，不用搶當第一個。」他這句話並非特定對某個人說，而是講給所有年輕球員聽的，言下之意是，球團不會在今天就決定誰能在大聯盟開季（擠進大聯盟的開幕正式名單），所以不必搶著當英雄。在春訓之初的二月份，就算你表現得再好，對球團而言意義也沒有很大，因此大可不用刻意逞英雄、求表現。該資深投手語畢，我們旋即開始春訓營第一個小時的課程：十趟五碼衝刺（五碼大約是四點六公尺）。

每跑完五碼，便稍作休息，緊接著再跑五碼。這樣跑實在很難不衝在其他人前面，但我還是努力嘗試不要變成第一個。

那天下午父親打電話來。

「怎麼樣？第一天如何？」他問。

「還不錯啊。我們跑了十趟五碼衝刺。」我答道。

「蛤？」

「是的，你沒聽錯。」

「五碼？」

51　Mark McGwire。

52　紅雀隊當時知名的外野手，曾在一九八五年奪得國聯最有價值球員獎。

「對，就是五碼。我在春訓前把身體調到此生最佳狀態，結果開訓第一天我們總共只跑了五十碼，還切成十段。」

邁向大聯盟殿堂的漫漫長征，就始於這非常微小的幾趟衝刺，而主要的目的是要讓年輕人懂得不要在資深球員面前搶鋒頭。

春訓營尾聲，我被調到小聯盟春訓；結束之後，球團將我發派到位在伊利諾州的皮奧里亞（Peoria），也就是隸屬於中西部聯盟（Midwest League）的紅雀一A球隊所在地。當時我年僅十八歲，是整個隊上最年輕的，而且還年輕不少。在小聯盟打客場要搭長途巴士，耗時甚久，但我並不介意，反而很喜歡各小聯盟球隊所在的小鎮。有些小聯盟球場狀態不佳，設施環境有點破爛，但整體而言還是別具風味、各有魅力，而我也很享受在那些球場打球的感覺。

紅雀的一A球隊叫作皮奧里亞酋長隊（Peoria Chiefs），那年我為酋長隊投了七場先發、累積三十五局投球，繳出三勝〇敗、防禦率二點〇六的成績單，並打破了先前由我的兒時英雄——古登（Dwight Gooden）[53]——所保持的連續無安打局數紀錄，然後就被升上了高階一A。那年的剩餘球季，我都在位於維吉尼亞州伍德布里奇（Woodbridge）的高階一A球隊——普林斯威廉大炮隊（Prince William Cannons）——度過。伍德布里奇不只是個適合釣魚的好地方，也很適合打棒球，或者更精確的說，特別適合我發揮。在那裡我投了二十一場先發、累積一百二十六局投球，三振掉一百八十一人、只保送三十八次。我的速球和曲球狀態奇佳，自信心跟著爆棚；此時，休息室已沒有人敢再對我惡作劇、亂搞我的鞋帶了。

除了在場上投出亮眼的數據，我也發現自己非常適應職棒的生活樣態。在轉成職業球員之前，學生棒球的賽季對我而言太過片斷破碎，反倒是進職棒後這種一切只剩「打棒球」的生活節奏，讓我感到心安、獲得慰藉。我要做的事情很單純：先發完之後，接下來四天為下一次先發做準備，然後再先發一場，再準備，不斷地重複，並在過程中保持住身體和球技的水準、嘗試投出更多好球來幫球隊取勝、結交更多的朋友。每五天，我都可以站上球場，跟職棒球員打比賽，同時覺得自己銳不可擋。那季我在高階一A投出十二個觸身球，但完全沒有感到抱歉的意思，因為我的自信愈來愈強大。雖然我的投球動作十分非典型，但並無遭遇到什麼機制上的問題，整季都維持得很穩定、很順暢。

跟著大炮隊四處征戰，從維吉尼亞州、馬里蘭州，打到達拉瓦州、北卡羅萊納州，時間一長，我腦子開始浮現「我一定能夠在職棒有一番作為」的想法、逐漸認為自己待在小聯盟的時日不會太久。這並不是因為棒球變得簡單，而是因為職棒生活讓我感覺一切都到位了、一切都很合我的胃口。我可以盡心盡力地付出生命在職棒上，就算小聯盟有很多辛勞、很多痛苦漫長的巴士征途，我還是能夠保有一定的熱情，持續積極地精進自己。

53　大聯盟八〇和九〇年代的知名投手。

長久以來，棒球界一直都有在討論小聯盟刻苦的生活，不少人認為，小聯盟艱難的環境可以自然淘汰掉意志力不夠堅定、心理素質不夠強大的弱者，讓堅持留下來、支撐到上大聯盟的球員都已是一時之選。不過大家常提到的小聯盟難題，對我而言都不是問題：小聯盟薪水低得可憐？我沒差，因為我有高額簽約金；令人難受的長途巴士之旅？反正我也沒有其他地方好去；長期在外征戰所引發的思鄉之情？我反而喜歡離鄉背井的自由；伙食很糟糕、很不健康？老實說，那些食物我吃得很習慣，甚至還滿喜歡的；面對低潮和挫折難以振作？偏偏我在小聯盟還真的沒遇到什麼低潮、挫折，表現一直很好。

與其去想小聯盟生活有多少阻礙和困難，我把精神都放在「怎麼進步」、「怎麼變強壯」、「怎麼把速球準確投進捕手手套」、「怎麼優化曲球的控制」上面。比賽結束之後，喝一杯沁涼的啤酒，為一天的辛勞作結，隔天再前往下一座小鎮，看那邊的小聯盟打者，有沒有人能夠打到我的球。

大部分的打者都沒辦法把我的球打好。

九月份，我從維吉尼亞開車回南佛羅里達，這一趟要花十三小時。我行駛的路線，剛好會經過一些我在夏天比賽過的小聯盟球場，因此看到了很多「XXX主場」的牌子掛在當地小聯盟球場的外牆上。我也認得一些之前北上時，坐在巴士一側所看見的地景；當時我眼睛半開著，希望凝視著這些既熟悉又陌生的地景一個個閃過後，我能打個瞌睡，一兩個小時都好；結果還是睡不著，只能開始觀察著窗外一棟棟房子後院的兒童遊樂器材。在我看來，那一切代表的就是「正常」，非常地正常，而我很開心能過著所謂正常的生活。

一九九八年七月，我滿十九歲，整個球季結束後成績結算，我在兩個不同層級（一A和高階一A）合計累積一百六十一局投球、兩百二十二次三振、二點六三的防禦率，以及一趟長達十三小時的開車歸途。要是我能直接南下開到朱庇特（紅雀新春訓基地所在地，位在匹爾斯堡南邊），待在那裡直到明年春訓開始，我都願意。雖然整季打完確實感到疲累，可是那種疲累是很有成就感的，因為過程中達成了比預期目標更好的結果。

一九九八年春訓結束，我被分發到小聯盟之後，大聯盟正式賽季發生了許多事，而我都默默關心著。春訓跟我在同一個休息室地巨砲馬奎爾，該季例行賽揮出七十支全壘打，而整個夏天都在與他進行全壘打競逐的索沙（Sammy Sosa），則是打出六十六支。他們兩個人的全壘打秀，拯救了大罷工[54]之後的美國職棒，當時我讀他們的新聞，都還沒有什麼指控他們使用禁藥、紀錄不純的報導[55]。至於美聯的紐約洋基，則成為可說是史上最強的隊伍之一[56]，全隊上下充滿能力優

---

54 一九九四到一九九五年間，大聯盟勞資雙方因為難以達成協議，球員發動罷工，導致超過九百場賽事遭到取消，甚至連一九九四年的季後賽和世界大賽都沒有打，對美國職棒產業影響甚巨。

55 馬奎爾和索沙在職業生涯後期、乃至退休之後，都深陷禁藥疑雲，職業生涯成就遭到質疑。

56 那年洋基在例行賽獲得一百一十四勝，勝率突破七成，並於季後賽搶下世界大賽冠軍。

異、狀態奇佳的球員，唯獨一人——他們的二壘手納布拉克[57]——似乎得了一個被叫做「易普症」的神秘疾病，陷入空前的生涯危機。納布拉克沒辦法把球傳直，不論他怎麼調整、怎麼嘗試——擺臂角度、移動腳步、訓練方法、眼睛閉合、尋求協助、不尋求協助，都沒有用，他還是無法擺脫易普症的夢魘。我在電視上看過他被易普症困擾的傳球片段，那真的很奇怪，看著他用各種不同的方式傳球，卻全部傳偏，心裡想著，一個才剛在前一年（一九九七）拿下二壘手金手套的明星球員，怎麼忽然連最簡單的傳球都做不出來了？他到底發生了什麼事？把球傳出去有那麼難嗎？這到底是怎麼發生的？想著想著，我回去餐桌上把早餐吃完，就沒有再去深究那些問題。那年冬天，我回到在佛羅里達租的房子，偶爾釣釣魚當作消遣，等待下個年度回去春訓營報到的時刻。

回想第一個完整的職業賽季，我自認做得還不錯，在場上都有全力以赴、經常幫球隊贏球，球場下也沒有帶給球團任何麻煩，都有遵照指示做事。我希望球隊有看見我的盡責、付出、貢獻。

休賽季有五個月的時間，對我而言十分漫長。我有做一些練投，也有跑步，不過不像前一年跑那麼多，因為我已經有了第一次春訓的經驗。等到我抵達朱庇特，準備迎接新春訓的到來時，《棒球美國》雜誌把我評選為全美職第二強新秀，僅次於置物櫃就在我附近的祖魯。這次春訓，感覺比較多人聽過我的名字，有些教練也會觀察我比較久的時間，或是花更多篇幅談論我。不變的是，我仍然算是大家口中的大物新秀，但累積的資歷還不足以讓球隊把我直接擺進預定的大聯盟陣容中；我依然介在小聯盟跟大聯盟之間、依然只有十九歲、依然有些實戰經驗需要累積和學習、依然在期待更美好的未來。因此，我繼續蟄伏、繼續等待。

春訓結束，我被分發到二A，位在阿肯色州小岩城（Little Rock）的旅行者隊（Arkansas Travelers）。這年一樣，我是隊伍裡唯一一位未滿二十歲的成員，但至少今年我直接從二A開季，效力的球隊、所在的城市、隊巴會開往的客隊城鎮，皆有所不同。旅行者隊所屬的聯盟叫作德州聯盟（Texas League），對手球隊所在的城市包含了土爾沙（Tulsa）、什里夫波特（Shreveport）、聖安東尼奧（San Antonio）等地，我不排斥去這些地方，也都可以適應。旅行者隊的總教練是馬隆尼（Chris Maloney），他人很好相處；打職棒需要花很多時間跟隊友、教練在一起，很多客場出戰更是朝夕相處，小聯盟尤其如此，所以隊友教練好不好相處，可以說十分重要。愈多好相處的教練和隊友，自然是愈好的。

我在旅行者隊投了八場先發、累積四十九又三分之一局的投球，沒有吃過敗仗，防禦率為不到一點〇〇的頂尖水準；才花大約六週的時間，我就證明自己的實力已超乎二A層級，被球團拔擢上三A的曼菲斯紅鳥隊（Memphis Redbirds），而且直接進到該隊的先發輪值中。

57 Chuck Knoblauch。

就實際物理空間來說，從旅行者隊升遷到紅鳥隊，我離位在聖路易的大聯盟紅雀隊，拉近了大約一百一十公里；但就我個人感受上，從二A升到三A之後，我跟大聯盟之間就只剩下咫尺之遙，距離縮小了可能好幾萬公里。三A的球員休息室中，大部分的人要不是已經上過大聯盟，就是快要升上最高殿堂，人人都覺得自己很快就能踏上大聯盟賽場。我對天發誓，在紅鳥隊主場——提姆．麥卡佛球場（Tim McCarver Stadium）——的投手丘上，我彷彿能直接看到從布許球場[58]發出的燈光。一九九九年的紅雀隊戰績並不理想，但我不太在乎他們的戰績好壞。那年馬奎爾依舊在狂轟超大號全壘打、祖魯成了先發中外野手，而兩個球季前才在世界大賽第七戰敲出再見安打、幫助馬林魚獲得冠軍金盃的游擊手蘭特利亞（Edgar Renteria），也來到了紅雀陣中。我想要加入他們的行列，與他們併肩作戰。

截至那時，我的一生似乎都在夢想著有一天能在大聯盟打球，努力朝著這個遠得遙不可及的目標邁進，不斷縮小我跟這目標之間的距離，卻始終沒有達到終點。但來到三A，紅鳥隊總教練皮茲（Gaylen Pitts）把棒球放到我手中，要我擔當起先發任務時，我覺得自己好像已經可以觸摸到大聯盟的賽場。在這裡的每一場比賽，都直接關乎著我能不能上到大聯盟，取代某一名大聯盟投手的工作。十九歲的我，才從聖露西港高中畢業兩年、離開一A球隊一年，站在紅鳥隊投手丘上，看著手中的棒球，意志從來沒有那麼堅決過。我絕對要使出渾身解數，來面對每一場球賽。

「繼續把你在做的事情做好，就好了。」身邊的人都這麼跟我說。接下來的三個月，去到太平洋海岸聯盟（Pacific Coast League）[59]的各個球場比賽，我都照著那句話做，而我的專注力則全都聚焦在一件事情上：那就是走完前進聖路易的最後一哩路。

58 聖路易紅雀主場。

59 紅鳥隊所屬的三A層級聯盟。

第十章 例行公事

我記得那是在過完二十歲生日的差不多一個月後，週一夜晚，地點位在加拿大蒙特婁的奧林匹克體育館（Olympic Stadium）。經過兩個夏天、五十二場小聯盟先發的洗禮之後，我完成了大聯盟初登板。那天的確切日期是一九九九年八月二十三日。不過在那之前，我先飛到紐約，因為跟博覽會隊[60]對戰的前一天，紅雀在大都會的主場——謝亞球場——一日兩戰。抵達紐約的甘迺迪機場（John F. Kennedy International Airport）後，有兩名球團人員來接我，一位是來自紅雀球團的柯特．史勒戈（Kurt Schlogl），另一位則是來自大都會的凱文．梅寇瑞拉（Kevin Mercorella）。史勒戈在行李提領區等我，而梅寇瑞拉則是在機場外接送區的車上等待。史勒戈接到我後，我倆移動到車旁，車子發動著，但車門沒解鎖。在一堆警察哨音、汽車引擎聲、喇叭聲交錯的吵雜接送區，梅寇瑞拉在車內睡得像個寶寶那麼香甜。史勒戈用力敲了敲窗戶。

「凱文！等你死了再好好睡啦！」史勒戈大叫。

「什麼？沒啦，我只是閉目眼神而已，才沒睡著。」梅寇瑞拉驚醒後，操著濃厚的紐約腔說道。

梅寇瑞拉轉向我，對我說：「嘿，瑞克，你有看過被塑膠包住的笨蛋嗎？」

「呃……被塑膠包住的笨蛋？不知道耶，沒看過。」我一頭霧水地回答。

梅寇瑞拉笑得上氣不接下氣，過了好一陣子、稍微平復了一下才說：「看看你的駕照吧。」

謝啦，梅寇瑞拉，真的好好笑喔。原來這就是他們歡迎我上大聯盟的方式。

紅雀在謝亞球場的一日兩戰，以一勝一敗作收——第一戰大都會四十歲老將韓德森（Rickey Henderson）在比賽尾聲敲出追平比數的安打，幫助大都會逆轉獲勝；第二戰紅雀擊敗派出資深先發投手赫西瑟（Orel Hershiser）的大都會，扳回一城。而我則是在比賽結束後，加入他們的行列，一起前往加拿大蒙特婁。

總算來到大聯盟了。回首此前的好些年，我前進大聯盟的道路蜿蜒崎嶇。棒球場上的一切是美好的、是清明的，但棒球場外的種種，都是考驗。初登板的夜晚，父親母親都到場；奧林匹克體育館顯得有些昏暗，現場也只有大約一萬三千名球迷，畢竟當時的紅雀赫博覽會，都已經差不多無緣挺進季後賽了。

60　蒙特婁博覽會隊，主場位在加拿大的蒙特婁。

父母親肩並肩坐著，看上去非常驕傲，也很開心。有那麼一下子，感覺上他倆是在一起的，但我抑制住自己的好奇，沒有問他們。距離上次他倆坐在一起看我投球，已經過了一段時間，不過這次給我的感受沒什麼太大的不同。唯一的差別是，在這裡我不可能聽到父親的喊聲；就算聽到了，也不可能照他的意思投蝴蝶球。

這場球賽的結果十分普通。我身著六十六號球衣，投了五局還算及格的內容，最終博覽會隊以十一比七擊敗紅雀。雖然那場球只能算普普通通，但一九九九年的剩餘賽季（我後來還登板了八次，包含四次先發），對我來說有種說不上來的熟悉感，好像自己已經在大聯盟打滾多年。就算是在大聯盟，但場上打的仍然是棒球，投手的目標還是把球投進好球帶，只是球場大了一些；規則不變，球技和表現較好的一方獲勝，聰明的打者能看到比較多球，強悍的投手能撐得更久。

初登板的六天過後，我先發主投當時國聯第一的亞特蘭大勇士——我小時候最喜歡的隊伍。勇士派出的先發投手不是別人，正是我從小崇拜並把他當作榜樣的史摩茲[61]。史摩茲投了八局，而我投了六局，勇士最終在延長的第十二局獲勝。那晚，布許球場湧入了超過四萬五千名觀眾，他們身上要不是穿著紅色的球衣，就是戴著紅色的帽子，有人甚至塗上紅色的指甲油，各種行囊、飾品也是能紅就紅；這些球迷的熱情感染了我，讓我在那一夜開始愛上聖路易這座城市和當地的球迷。那個月我都住在市中心的旅館裡，從球場走回旅館的路上，常有陌生人叫我的名字，也有人會從擁擠的酒吧探出頭來，說要請我喝一杯。他們似乎沒意識到我的年紀還沒辦法喝酒，不過好意我是心領了，還是會對他們揮揮手致意，心裡更加期待下個球季的到來。

我的速球十分剛猛，大都落在九十五英里之上，接近一百英里，而且控得很不錯，值得信賴；我的曲球欺敵效果十足，連明星隊友馬奎爾也讚譽有加。我每一場球都吸取經驗，學習投得更有智慧，探索投球技藝的箇中奧妙；我很享受實戰帶我更加參透棒球比賽的感覺，就算場外父親又因為某些事情鋃鐺入獄，也影響不了我的心情。老棒球人拿我跟史上的傳奇投手比較，說我時而狂野的控球，像年輕時的科法斯，也說我時而兇狠的眼神，像紅雀名投吉布森。紅雀本就是一支擁有輝煌投手歷史的隊伍，他們似乎很滿意我所展露的投球功力，希望我也能成為日後人們口中的傳奇名投。對於他人對我做的比擬，我沒有想太多，就是繼續好好投球，畢竟我自知自己跟那些傳奇相比，還差得遠了。我只是個擁有不錯速球和曲球的年輕投手，也許身繫光明的前景，但未來的事誰都說不準。能夠在大聯盟獲得出賽的機會，每五天登板一次，已經讓我覺得很感激。

在狀況好的夜晚，我整個視野裡就只有捕手的手套，聽不見任何聲音，唯一的思緒是：**我要把球投到那兒**。狀況好的時候，一切都在我的掌控之中。

然後我會投球。大多數時候，球都會跑到我想要的位置附近，就算有偏差，也不會離太遠，

---

61 John Smoltz。

下次還能修正。那年九月份，紅雀的捕手主要由卡斯提歐（Alberto Castillo）和簡森（Marcus Jensen）輪替，他們會打暗號決定我要投什麼球、大概投在什麼位置，接獲暗號後，不論我身處在哪座球場的投手丘——布許球場、瑞格利球場（Wrigley Field）[62]、透納球場（Turner Field）[63]，我都感覺像回到了聖露西港高中的投手丘上、像是在最熟悉的家鄉投球、覺得自己屬於那裡。一九九九年夏天，在被叫上大聯盟前，我愈來愈能把速球準確且穩定地控在右打者外角邊緣的位置，這樣一來，我便能更常削到好球帶的外角，或是稍微投得更外側一些，引誘打者追打壞球；有時還可以投在外角低的位置，直接讓打者揮空。這一點的優化，使我升級成不一樣的投手，不再只是單純仰仗球威來壓制打者，而是更能用頭腦跟策略來投球；也因為如此，我可以跟大聯盟等級的打者周旋，不容易被破解。我也喜歡內角速球；事實上，我更傾向以內角速球作為主要武器，但能夠在有需要的時候，投出品質好的外角速球，等於是多買了保險，讓自己多一條後路，更令人安心。

我認為當時的我，還在學習怎麼投球，並看著好打者是怎麼進攻投得普通的球、如何把投得很好的球也給打好；然而，我從不覺得這些學習和經驗累積，是太大的負擔，也不會覺得自己太年輕或球技太粗糙。那年八、九月份，二十歲的我在大聯盟投了三十三局，過程中毫無懼色，自信心沒有一點動搖，深信著隔年到春訓營報到時，我會成為紅雀隊最佳的五名先發投手之一，並且能在例行賽投三十多場內容出色的先發。

春訓就是按表操課的同義詞。春訓期間，總是在同樣的時間起床、同樣的時間開出住處、同樣的時間走進球員休息室、同樣的時間換上球衣、同樣的時間跟隊友邊聊天邊走到球場上。

不只是球員有一套例行公事，教練、防護員、休息室工作人員、甚至連來採訪的記者，在春訓都有各自遵循的常規，大家都非常重視自己什麼時間該做什麼事，絕不輕易破壞慣例。常規一旦建立，就代表著這樣的例行公事能夠把工作做好，值得放心遵循；一天做完，隔天仍然可以放心地照著這套慣例去做事，直到某一天的常規裡，出現了新的項目，例如「搭專機去下一座城市」，就知道下一個階段——新球季的例行賽——展開了，於是需要去適應一套新的例行公事。

這樣的工作樣態聽起來既無聊又無趣，但這卻是撐過從二月一路到十月、如此漫長球季的唯一辦法；不建立一套常規來遵循，很容易生活就會面臨崩壞，或是精神耗弱。要度過這九個月，得活在每個小時的當下，不，應該是每分鐘的當下；千萬別回顧過去，更別往前看太遠，因為看得太遠，目標實在太遠太渺小，刻意去追尋只會讓自己身心俱疲。與其搞死自己，不如把目標設在下一個待完成的例行公事，把這件該做的事做完，再去想接下來要做什麼事。這樣一來，一切單純多了，把每一個接下來該做的事做完，等到一天結束，你會發現自己吃飽飽、睡好好、頭好壯壯

62　芝加哥小熊的主場。

63　亞特蘭大勇士的主場。

精神好，甚至充滿自信；不過反過來看，要是在這種例行公事的節奏當中，錯失掉或沒做好其中一項，那可就糟了，因為會連帶影響到後面每一個該做的事情，導致那整天都會過得很不順；更甚者，為了彌補前一天沒做好的慣例，還會牽連到隔天、後天的例行作業，產生負面的骨牌效應，而這往往就是選手為什麼會遇到胃痛、手肘痠痛、開季投得很差、自我懷疑等各種情況的起因。

二〇〇〇年春天，我在匹爾斯堡的法院裡，從父親身後看著他站起身來，接受法官宣判他犯罪的刑罰。不過當時我腦子裡想的，並不是父親會被判多久，而是來這邊聽審會拖累到多少我例行公事的進度？明天的工作內容，會因為今天的延宕而變成甚麼樣子？我該做些什麼、跟誰進行討論、去哪些地方，才能夠彌補錯失掉的項目，趕上原本的進度？

我很有信心自己能在那年的春訓後，直接擠進紅雀的先發投手輪值。前一年的九月，我在大聯盟投得算很不錯，讓我知道不管我的投球實力確切為何，都能應付大聯盟層級的打者，也讓我意識到值得自己成長學習的場域，已不再是三A，而是應該在大聯盟，跟大聯盟等級的球員競技。為了擠進大聯盟先發輪值，讓自己留在棒球最高殿堂，我的人應該要在春訓基地，跟其他大聯盟球員一同準備、切磋球技才是，怎麼現在我卻請了一天假，只為了跟母親一同坐在法院的木長板凳上，製造一個假象，向法官展示理查·安基爾這個人擁有一個「充滿愛」的家庭、仍有人相信他有可能改過向善；然而老實講，應該沒有法官會吃這一套。

我看著父親的背面，那是一個即將入獄之人的身影，他這次會去監獄待上好一陣子。每次我跟別人說父親的工作之一是做石膏板的師傅，大家其實心裡都有數，我就是個囚犯的兒子，雖然這聽起來很糟糕，但必須說父親在監獄裡對我們家而言可是件好事。他在監獄裡，我就不需要應付他那些莫名其妙的來電，母親也不需要時時刻刻擔憂自身安全、試圖掩蓋真相。這不是說我希望父親鋃鐺入獄，但他在監獄時帶給我們家的一些好處，我能明顯感受得到。父親此次入獄，代表他接下來的人生會變得十分難熬；儘管那樣的罪刑是他應得的，可我的內心多少還是有點替他感到難過。至於包含我在內的其他家人，生活將因此變得稍微輕鬆一些、平靜一些。在那之前的幾個月，父親十分焦躁不安，深信那些過去被他出賣的人正回過頭來要反咬他一口；他焦慮的程度還滿誇張的，所以我們開始覺得「多疑妄想」也成了他的人格特質之一。父親的多疑妄想還體現在另一件事上：有一名女性的聯邦調查局人員，負責引導父親供出那些曾經跟他狼狽為奸的罪犯，在兩人合作的過程中，父親竟認為該調查局人員愛上了他。雖然當時我還只是對愛情懵懵懂懂的年輕人，但也看了不少電視劇跟其他人談戀愛的例子，怎麼看都知道那個調查局人員不可能對父親有意思，所以當父親這麼說的時候，我只能把頭轉開，不當著他的面大笑出來。

父親這次應該要在監獄待上個五年、十年，或許二十年；而我同母異父的哥哥菲利普則是已經因為參與父親的那些不法勾當而入獄。母親跟我一樣，不太想出現在法院，可是我們還是坐在那兒，等著法官的宣判。等待的同時，我心裡想，其實有一個會走私毒品跟拿槍威嚇他人的父親，搞不好是讓我成功的因素之一。我不單單只是一個擁有不錯速球的二十歲大聯盟菜鳥而已，我見識過的鳥事、忍受過的磨難、經歷過的悲劇，都是非常真實的，造就了我的人格和心理思維。就連待在家裡，也要保護自己的基本人身安全，這樣的事情會留下令人沉痛的傷疤、烙下不可抹滅的印記。或許很多人覺得對於二十歲的大聯盟菜鳥來說，第一次到客場投球是一件滿可怕的事情，但我絲毫不這麼覺得，畢竟再怎麼可怕，也不會比我經歷過的事情可怕。舉例來說，在學生聯賽中對一顆本會成為第四顆壞球的球路揮棒，造成打擊失敗收場，回家後面對為此氣炸的酒醉父親；被父親逮到、遭到一陣教訓後，還得罰跑操場，然後堅強地告訴母親自己很好、沒有關係，因為要是母親介入，她勢必也會被毆打在地。有時無意在家裡儲放衛生紙的地方發現大麻、在廚房桌上碰到殘餘的古柯鹼粉末，還得被父親辱罵是個沒用的敗家子。

在棒球賽場上，名聲的建立通常奠基在每一次的投球。你得持續出賽、持續做好自己的工作、持續做出正確的決策、持續抓到出局數、持續堅定且無所畏懼地面對下一名打者，才能成為大家口中那個「強悍的傢伙」。但我成長的經歷，或許能讓我在剛上大聯盟之初，就建立起這樣的名聲。如果有對手打者認定，由於我的人生經歷非常特殊，心理素質比他更強悍一點，也許就能讓我獲得投打對決中的一些優勢：比如說，把內角球往更裡面塞一兩吋的空間。打者可能因此在打擊區被逼退一小步，甚至連他自己都沒有注意到，因為那是潛意識在控制他，要給予投手丘上那個內心更加強悍的傢伙更多內角球的空間。

或許這根本是我自己想像的無稽之談，但有一陣子我確實這麼相信著。要是父親的存在，阻礙了我的成長之路，讓我難以順利地成為心目中嚮往的球員和男人，那麼當他不在的時候，我可得要好好利用一下。父親犯罪的細節，以及被判的刑罰，最終都見了報，紅雀球團問我為什麼之前沒有先讓他們知道這件事，我只回答因為我覺得那不重要。記者對我提問時，除了問我手臂感覺如何、變速球的狀況怎麼樣，也會插進去一些關於我爸的問題；聽到這些問題，我的表情會變得嚴肅，接著說：「人都有犯錯的時候，而我父親犯了一個嚴重的錯。」父親的醜事公諸於世，我不覺得難過，也不覺得丟臉，因為我根本不在乎。他不是我，也無法操縱我的人生，之後我也不會再讓他來干預我。

看著父親的背影，我感謝他讓我成為心理更強悍的人、對決起來更兇狠的投手。要不是他，我應該沒辦法建立起這樣的名聲。

父親站立在一張桌子後方，旁邊坐著他的律師。法官從高處往下看著父親，寫了一些筆記，再把目光投射到他身上。

父親被判了六年徒刑。

我站起身來，走出審判室，給母親一個道別的擁抱，驅車趕回朱庇特，好讓自己能在新球季從大聯盟出發。

那年春天，波拉斯一直要我去跟一個叫作多夫曼[64]的人見面。我不是很想理波拉斯，但他鍥而不捨地要我去跟多夫曼聊聊，為了讓他不再提起這件事，我最後同意去見多夫曼。多夫曼是一名運動心理師，當時已經建立起不小的名氣。我之前就已經聽過運動心理師的存在，不記得任何一個特定的心理師，只是知道大聯盟球團裡有這樣的人；我還知道當馬林魚在一九九七年贏得世界大賽冠軍時，他們板凳席就有一位穿著球隊制服的運動心理師。沒想到，那個人就是多夫曼。我知道有一些比較資深的球員，十分重視他們的心理健康和球賽的心理層面；我覺得那沒有什麼不好，但我並無相關需求，心理狀態已經固定下來。當時我的一生，都在找尋辦法封閉自己真正的內心，不讓外人進來探索。

「就跟他聊聊吧，」波拉斯對我說：「多夫曼人很好，你會喜歡他的。」

「我很好了，沒關係的，不用了啦。」我回他。

但無論我怎麼婉拒，波拉斯就是不放棄要我跟他見面。有一天下午，我有一小時的空檔，而多夫曼人也剛好在朱庇特；如果這一小時花下去，能讓波拉斯停止提起多夫曼是個多好的人，那也值了。所以我前往多夫曼所在的旅館，敲了敲他的房門，出來應門的是一個禿頭、眼袋又深又黑的六十五歲男子。第一眼見著他，我心想，完了，感覺跟他聊天會很尷尬。

「我是瑞克。」我說。

「我是哈維。」他答。

走進房間，看了看四周，我說：「好，所以現在我應該躺在某張沙發椅上，然後開始什麼療程嗎？」

多夫曼笑了出來，像是在說他已經聽過很多次類似的反應。他示意我到旁邊的椅子上坐下。

活到那個當下的我，整個人生都充滿了謊言，因此除了自己，誰也不信任。給我球，不要跟我保證什麼，看著我表現就好。第一次見到多夫曼，我就是抱持著這樣的心態看待他、回答他的問題，腦子裡一直想著，到底什麼時候才可以離開。

整個談話的過程其實沒什麼問題，多夫曼確實是個不錯的人，性格溫暖也很聰明。他對我展現出好奇心，但也不會讓我覺得他想要刺探什麼。雖然我對這次面談十分保守、態度相當保留，但最後要離開時，我還是問了多夫曼他有沒有在打高爾夫球。這個問句真正的目的是禮貌性地釋出善意，表面上希望能延續這段關係，但事實上並沒有真的要跟人家當朋友。我會這麼做，或許是出自對波拉斯的尊重，也或許是我單純喜歡多夫曼這個人；就算我用不上他的心理諮詢專業，但還是可以好聚好散。多夫曼或多或少體察到了我內心的想法。

「有啊，我會打一點高爾夫。」他回答。我點點頭。

雙方內心都知道，我們之後應該不會真的一起去打高爾夫。

64　Harvey Dorfman。

步出旅館時，我重新回想了一下剛才那一小時我說的話。我依然是那個自己十分熟悉且內心強悍的人。我活到了二十歲，好不容易才過得比較開心自在，這是我努力奮鬥、撐過苦難所得到的甜美果實。要是回到八年前，我還在收拾母親被毆打後的殘局；七年前，童年好友丹尼斯意外身故；也許在那些時刻，我會需要有人給我一些心理諮商。不過來到年滿二十歲的現在，我根本不需要什麼心理醫生，我已經透過自己的努力治癒了自己。

所以啊，雖然這個叫作多夫曼的阿伯，人真的滿好的，但我可能再也不會跟他見面了。

一九九九年在例行賽只拿下七十五勝、排名國聯中區第四的紅雀，來到二〇〇〇年，進步成例行賽九十五勝，且抱走國聯中區冠軍的強權。有諸多元素構成了這一年的進步：球季開始前的休賽季，紅雀透過交易換來了先前在落磯隊表現不佳的先發投手凱爾[65]，他在離開了空氣稀薄的落磯主場——庫爾斯球場（Coors Field）——後[66]，表現回歸明星級水準，獲得二十場勝投之外，還入選明星賽；主砲馬奎爾雖然因傷只打了半個球季，但已足以讓他揮出三十二轟；外野手艾德蒙斯[67]打滿整季，不僅敲出四十二支全壘打，也入選明星賽；內野手維納（Fernando Vina）繳出優質的三成打擊率；業界公認腦袋聰明且球商很高的資深捕手馬西尼[68]，季前跟球隊再簽一張合約續留，持續為球隊做出重要貢獻；三十八歲的老將戴維斯（Eric Davis）和年僅二十四歲的年輕人祖魯，分別產出三成〇三和二成九五的打擊率；另一名老經驗的名將——三十六歲的克拉克[69]，儘管季中才被交易過來、只為紅雀打了三分之一的例行賽，但過程中創造三成四五打擊率的好成績；先發輪值則是由四名資深投手——凱爾、史蒂文生（Garrett Stephenson）、韓特根（Pat Hentgen）、班奈斯（Andy Benes），加上我這年輕小夥子所構成。

十年前（一九九一年）以二十二歲之齡晉升大聯盟的凱爾，人特別友善，對我也很好。等到二〇〇〇年賽季時，凱爾已經累積了非常豐富的大聯盟出賽經驗，拿過很多勝投，也吞下不少敗投，所以他看待比賽的方式相當實際，也總是能提供深刻的見解來鼓勵隊友。那時我的球技還沒有到非常成熟，有時候控球會忽然走樣，表現並不穩定，比如說二〇〇〇球季我的前三場先發，第一場繳出六局十次三振、第二場五局五保送、第三場五局七保送，感覺像是顆未爆彈，不過凱爾認為那不是太大的問題。

「安基爾，你的球技已經幾乎到位了。」凱爾會這麼說：「只要在一些細節做點調整就好。」

---

65 Darryl Kile。

66 庫爾斯球場因地處高海拔，空氣較為乾燥稀薄，環境條件利於棒球飛行，加上球場本身外野幅員遼闊，所以相當適合打者發揮，成為著名的「打者天堂」、「投手地獄」。

67 Jim Edmonds。

68 Mike Matheny。

69 Will Clark。

時任紅雀投手教練的鄧肯[70]，沒有對我多說什麼，而捕手馬西尼也還有其他十幾名投手需要溝通配合，所以沒能把更多注意力分給我。因此，我常常會坐下來，仔細聆聽凱爾給我的建議和經驗傳承。談話過程中，他會問特定某一球的情況，讓我開始瞭解，投球不光只是把球丟出去而已，還得依據當下的各種脈絡資訊——局數、出局數、球數、壘包局面、打者特性等等，來決策出最佳的球種選擇、進壘點選擇。我不能一直倚賴馬西尼的配球，因為他不可能永遠擔任我的捕手；日後的大聯盟生涯，若跟其他捕手配合到，對自己最瞭解的我，也得有一些主見才行。

那個球季的每一次投打對決、每一次客場作戰、每一次贏球、每一次輸球、每一次犯錯、每一次投出好球，都是在為我接下來可能長達二十年的職棒生涯打基礎、做準備。凱爾每天都會來關心我，在我身旁悉心提醒。

「你今天學到了什麼？」他會這麼問。

「高進壘點的速球，真的會有視覺上竄的尾勁。」我會給出類似像這樣的答覆。

凱爾會笑一笑，然後繼續跟我一個個討論，我幾天後會面對到的打者，探討他們的打擊習性，分析出應對策略。等幾天過去，我站上投手丘先發，再來看看我們討論的東西是否真的有用。

凱爾的腦袋十分靈活聰明，他解讀棒球比賽的方式也跟其他人不一樣。此外，他勤奮的工作態度，使得紅雀整個投手團隊都變得更強、準備得更充足，因為沒有人想成為那個相較之下最偷懶的人。不過有的時候，你真的很難達到凱爾自我要求的標準。凱爾對於「投球」這項技藝充滿好奇心，他想知道做哪些事有助於在場上投球、哪些事則為帶來負面影響。當他決定自己應該在速球和曲球之外，新增一種球路來提升成績，隔年春訓，他就已經練成了新的指叉球，而且品質在全聯盟數一數二。凱爾從不抱怨自己肩膀痠痛、隊友打擊支援太少，或是夏天酷熱的天氣令人難耐，只要輪到該投球的日子，他就是任勞任怨地上場投球，盡責地維持穩定的出賽，因為在他心中，這些就是投手應該要做到的事。凱爾是那種你會希望在比賽中跟他肩並肩坐在板凳席，一坐三個小時，賽後再去酒吧一起待上一個多小時的人，因為你可以從比賽中一路跟他聊到離開酒吧，聽他怎麼分析在三小時賽事中觀察到的事情。

凱爾跟他的妻子芙琳（Flynn Kile），有兩個年紀還小的孩子——一對可愛的龍鳳胎，凱爾常常在言談中提及他們。年紀大我十一歲的凱爾，已經組建了完整的家庭，又身肩會佔用掉他大部分時間的大聯盟投球工作，照理來說應該是分身乏術，卻仍能撥出時間開導我、引領我的職業生涯邁入正軌，令我欽佩。小時候的我，從很多層面來看，都想在長大後成為像凱爾那樣的好男人。雖然他的球技不到最頂尖、沒有人稱他是下一個科法斯，但如果有選擇的機會，他的人生路徑和發展會是我的第一志願。

---

70 Dave Duncan。

二〇〇〇年七月中開始，凱爾跟我的先發輪值順序連在一起，變成一前一後，他先投，隔天再換我。當時球季已進行到中後段，我看著他一步步邁向單季二十勝的不凡里程碑。大聯盟的賽季無一不漫長，但凱爾似乎愈到球季尾聲、愈發傑出，總是能找到辦法突圍、破解危機。該季最後七場先發，凱爾繳出六勝〇敗、防禦率二點七二的精采數據。而幾乎總是在他先發完下一場出賽的我，在那七次先發的成績亦不遑多讓，戰績四勝〇敗、防禦率一點九七。九月二十日，我對戰休士頓太空人拿下勝投，讓紅雀搶下分區冠軍，相隔一週，我再先發，贏得我在那季的第十一場勝投。拿下第十一勝後，我在大聯盟的第一個完整賽季也畫下句點，總計留下十一勝七敗、防禦率三點五〇的成果，而再過六天，季後賽就要開打。經歷過漫長例行賽的考驗，還能在球季尾聲投出佳績、愈投愈好，都在在印證了我當初對自己的信心不只是自我感覺良好，而教練團也給予我相應的重視。種種發展都讓我覺得，不管是接下來的季後賽——首先要在分區系列賽對戰勇士隊、還是之後多年的大聯盟生涯，我都已經準備好接招了，表現只會愈來愈進步、成就只會愈來愈耀眼。

波拉斯告訴我，我應該會擔任分區系列賽第一戰[71]的先發投手。雖然那只是他的猜測，但背後的推論是很有道理的，因為第一戰和第二戰中間有一天休息日，代表系列賽首戰的先發投手，可以在投一休四[72]的正常節奏下，擔任第四戰的先發。第二戰跟第五戰中間只隔三天，而我進到職棒之後，不論大小聯盟，都還沒有只休三天就再次先發的經驗，但凱爾生涯已經投過不少次

「中三日」[73]的先發，因此由他來負責第二戰和潛在的第五戰，似乎更為適合。那年七月我才滿二十一歲，就算那個年代用球數限制和控制投手疲勞度的觀念，還沒有像現在這麼主流，但大家至少都知道間隔的休息時間愈長，對手臂來說愈安全、愈有保障，特別是年輕的手臂。此外，凱爾八月份才對勇士投了兩場先發，其中一場還被打得滿慘的，而我則是整個例行賽都沒有對到他們，因此相形之下，勇士打者對凱爾的熟悉度肯定比較高，對到我就比較陌生。雖然前個賽季剛上大聯盟的時候，我曾對到勇士兩次都投得不好，但一年之後，我已經累積了超過兩百局的大聯盟投球經驗，吸收了非常多實戰的知識和應對策略，同時還新增了一顆會朝右打者外角竄的伸卡球，戰力今非昔比。沒有人比我更確認自己能勝任系列賽首戰的先發任務。

至於不支持我擔任系列賽首戰先發的反而論述是甚麼呢？答案是凱爾。為什麼？因為他是紅雀隊毫無疑問的王牌投手，已經累積了豐富的大聯盟資歷，而且過去也曾在季後賽出賽過。八月底，凱爾才在客場對勇士投了一場只失兩分的完投勝，看上去已經修正了八月初對他們沒投好的弊病。此外，先發輪值裡的其他投手，各有各的問題：班奈斯的手掌出了點問題、史蒂文生的手

71　分區系列賽採五戰三勝制。

72　先發一場，休息四天之後，再先發。

73　兩場先發中間只休息三天。

肘有些痠痛、韓特根才剛先發完一場感覺相當疲累；因此，系列賽首戰的先發選擇，就是凱爾跟我二擇一。

總教練拉魯薩[74]和投手教練鄧肯，最早是直接把我安排為系列賽首戰的先發投手。思量了兩天後，拉魯薩開始懷疑這個決定，心想會不會讓這名年僅二十一歲的大聯盟菜鳥，承擔了太大的壓力？他認為派我去當季後賽首戰的先發，有一定的風險，我有可能因為在太年輕的階段面對太巨大的關注而崩壞，或是遭遇各式各樣難以預料的副作用。但我自己完全不那麼想，反倒很渴望獲得這個大場面的先發機會。星期一早上，也就是例行賽完全打完的隔天、季後賽首戰的前一天，拉魯薩才好不容易拍板定案，維持原本的安排，因為按照這計畫，凱爾跟我最多可以負責主投這個系列賽的四場比賽，戰力能因此最大化。如果系列賽要打到第五戰，我就投第一戰和第四戰（中四日），凱爾負責第二和第五戰（中三日），至於中間的第三戰，就從其他三名有傷或顯露疲態的投手中，選擇一位來投，最後拉魯薩決定把這任務交給史蒂文生。

可是即便已經拍板，拉魯薩內心還是覺得不安。沒錯，照這計畫，他能最大程度地利用隊上手臂狀況最佳的兩名投手，但捫心自問，一個二十一歲的大聯盟菜鳥，真能扛下「季後賽首戰先發」如此沉重的定位嗎？為了替我減少一些心理負擔和輿論關注，拉魯薩採行了一個取巧的計策：先在星期一對外宣布凱爾是第一戰的先發投手，而凱爾在當天下午接受媒體訪問時，也去談要如何在第一戰對戰勇士，但事實上，他心裡知道首戰先發是我，不是他。這樣一來，我就不用面對到先發前一天，媒體的高關注和輿論的發酵，而這也是拉魯薩的目的所在。星期一晚上，拉魯薩私下致電給勇士總教練卡克斯（Bobby Cox），跟他說隔天的先發投手其實是安基爾，而不是凱爾。

「這一年下來，安基爾已經經歷得夠多了，我們只是希望減少他一些負擔。」拉魯薩對卡克斯說。卡克斯表示能夠理解，並感謝拉魯薩特別致電說明。

打完電話沒多久，紅雀球團隨即發給記者一份聲明，通知他們先發投手換人的消息——安基爾改為首戰先發，凱爾則負責第二戰先發。當然，從紅雀教練團的角度來看，這並不是換人，而是從一開始他們就計畫好的佈局。

這就是二〇〇〇年十月三日星期二，我走上投手丘前的脈絡。我知道拉魯薩跟鄧肯那麼做，肯定有他們的道理；凱爾看起來沒有意見，就算有，他也沒表現出來；勇士方面亦不會因此居於下風。媒體自然覺得自己被擺了一道，而前一天晚上睡前心想著隔天會看到凱爾站上投手丘的球迷，則是覺得十分詫異。但這一切老實說，我都不是那麼在乎。我全部的注意力都只集中在三件事情上：一，這場比賽接捕我的捕手不是我最熟悉的馬西尼[75]；二，我在主場投球；三，我的投

74　Tony La Russa。

75　馬西尼無法出賽的原因可以回顧第二章。

球近況可說是前所未有地好。給我球，讓我投球就對了，其他事情都靠邊站。

我在聖路易西郊的克雷頓市（Clayton）有一戶公寓，正好坐落在一大片綠地公園的另一側。那座公園有博物館跟動物園，但我從來沒去過。母親為了這個系列賽的前兩戰，特地來訪，住在我家。比賽開打前數個小時，我開車載她一起到球場，讓她自己在球場附近晃晃、殺時間，而我則是進到球員休息室進行準備，心想著這應該會是美好的一天，覺得自己充滿年輕活力、球技也銳不可擋。想著想著，我忽然開始好奇，自己能從麥達克斯[76]手中敲出幾支安打。我從置物櫃裡抽出一根球棒，感受握著它的感覺，稍微搖晃了幾下，輕輕做了幾次揮棒，此時身後有個人邊笑邊對著我說：「你總是擔心自己的打擊。」我也笑了笑。但其實我不是擔心，而是相當興奮。沒錯，我主要的角色是投手，很享受投球，投得成績很不錯，但我同時也非常熱愛打擊[77]。

那年我例行賽的打擊率二成五〇，對於一個已經幾乎沒有在練打的人來說，這成績算相當不錯。四月有一個禮拜，我揮出了兩發全壘打，志得意滿，之後每次出棒，我都使盡全力，想再開轟。此外，那兩場開轟的比賽，我投球都沒有失分，球隊最終也都獲勝，所以我認為打全壘打似乎能幫我的投球和紅雀帶來好運，於是進一步增加了出大棒的動力。

坐在置物櫃前方，我邊換衣服邊聽休息室裡大家的談話聲逐漸變大，肩膀上扛著一根黑色的羅林斯（Rawlings）球棒，腦中播放著速球的影像——不是我的速球，而是麥達克斯的速球。想夠了之後，我把棒子倚放在置物櫃的一側，戴上耳機，準備進入投手的狀態，或是說切換成投手的行為模式。我先發前的例行準備工作，會先從小睡一會兒開始，在防護室睡個大概四十分鐘，有些資深的隊友始終覺得我這習慣非常有趣。我很信任鄧肯給我的情蒐資料，也相信自己，就算比賽的走向開始偏離情蒐報告的內容，我仍有能力即時調整，控制住場面。帶著認為自己比對方勇士打者更強的信念，我安穩地入眠。

睡完覺，站在置物櫃前，把掛在衣架上的球衣取下來，穿在身上，扣上扣子，這整套過程都充滿儀式感，像是在對自己宣告：要開始幹正事了。拿下耳機，看著休息室工作人員把每個人的球棒收集起來，搬到場邊休息區的球棒架，將它們擺放好，此刻就是我一連串熱身作業的開端：首先是確認身體狀況，接著做伸展、在外野長傳，最後進入牛棚練投。準備過程中，可以感受到周遭的觀眾席逐漸被人群填滿，紅色漸漸佔據眼睛的餘光，耳朵也能依稀聽見數公尺外球迷們口中談論著我的名字，聲量不小，因為他們本以為這場球是由凱爾主投，沒想到現在是我在場上進行熱身。我們是一支例行賽拿下九十五勝的強隊，距離上一次球隊奪冠，已經過了十八個寒暑，算是過了一整個世代，許多紅雀迷早就失去耐心，希望能儘快看到球隊再稱王；勇士在例行賽也

76　勇士隊那場比賽的先發投手。

77　大聯盟勞資雙方在二〇二二年達成共識，要讓國家聯盟也採指定打擊制，這也使得大聯盟從二〇二二年起，第一次兩聯盟（國家聯盟、美國聯盟）同時採指定打擊制，投手不必上場打擊。不過在二〇〇〇年，美聯雖已採指定打擊制，但國聯還沒，所以國家聯盟的比賽，投手按規則仍須上場打擊。

拿了九十五勝，實力不容小覷，我們得從系列賽第一戰起，就打得非常好，才能打敗他們，而我們也有信心能夠做到。這一切都會從我開始，從我投出的第一球展開。

在牛棚做熱身時，我總是會從右打者外側的速球開始投起，然後再投右打者內側的速球。速球練完後，會投一些曲球。接著我們會挑出對方打線裡幾名打者，來做假想的投打對決，以這次牛棚熱身為例，我們挑的其中一位是C・瓊斯（Chipper Jones，左右開弓的勇士強打）。假想面對站在右打區的C・瓊斯，第一球好球、第二球壞球、第三球被打成界外、第四球又是壞球。二好二壞，我使出一顆曲球來解決他（這些假想對決的結局永遠是三振），球進到捕手手套時發出清脆的「啪」聲響；我點點頭，嘴巴說著「好，沒問題，準備好了！」，腦中充滿正向的思維，邁出進場的步伐。

十月棒球。季後賽。這是一場屬於我的先發。走出牛棚，往球員休息區的方向前進，望向開闊的場地，感受腳底下踩著的草坪，聆聽球場音樂和球迷交談的嘈雜；場面聲色繁華、熱鬧無比，但我的注意力全集中求勝的目標，彷彿創造出了與外隔絕的結界。這就像是拳擊手進場，只是我身上穿的不是閃亮亮的短褲，也沒有在投手丘上一直跳動。我太專注在自己的世界，以致於走到休息區外最上層的階梯時，差點跌倒。

其實有一點奇妙，這場我短暫職棒生涯最重要的比賽，竟剛好對上了我從小到大最愛的勇士。前面有提到，在成為紅雀球員的第三天前，我最喜歡的大聯盟球隊一直都是勇士。小時候，我愛他們愛到能輕鬆地背出整條打線，並能模仿大部分球員的打擊姿勢。勇士在系列賽第一戰派出的開路先鋒是佛考（Rafael Furcal），他後來獲頒了該季的國聯最佳新人獎，而我則是票選中的第二名。佛考之後的第二棒是瓊斯[78]，同樣不好惹，他在四年前對洋基的世界大賽第一戰，揮出單場雙響砲，讓當時年僅十七歲的我，變成全匹茲堡最開心的人。接下來從第三棒開始，依序是C．瓊斯、賈羅拉加（Andrés Galarraga）、喬丹、山德斯（Reggie Sanders）、懷斯[79]、巴寇（Paul Bako）、麥達克斯。這批球員我無一不認識，有些已經成為勇士迷心中的英雄，也就是我之前還是球迷時景仰的對象，不過在這天下午，他們都得反過來記住我的名字。

當天我把球投在好球帶邊緣的準度不是很夠，不比前幾個禮拜的好狀況，但速球的球威還是很好，曲球的位移也很犀利。一局上，一棒佛考敲出一壘安打，二棒瓊斯被我三振。一出局一在壘，面對三棒C．瓊斯，一壘上的佛考嘗試盜壘，但以失敗收場，死在二壘前。不過我五個球保送了C．瓊斯，所以局面變成二出局、一壘有人。四棒賈羅拉加上場，我又投出保送，勇士進佔得點圈；但下一棒喬丹敲成一壘界外區的高飛沖天砲，遭到一壘手克拉克接殺，三出局，半局結束，勇士沒有得分。雖然首局全身而退，但我用了二十三球，用球數實在太多。我能明顯感受到

78 Andruw Jones。
79 Walt Weiss。

體內腎上腺素放肆流動，帶來有點過度的亢奮與激情；回到板凳席上，我告訴自己要稍微冷靜下來，這只不過是另一場棒球賽而已，不需要反應過度。

正當我在長凳上跟自己對話時，場上的紅雀隊友已經從麥達克斯手中打下六分，我甚至在一局下就有上場打擊的機會。站上打擊區，心裡想的當然是試著打一發全壘打，但沒打好，敲成內野上空的高飛球，遭到游擊手接殺。要在一場麥達克斯的先發中攻下六分，本身就是一件非常不容易的事情，遑論在一局內就從他手中豪取這麼多分數；然而，我們做到了。紅雀打者首局採取積極的出棒策略，在麥達克斯前幾顆搶好球數的速球，就選擇揮擊，而且擊球狀態很好，因此能在一局下半、部分球迷仍在進場的時間點，就狂攻六分回來。

受到第一局隊友猛烈攻勢的鼓舞，我在二局上只投了十一球，就讓勇士記分板上再掛一個零。回到休息區，我心想：**投完兩局了，再七局就可以搞定這場比賽，繼續保持現在的狀態，沒問題的！**

二局下，我們又在壘包上堆積兩名跑者，不過沒有人回來得分，麥達克斯成功守住了這個半局。緊接著進行的是三局上。

我一把抓起身旁的手套，堅定且充滿自信的走上投手丘。此時此刻，我覺得沒有任何事物擋得住我。

第十一章 那該死的心魔

二十多年來，不管是我在兩歲時撿起球丟出去、在家門前的道路來回奔跑，還是在社區籃球場投籃，運動對我來說一直滿單純的，就是比身材、比速度、比肌肉強度、比技巧、比練習多寡。在運動場競技，需要變得比平常兇狠一些、跳得比平常更高一些、投得比平常更快一些，必要時更得做出肢體碰撞以達成目標，就算不小心受傷流血了，也要強悍地繼續作戰。比賽的時候，則是要在外面對所有人的注目、檢視，承受周遭環境的吵雜。

運動賽事都在大型的活動空間進行——田徑場、體育館、棒球場等等。由於運動能力和身形條件比別人傑出，我的兒少時光和剛成年的年輕歲月，一切成就和有意義的所在所為，都在這些運動場域累積。我粗壯的大腿和肩膀、靈活的手臂、手中的球棒，都是我在球場上競技的武器。我能跑、能跳，擺臂速度如抽皮鞭，揮棒速度如迅雷不及掩耳。我也很努力地訓練，讓自己變得更強壯；不斷地練跑，加快自己的速度。我熱愛這一切，更需要這一切，因為在運動領域，我的努力有具體回報、有成就感，激勵我再做更多強度更高的訓練，企圖達到更好的表現水準。從小到大的家庭環境，總是讓我心懷不安和恐懼，而父親沒停過的咒罵和怒火，則讓我一直懷疑自己是否如他所說的那麼糟糕。然而，運動能使我轉移注意力，逃離那些自我懷疑、害怕、缺乏安全感的時刻。

就某種角度來看，是運動教育了我、撫育了我，長大成人，而在運動場上的見識，還有過程中獲得的建議與指導，則使我趨向不以感情用事。**顧好自己，別去管周遭的雜音。**運動競技也會測試我、考驗我，看我是否夠強悍、是否能獨當一面，來面對更強的挑戰。**給你一個手套和一顆球，現在就看你怎麼表現。你有多少能耐、多少價值？你如何在運動場上定義你自己？你是什麼咖？**

常常有人說我在比賽時，面相強硬兇狠，也說我非常專注，處在所謂的「無我境界」。但從我的視角來看，當我內心尚未遭心魔攻陷、仍胸懷滿腔熱血的時候，雖然身處球場，但整個視野聚焦縮小到只剩一顆棒球的寬度。我只想著對決本身：我跟打者誰能在這尺寸之爭中勝出？誰比誰更想贏？誰最後會落敗，垂喪著提早回家？我不能讓自己輸掉、不能以失敗者之姿回到匹爾斯堡的家，因為我不想讓那些不好的回憶和噩夢再化為真實。

在那些競技和比賽中，要成為贏家，就是靠速球的呼嘯、球進捕手手套的「啪」聲、主審判三振出局的吶喊。那些聲音，代表著公平、公正、公開的競技結果。我站在投手丘上、打者站在打擊區上，開始比賽，我們來一較高下。這就是我以前認知的運動賽事。

客觀地來說，我真不知道自己發生了什麼事，其他人其實也不知道。他們會告訴你，他們知道你出了甚麼問題；但說實在話，他們根本毫無頭緒。他們可以猜測，但不代表那些臆測是事實。

前一刻，我還是投手；下一刻，我成了病人、個案、警世寓言的主角、實驗室的白老鼠。我變回了那個心懷不安和恐懼、境遇悲慘的人、父親口中的敗家子。過往所有不好的一切——破碎的家庭、球場上的失敗、冷酷無情的世界、那些時而縈繞腦海的負面思維，似乎一擁而上，威逼著我。

前一刻，我心無雜念地把手臂往後擺，將球投出，卻不知道，那是我人生最後一次在不需要思考的情況下投球。

就那麼一次投球，我加入了以下這些人的行列：布拉斯[80]、納布拉克、沃勒斯[81]、薩克斯[82]、薩瑟[83]，以及其他不計其數的球員。我的名字——安基爾，現在也出現在這份易普症患者的名單上。

---

80 Steve Blass。

81 Mark Wohlers。

82 Steve Sax。

83 Mackey Sasser。

它是一種焦慮症。不，應該是說「注意力錯置」。換個角度想，它可能也是很多人都遇到過的「演出焦慮」（performance anxiety）或是舞台恐懼。

在此情況下，大腦放棄了你。換個角度想，也或許是大腦在「保護」你。你不想投這球，大腦知道如果你投出去，不會有什麼好結果，所以它不讓你去丟。

它是一種神經疾病。這個詞彙太廣泛了嗎？那我們來個狹義一點的詞彙：「局部肌肉緊張不足」（focal dystonia），也就是肌肉會不自主收縮的一種障礙，這聽起來如何呢？太侷限了嗎？好，那我們再來個範圍廣一點的詞：老高爾夫球員常說的「易普症」（the yips），這大家就比較熟了吧？想知道更早以前的人怎麼稱呼它嗎？他們把它稱作「威士忌手指」（Whiskey fingers）。對，沒錯，它跟神經有關；如果不是，那就是跟心理有關；也或許是心理、生理、物理問題全部糾纏在一起的大謎團。

該死的，就只是把球拿起來、丟出去，有那麼難嗎？

一九七〇年代的頂尖高爾夫選手米勒（Johnny Miller），曾經在《高爾夫文摘》（Golf Digest）的訪談中卸下心防，說道：「我覺得我腦袋裡有一小部分的連結腐蝕損壞了。」

它是一種大腦的病變，可是卻不曾出現在解剖報告當中。大家認識了它，卻又在不久後忘了其存在，直到下一次再重新發現，不斷如此循環。人活著的時候，它的影響顯而易見；死了之後，它卻像是隱形了起來，無影無蹤。

受害者不只有棒球員和高爾夫球員，還有射箭選手、飛鏢選手、鋼琴家、籃球員、板球投球手、美式足球四分衛，甚至連作家也可能深受其害。

有人說它不是生理問題，而是心理問題。不過也有說法是說，它是一種痙攣發作，這聽起來很生理，可是它感覺上根本不是那樣。它是一種由恐懼、羞愧、事情還沒做就已經後悔的情緒，所激發的行為狀態。這種說法，聽起來就很心理。

也有一說是，它起自基因遺傳。對，你沒聽錯，有人認為這是基因問題！我滿篤定這跟基因沒什麼關係，但這也只是我的猜測。

科學界對於易普症的成因意見分歧，這也是為什麼很多人都把易普症稱作「心魔」。我認為就算有人真的透過紮實研究，想出一個非常精準且正確的症狀描述，很多人還是會稱它作「心魔」。

它會被稱作「心魔」，是因為它既存在也不存在、既真實又不真實，聽起來又像是鄉野傳奇中那種會從泥漿裡爬出來，專吃鎮上小孩子的恐怖怪獸。

心魔的受害者很多，於是開始有人進行推論假設、執行研究分析，得到各式各樣的結論。然而，大家卻很難取得共識。在許多不同的結論和想法中，只有非常小一部分能夠重疊、相互同意。

我心魔的產生，就發生在我做出這輩子最後一次不帶懷疑的投球動作之後。做完那次動作，球飛到了捕手和主審的後方，我的人生也就此改變。我發生了什麼事？在那一刻，我腦子哪一塊壞掉了？這是情緒上的反應嗎？是物理變化還是化學變化？跟腦電波的傳導有沒有關係？會不會是變質的父子關係，養出了這隻心魔，它長年蟄伏在我的腦袋裡，並選在令我感到最崩潰的時候，現身出來？

我本來就這麼脆弱嗎？還是其實人人都是這樣脆弱？

四十年前，布拉斯接受《紐約客》雜誌（The New Yorker）專欄作家安喬爾（Roger Angell）訪問時，也回憶起他染上心魔的那一天：「那是我這輩子最可怕、最糟糕的一場比賽和夜晚……我知道某些東西很不對勁，完全崩潰了。我直接在球場上迷失自我，完全不知道自己在幹嘛。投球動作變得很卡，毫無流暢性和節奏可言，我知道自己不應該繼續待在場上，卻還是不想放棄。我想繼續嘗試投下去，直到完全接受自己沒辦法再像以前那樣投球的殘酷事實為止。」

我的遭遇跟他一樣，對抗到一個看不見也沒有形體的東西。我的鬥爭從原本跟打者的對決，轉移到了自己身上。

布拉斯人生最糟糕的一晚，已經過了四十餘年，但心魔的謎團依然沒有被解開，甚至變得更加神秘。我們有四十年的時間去找出它的弱點，但不僅沒找著，心魔在這過程中還壯大起來，變得更兇、更狠毒。它不只擊垮前面提到的棒球員、籃球員、鋼琴家、作家，也讓科學家、心理學家、精神病學家甘拜下風。它讓所有人都束手無策，幾乎呈現無敵狀態。

到底這該死的心魔是甚麼鬼東西？

歐克利博士（Dr. Mark Oakley）是一名臨床心理師，也是加州大學洛杉磯分校的臨床教授，為學校的運動隊伍提供諮詢。他創立了認知治療中心（The Center for Cognitive Therapy），在加州的戴蒙德巴（Diamond Bar）和比佛利山都有辦公室。他還有一個打棒球的兒子。

二〇一六年夏天，我有機會跟歐克利博士談話，那時候距離我腦袋裡忽然有東西壞掉（這當然不是最準確的說法，但大家知道我的意思就好），已經長達十六年的時間，而且我也已經有十二年沒有在職業賽場上投球了。我心中抱持著疑問：為什麼我會在忽然之間，失去定義我大部分人生的能力和技術？在以前，即便是在心魔肆虐最為兇猛、令我感到最低潮的時刻，我都認為心魔的來由、出現的原因並不重要。畢竟事實是，它已經出現了，糾纏著我，死不放手。在那些被心魔緊抓不放、卻又想延續職棒生涯的歲月裡，我知道，如果我有一天還能在大聯盟投球（不只是勉強能夠生存而已，而是達到重新站穩的地步），比較關鍵的問題是我該「如何」克服心魔，而不是分析「為什麼」會有心魔。心魔會對我造成什麼影響、我該怎麼做去減少那些衝擊、採用哪些手段能暫時控制住心魔，才是對當時的我比較有意義的事情。經過那些掙扎，十二年後，當我已不再投球，我便開始好奇「為什麼」了。令我訝異的是，我發現許多正因為演出焦慮而倍感煎熬的年輕球員，以及一些症狀特別嚴重者，都會比較傾向詢問「為什麼會發生這件事？」或「這件事為什麼會發生在我身上？」。

當這些年輕人問我這個過來人的時候，我只能用我唯一知道的方式回答他們，那就是：「我也不知道為什麼」。

在這樣的背景下，二〇一六年夏天的某一個早晨，我在載兒子們前往水上遊樂園的路途中，決定打電話給歐克利博士，問問他，到底為什麼心魔會找上我？

為什麼會有易普症？

為什麼有些人會得，有一些人不會得？

為什麼染上易普症是那麼地容易，要治癒它卻如此困難？為什麼它能在投完一球之後產生，卻沒辦法透過投兩球、投三球、甚至上千球來修正？

「我們可以從心理學角度，以及神經肌肉學的角度，來解釋易普症。它極其複雜，很難治療，也很難理解……簡單來說，它形成的經過大概是這樣：犯了一個錯誤；對做這件事的信任感逐漸消逝；在信任感不足的情況下，壓力進來攪局；壓力使缺乏信任感的問題加劇，兩者互相影響。隨之而來的便是焦慮感，形成一種惡性循環。」

歐克利博士說，除此之外，腦袋裡還會有縈繞不去的執念或雜念，影響著染上易普症的人。失敗之後，想要立刻予以修正、做到完美，卻屢屢失敗，帶來不斷堆積的焦慮感，而焦慮感則會繼續影響表現，引發更多失敗、更多焦慮。

「這個現象會來得又急又猛，讓人措手不及。」他說。

我問他，是不是有某些特定種類的人，或是某些個性的運動員，特別容易陷入這種「失敗—焦慮—失敗」的無盡惡性循環，並且對自己陷入的困境摸不著頭緒？

「如果有，我不會感到驚訝。」歐克利博士回答：「也許某些人確實是好發族群。雖說如此，任何人在條件構成的情況下，都有可能被心魔找上。所有的焦慮症（這邊他也提到了強迫症）都有一個共通點，那就是會造成強烈的情緒反應。」

接著我問了一個類似「雞生蛋，還是蛋生雞」的問題：到底是犯錯在先，才引發焦慮，還是先焦慮了，才造成犯錯？導致心魔成形的過程有沒有一個順序？

「我認為應該是兩者交互作用之後的結果。」他說：「轉變的產生屬於生理層次，腎上腺素分泌，心跳、血壓跟著上升，然後戰鬥或逃跑反應的機制就會啟動。在犯錯行為和焦慮反應來回作用的過程中，整個神經系統就開始被鎖住了。」

一壞球、兩壞球、三壞球……

「我建議患者採取的作為，乍聽之下很反邏輯，不過請容我解釋。」歐克利博士說：「首先，要先知道的是，這症狀沒有解方；任何告訴你有解的人，都是在誤導你。」

根據我的經驗，易普症典型的治療手段，就是要患者阻隔焦慮感，盡量不受其影響；因為一點一滴的焦慮感累積，最後會引發徹底的恐慌和令人難堪的結果。那時我每天都在練習做這件事，甚至一天當中的大部分時間，都在嘗試壓下不安的感覺。面對那些肯定會在八小時之後讓我投出失控速球的不安、焦慮感，我在內心築起高牆來隔絕它們。具體的方式之一是呼吸練習，目的是試圖讓自己分心，將任何正在浮現的感受壓下去。然而，幾乎每一次，一有危機情況的徵兆，好不容易築起的高牆就會瞬間崩塌。於是乎，後來我一直想著怎麼建構更高的心牆：我需要更大更高的牆，以及外面的護城河。

我也把焦點轉移到「如何控管當下的情況」之上，常聽到的關鍵字有：**集中注意力、除去分心的因子，還有我最喜歡的，放鬆。**

瑞克，把球投出去就好了啊……

「當一個人因陷入焦慮而感到痛苦時，會被壓得喘不過氣，」歐克利博士開始解釋他的建議：「這時候與其嘗試去遏制這種情況，不如反向思考，正面迎向它、徹底地去感受它，花更多時間和焦慮、痛苦共處。」

「當然，大多數人都不喜歡和心魔共處，因為焦慮和不安所帶來的痛苦會令人不舒服。因此我的做法算是有點違反正常邏輯，反而是要患者延長受心魔影響的時間。我也會建議焦慮症患者這麼做。這麼做，你會花更多時間跟心魔共處。這個做法就是我的好友羅維薩（Ken Ravizza）所說的：『適應不舒服的感覺，直到覺得自在。』」

歐克利博士解釋，這種做法就是為患者重新創造會激發負面心理反應的動作或事件。舉例來說，如果一名投手當初是因為投球時暴投，而遭受恐慌發作，那麼事後再重製類似的情境，便能讓該投手的心理狀態重新回到恐慌發作的當下——在投手丘上的視野、聲音、感覺、拿球的觸感、投出那顆球當下的生心理反應。簡而言之，歐克利博士要重新建置最早觸發易普症的事件，以激發患者類似的反應。

這套流程可能要花九十分鐘，甚至更長的時間。過程中，患者處在極不舒服的狀態，一直重複經歷那個他平常嘗試忘記、卻沒辦法從記憶中消除的事件。其中一種方式是，請易普症患者觀看可能會引發他恐懼和恐慌的事件影片，讓他再次與恐慌共存，沉浸在那樣不舒服的經歷之中。

在球場上，當焦慮和恐慌發作時，我的應對手段是我自己開發的放鬆法。可是我發現，無論怎麼嘗試放鬆，最後都適得其反，焦慮感反而愈變愈大。我嘗試把注意力從打者、好球帶、比賽上面移開，並聚焦到自己身上，看見問題所在。我開始認清自己的狀態不正常，而問題就出在我自己。

「如果有人害怕搭電梯，」歐克利博士說：「我們就讓他多搭電梯；如果有人懼高，我們就讓他多待在高處。直到他們對這些情境不再有反應為止。長時間大量且重複地暴露在那些情境之下，反應就會逐漸變小，因為人已經膩了、對那些刺激感到疲乏。治療易普症，道理是很像的。」

對於易普症患者，恐慌和焦慮的感覺一定會發生，擋也擋不了，但透過前述的治療手段，他已經重複經歷多次、反覆觸發負面情緒，久而久之，在實際遇到恐慌或焦慮來襲時，相較之下就沒有那麼可怕、沒那麼令人感到絕望。最後患者甚至會覺得，那整個過程都變得有些無聊。

「所以這種做法真的有用嗎？」我問歐克利博士。

「有時候有效，有時候效果不明顯。」他回答：「但我就是試著幫忙。有些案例我真的無能為力，但也有些人是真的被我幫到。我們不強求徹底的痊癒，也不覺得只有治療成功或治療失敗這兩種非黑即白的結果，但至少讓願意接受治療的患者，有辦法選擇逐漸脫離苦海。」

有些人真的成功走出了易普症的陰霾。薩克斯成功戰勝了易普症；前大聯盟捕手沙塔拉瑪奇亞（**Jarrod Saltalamacchia**）也曾面臨不太敢把球回傳給投手的易普症，但他透過一個被他稱作「輕拍」的小技巧——以手指觸摸身體的某個部分，來清除負面情緒——克服了這個問題；薩瑟因為易普症離開了職棒賽場，花了好一陣子住在海邊的拖車屋上，藉以緩解長年積累的壓力，最終在擔任大學棒球隊教練時，找回了內心的平靜，以及不再令他畏懼的傳球機制；就連布拉斯也在退休多年之後，五十五歲左右的年紀，找到了一個能夠減輕投球焦慮的方法，重新尋回了把球投進好球帶的能力；雖然聽起來為時已晚，但對某些患者來說，這樣就夠了，至少在這件事情上有個結果。

我想，確實有方法能夠誘騙大腦相信一切都沒問題，好像關於心魔的謎團已經解決，而身體也跟著大腦信了這一切，感覺獲得痊癒。不過事實上，心魔並沒有就此消失，它還是藏在內心某處，有可能只是暫時被鎖在某個部位沉潛。

就算有人看似走出了易普症的陰霾，展開信心重建的過程，心魔也不曾離去、不曾消失。它可能會受到打擊、被壓抑住，甚至被擊碎，可是餘燼死灰不會完全不見，依然在那兒。

羅維薩博士擔任運動心理師超過四十年，他看過男女老少、不論各種身份的人，都曾被從事運動的自我懷疑、焦慮、恐懼襲擊，遭受易普症之苦。擁有豐富經驗的他，面對這一切所得到的結論是：「你只能繼續前行，並赤裸地將自己呈現在神的面前。」

這邊所講的「神」有很多種面貌，祂可能是奧運之神、高爾夫球之身、棒球之身，可能是密切關心你的家長、教練、粉絲，也或許是電視台攝影機、報社記者。這些「神」在評判運動員的價值和表現時，都採取一樣冷酷的面容。去比賽吧，認真認份地去打，不要害怕發抖，不要失敗了。

享受箇中的樂趣就好。

「我會去球場，丟球，在重訓室做我該做的事。接下來的二十二小時，我都會一人獨自待在旅館房間，把自己逼瘋。我很孤單、很害怕。」——沃勒斯，一九九八年《紐約時報》（New York Times）。

「我不需要經歷這一切。我上場打球不是為了錢，是為了享受棒球的樂趣。我不需要錢，更不需要經歷這一切。」——納布拉克，二〇〇〇年。

「記得有一次作客聖地牙哥，我走回休息室的時候，把手套用力往置物櫃上砸，這輩子第一次認真考慮放棄。那種感覺，就像是自己成了囚犯，被困在裡面。起床時被它糾纏、睡覺時被它糾纏、吃飯時也被它糾纏。大家都在嘲笑我，我成了整個大聯盟的笑柄。」——薩克斯，一九九九年《洛杉磯時報》（Los Angeles Times）。

「我知道有些人覺得我的困境很荒謬。每天至少都會有一次，不管是朋友、不熟的人，甚或是素昧平生的陌生人，認出我然後說：『為什麼你沒辦法把球投到本壘板上方？那感覺滿簡單的啊？』是啊，滿簡單的，但我就是做不到。對於這種問題，我也只能尷尬地笑笑，敷衍了事。」——巴尼（Rex Barney），一九五四年《寇利爾週刊》（Collier's Weekly）。

「什麼樣的人會遇到這種事？那些認真生活且非常投入工作的人。」——多夫曼，二〇〇一年《休士頓紀事報》（Houston Chronicle）。

「即便前方的挑戰如此巨大，你還是得繼續前行，試著拿出好的表現。」羅維薩博士說。將自己赤裸裸地呈現在「神」的面前。

「我還沒找到易普症的解方。」羅維薩博士表示：「我覺得每個人的情況不盡相同。它也沒有一個明確的樣貌……我的做法是，先告訴選手這只是手臂出了狀況，也許這麼做，還有一些轉圜的餘地，在一切徹底失控前，幫選手爭取多一點時間。」

羅維薩博士回想起有一次，他跟一名昔日的大物棒球新秀談話。這名新秀是捕手，打擊能力還不錯，足以讓他進到職棒層級，卻因為染上易普症，沒辦法把球準確投到自己影子之外的距離。他所屬的球團找了一名運動心理師來提供諮詢，那心理師一見到他就說：「你現在的狀況很危急，會決定你日後是否能打上大聯盟。」

後來這捕手對羅維薩說：「羅維薩先生，請答應我，不管你要做甚麼，以後都請別對任何人說那樣的話。」

「這是很好的建議。」羅維薩回答他。

羅維薩對我說，現在染上易普症的人比以前更多了，我同意他的說法。在華盛頓國民為球員提供經驗分享和心理諮商時，我大小聯盟都待過，觀察到了那些受影響的人。有些人就在發作邊緣，而有些人則是已經完全被心魔攫住。他們有人會過來跟我打招呼，聊一下易普症相關的話題，然後帶走我的名片。無一例外，他們最後都會打電話給我。當喝酒麻痺自己沒有用、生氣暴怒不足以發洩情緒、自怨自艾勝過面對問題的決心、深夜噩夢降臨的時候，他們就會打電話求助。

「嗯，我知道，」接起電話，我會這麼說：「我知道你在經歷什麼。我真的知道。」

等到那個時刻，大家都已經知道問題出在哪了。

「那真的很不容易、很煎熬。」羅維薩博士說：「首先是，他們不一定能挺過這一切。過去確實有挺過去的人，我很欣賞他們的勇氣。不管最終跟心魔對抗的結果如何，過程中他們拿出了與之對抗的勇氣，而這份勇氣會跟著他們一輩子，成為他們人格和生命的一部分。」

第十二章 布拉斯

二〇〇〇年十月三日的下午，人在匹茲堡家中的布拉斯，正坐在客廳裡那張他最愛的椅子上，看著電視播送棒球比賽的畫面。這麼多年來，他仍然固執地深愛棒球。

電視上播的比賽，在聖路易進行。布拉斯自己過去也是大聯盟投手，所以他想看看麥達克斯[84]這名偉大投手的厲害。麥達克斯狀況好的時候，控球之精準幾乎達到像在操控牽線人偶的程度，他投出的球，好像都變得十分乖巧、很聽話。而要跟麥達克斯一爭高下的紅雀隊投手，則是一名大家都有很高評價的年輕左投。

跟我一樣，布拉斯永遠忘不了那場比賽。

隨著比賽進行，布拉斯開始皺眉蹙額、心跳加速。他看過成千上萬顆暴投，知道現在正在電視機螢幕上呈現的暴投並不一樣。那些暴投背後的焦慮、恐慌、緊繃，他都經歷過。他自己曾經也是那個在投手丘上孤立無援的人。

「喔，我的老天爺啊。」他大聲地自言自語：「喔，我的天，我知道這是怎麼一回事。太慘了，這真的太糟糕了。」

布拉斯看著電視機上，那個二十一歲的我。雖然我臉上一臉冷靜，但布拉斯知道完全不對勁。

「為什麼要在他生涯之初就找上他？」他說：「為什麼是現在？」

布拉斯的妻子凱倫（Karen Blass）抬起頭來，目光轉向電視。她當年也跟布拉斯經歷了那一切。

「我希望這並不是我想的那樣。」布拉斯對凱倫說：「至少我出問題的時候，已經算是在職業生涯的尾聲；但該死的，這孩子的生涯才剛起步而已。要是他沒辦法挺過這一切，就不會經歷到那些大聯盟生涯帶給我們的美好了。凱倫，妳還記得嗎？我還在大聯盟投球的時候，跟隊友們相處的時光……」

嘴上是這麼說，但布拉斯心裡清楚，我遇到的問題，跟他當年一模一樣。

電話響了，另一頭是匹茲堡當地的棒球作家，跟布拉斯有數十年的老交情。

「你也正在看嗎？」棒球作家問。

84 Greg Maddux。

「對，我正在看。這真令人難過。」

從一九六四到一九七四年，布拉斯一共為匹茲堡海盜隊奪得一百零三場勝投。一九七一年世界大賽，他對巴爾的摩金鶯隊投兩場先發，都拿下勝投，包含決定性的第七戰，他完投九局只失一分，率領海盜抱走冠軍金盃，也為自己樹立起在匹茲堡的指標性地位。

布拉斯的大聯盟生涯有四個至少十五勝的賽季，並在一九七二年達到巔峰，單季奪得十九勝之外，季末的賽揚獎票選更只輸給卡爾頓（Steve Carlton）[85]，排名高居第二。除了是實力了得的好投手，布拉斯也是熱愛自己工作的球員。他是球員休息室裡的開心果，很會炒氣氛；投出完投勝之後，從捕手那裡拿到比賽球，他不會帶回家收藏，而是在走回休息區的途中，把球送給觀眾席上的小朋友；他甚至很喜歡跟記者交流，有時賽後會打電話請記者來談天說笑，一聊就聊很久。很少大聯盟球員能像布拉斯這樣，對棒球如此充滿熱忱，同時享受自己的工作和職責。棒球對布拉斯而言不只是養家餬口的工作而已，而這也是為什麼他生涯被迫結束的方式顯得格外殘忍。

我在二〇一五年七月見到了布拉斯，當時他已經七十三歲，擔任海盜隊比賽的球評。他微笑，跟我握手，帶我到海盜主場PNC球場（PNC Park）客隊休息室對面的一間地下室房間。這間天花板採傾斜設計的狹小房間，本來的目的是轉播團隊的辦公室，但實際上它的用途大概只剩放一台小冰箱，裡面擺著賽後供球員和工作人員享用的啤酒。

「我期待跟你一起坐下來聊聊很久了。」布拉斯說：「因為沒有人比我們更瞭解這檔事。」

我點點頭，我想我也是滿期待這次跟他見面，希望自己抱持著期待的心情。要去回想過去人生中最糟糕、最痛苦的部分，一點都不容易，等於是有意地去喚起那些可怕的回憶、那些我長年以來極力逃避的過往。我的直覺向來是，把那些回憶壓在我十年前把它們棄置的記憶垃圾場中，不讓它們輕易重新浮現。不過現在能跟布拉斯面對面坐下來，我想是可以好好來聊聊它們。

在我們所處的辦公室對面，紅雀隊成員就在客隊休息室裡。十五年前不小心劃傷手指、沒辦法出賽、在場邊看我徹底失控的馬西尼，如今已成了紅雀隊總教練，他正在總教練辦公室裡，思考著晚間比賽該排出什麼樣的打線。在跟布拉斯談話之前，我已經去跟馬西尼打過招呼了，過程中與許多現役紅雀球員擦身而過，他們身上都穿著我很熟悉的客場灰色球衣。六年前是我最後一次穿著那套球衣在大聯盟賽場上奔馳。

我在匹茲堡跟布拉斯見面的那天，年紀是三十五歲，比對面客隊休息室裡部分球員還要年輕。雖然脫離運動生涯的巔峰期還沒有很久，但我已經退休了，而且還退了兩次。正當對面那些紅雀球員備戰一場大聯盟比賽，並朝著後來他們奪下的分區冠軍及百勝賽季邁進時，我早已卸下球衣，坐在一張老辦公椅上，試圖找出一些我棒球生命夭折的線索。

85　當年投出二十七勝、防禦率一點九七的誇張成績。

布拉斯已經有超過四十年的時間，不曾做出高強度且具有實質意義的投球。他的年紀比我父親還大，在三十二歲那年就因為再也無法投出好球而被迫退休；退休時，距離他投出十九勝且入選明星賽的賽季，只過了大概兩年；退休後過了四年，我才出生。後來人們把迫使布拉斯提早放棄職棒的病症，俗稱為「布拉斯病」（Steve Blass Disease），二十多年後，我也成了患者。

得了這個病，你會忽然沒辦法做出那些你已經做了一輩子的動作和事情，而且還得在整個世界注目的情況下，日復一日地重複經歷那種挫敗。回到家，坐在後門廊的木躺椅上是唯一救贖。

我職棒生涯得到絕症的那天，布拉斯坐在電視機前目睹了一切。雖然這絕症沒有讓我的棒球生涯戛然而止，但糾纏了我很長一段時間，過程中我大力反抗、盡力阻止它的步步進逼，但終究無法扭轉球涯提早告終的命運。布拉斯說他曾想找管道聯繫我，希望能親口告訴我他的故事，也許我能因此從中獲得慰藉，認知到自己不孤單。可是每次他有這念頭時，又會阻止自己那麼做。他會反問自己，去聯繫那孩子真的有用嗎？布拉斯知道，被心魔猛烈攻擊的我，頭腦裡已經有夠多衝突要去處理了，應該沒辦法從他的故事得到什麼緩解。我自己回想，那時的我應該也不需要布拉斯的援助。這個病沒有解藥，至少布拉斯沒聽過有解藥存在，所以除了說故事，他又能幫到我甚麼呢？布拉斯說到這裡，不禁笑了出來，因為他想到當年他得病時，有不少人會寄信到三河球場（Three Rivers Stadium）[86]提供一些「民俗解方」，希望能幫助沒辦法投出好球的他，再恢復昔日身手，而那些解方包括：隨身帶著四葉草、隨身帶著十字架、穿寬鬆一點的內褲等等。布拉斯說他還真的嘗試穿寬鬆一點的內褲。

布拉斯並非第一個被心魔找上的人，只不過是較為人所知的案例，因此人們用他的名字來為該病症取名。我去匹茲堡是想找出一些關於易普症的緣由和解方，但我們都自知，就算兩人見了面、聊了許久，可能還是沒有任何結論。可以確定的是，現在棒球界每當有易普症的話題浮現時，最先被提起的名字幾乎總是布拉斯和安基爾。他們會說：「易普症喔，最有名的就是那個布拉斯啊……還有那個安基爾……。」一邊說邊露出難過的神情：「唉，那兩個傢伙，真是命運多舛的可憐蟲。」

布拉斯性格開朗樂觀，是個愛笑的人，聊起天來十分健談，也很會說故事。我喜歡他這個人。很明顯，四十多年的歲月，已經抹除了運動生涯巔峰被難解病症破壞的挫敗和傷痛。每撕掉一張日曆紙，布拉斯受易普症後續的影響就少一些。如今，他跟凱倫已共結連理長達五十二年，撫養兩個孩子長大成人；他依然在棒球圈工作，而且地點就在當初被烙下傷痕的匹茲堡，但這裡的球迷們始終愛戴著他。[86]

不過，殘酷的事實是，心魔沒有完全放手的那天。不管是布拉斯、我、任何其他受到易普症侵襲的人，都最好學會與之共生共存。我跟布拉斯一樣，在人生的一段區間內，都很擅長投球、

86　布拉斯球員時期，海盜隊的主場。

都成為了大聯盟投手；我們都清楚投球生涯無法延續一輩子，但「二十一歲」和「三十一歲」這樣的年紀，實在不應該是內心開始對未來感到絕望的時間點。我們的手臂依舊強壯、我們的內心依然嚮往著棒球賽季的節奏。於是我們繼續努力訓練著、繼續拿起球，希望能在投打對決中勝出。至少當初我們都是這樣計畫的。

沒想到的是，如今我倆會一起坐在這個小房間裡，相隔不到兩公尺。我們遭遇的症狀一樣，只是兩者發作的時間點相差二十五年。至於發作的原因是甚麼，誰也說不清。是我們腦袋裡有些部分跟別人不一樣嗎？是我們的出身和過去觸發了這一切？究竟是甚麼因素讓我們成為心魔下手的目標？為什麼有那麼多人沒有被心魔找上？

到底我們怎麼了？

布拉斯聳聳肩，我也聳聳肩，我倆沒有答案。

布拉斯小時候家庭健全，父母很照顧他，讓他快樂長大。他的人際關係正常，後來自己組建了家庭，付出他的愛，而他的家人們也回報更多的愛給他。發病前，大聯盟的投球工作進行順利，沒什麼異狀。雖然我的出身背景稍微複雜一點，不像布拉斯那麼順利，但直到我在聖路易主場投手丘上被心魔攫住的那個午後，我才第一次知道焦慮症發作是甚麼感覺；事實上，我還花了幾個月的時間，才終於明白自己那天下午發生了什麼事。重點是，儘管我跟布拉斯的出身背景差異頗大，可是在易普症發作前，我們都覺得自己的人生、職涯在正軌上，有很大的動能繼續前進。我們都沒料到，有一天會需要靠酒精麻痺自己，並且醉醺醺地站上職棒投手丘投球。布拉斯喝紅酒，而我則是選擇伏特加。

「我記得在清晨四點鐘，一個人坐在家裡後院的椅子上潸然淚下，內心不斷重複發問：『為什麼？為什麼？』」布拉斯說：「因為我不知道這一切的起因是甚麼。直到今天，我還是不知道。」

講到這裡，布拉斯的表情漸趨嚴肅。我好奇他是不是跟我有著相同的感覺：胃部輕微的抽動；這小小的不舒服提醒我，即便是現在，只要我刻意去喚起，恐慌感還是會猛烈襲來。所謂的「刻意喚起」，就是在腦中想像自己站在投手丘上，手裡握著一顆球，要求自己朝前方投出一顆好球……

「最糟糕的一點是，」布拉斯接著說：「你明明知道自己不應該出場，卻還是站上了周圍坐著三萬名觀眾的球場正中央。我沒辦法也不願意放棄，於是練習時嘗試了各種手段：從投手丘後方投球、從投手丘和本壘板的中間點進行投球、以跪姿投球等等。後來即使知道自己不會被派上場，還是坐在牛棚區裡，跟其他投手進行練投。有時我會投個兩百五十球，就是為了看看大量的投球能否逼自己恢復正常。那過程真的太悲慘了。隨後，球隊不得已，把我下放小聯盟，等到那時候，我已經成為眾人眼裡的笑柄。」

有三個因子讓我跟布拉斯結緣：棒球、足以打上職棒的天賦和能力、兩次跟棒球的慘烈分手

（這分手既漫長痛苦，又令人蒙羞）。後來，我用打者的棒子和外野手的手套，跟棒球復合；布拉斯則是透過麥克風修復他和棒球的關係，每晚坐在轉播室內，看著眼前的觀眾為球隊歡呼、觀察著比賽進行，他獲得了內心的平靜。多年之後，布拉斯上了年紀、鬢髮斑白，我還在尋找人生下一篇章的主題，但兩人相聚在一起，用真誠的笑聲和發自內心的嘆息，覆蓋住過往的沮喪和無奈。雖然布拉斯的人生發展，跟他年輕時預想的完全不同，但他把這些意料之外的人生階段做了最好的應用。布拉斯有兩個兒子，他倆小時候放學回家，會跟父親要簽名，說有些同學知道他們爸爸是大聯盟投手後，就請他們幫忙；過了幾年，他倆回家後問的問題變成：為什麼當初那些跟他們要簽名的同學，現在都稱爸爸是個失敗者？當然，隨著孩子長大，他們都漸漸理解背後的原因，早已釋懷，布拉斯自己和妻子凱倫也是。海盜球迷大多沒有對布拉斯的衰退落井下石，而是為他們的世界大賽英雄感到心疼、不捨，怎麼前幾年才剛入選明星賽，忽然間整個棒球生涯說壞掉就壞掉？即便他們不理解布拉斯壞掉的原因，仍因此感到十分惋惜。他們懷念布拉斯在場上投球的時光，但其實，布拉斯更懷念那些有球迷為他加油的日子。

事發四十多年後，布拉斯感到欣慰的是，當年自己不管再怎麼絕望，都還是不斷嘗試各種辦法、解方，來面對心魔的糾纏。他嘗試過催眠術、冥想、過量練投、完全不練投、酒醉投球等各式各樣的做法，直到他低著頭、牽著兒子的手，最後一次走出海盜春訓基地球場（位於佛羅里達布雷頓登〔Bradonton〕）後才停止。心魔摧殘他的生涯，帶走他人生精華的一大部分時，布拉斯內心唯一沒有迷失、還能夠保持理智的思緒是，他不想在八十五歲的時候，後悔當初自己怎麼沒有嘗試更多的手段。易普症已經帶給他夠多遺憾，他不想在自己可控制的事情上，留下更多悔恨。

「如果當初我能預知現在運動心理學的蓬勃發展，」布拉斯說：「那我絕對會把自己交給哈佛醫學院，請他們來好好研究我這個個案。但在我們那個年代，根本沒有什麼運動心理學。」

在那個年代，布拉斯只能去街角的酒吧喝悶酒，承載著令人難耐的孤獨開車回家，周遭的二十四名隊友完全不知道該說些什麼，才能安慰他、幫到他。現在，運動心理學變得發達許多，也有愈來愈多專業的運動心理師，但易普症的患者仍然難以擺脫折磨，關於易普症的問題似乎還是遠多過解答。那些可怕的噩夢依舊會在夜晚降臨，而到了白天，人們（不認識的陌生人們）還是會問著無濟於事的問題，好像預期著又有情緒風暴即將來臨：

「嘿，你怎麼了？」、「為什麼你在場上就那樣崩潰了？」、「那感覺很糟糕，對吧？」、「你找到治療方法了嗎？」、「哇，你那時候的感覺應該糟透了齁？」

「那些問題都太不敏感了。」布拉斯說。

「對啊，到底關他們什麼事？」我附和。

布拉斯搖搖頭。

「沒錯，完全不關他們的事。」他複述。

「他們根本不夠瞭解我們的狀況。」我說。

「你不能完全不認識我，然後第一次見面就說：『嗨，你好，很高興認識你，請問你到底出了什麼問題啊？』每當遇到這種人，我都會想賞他們一巴掌。」

「遇到這種人的時候，我會說：『你對我還不夠瞭解，沒資格問這個問題。』」

布拉斯在飽受心魔摧殘期間，甚至是現在，都會一直試著告訴自己：「你是誰、你的身份是什麼不重要，重要的是你做了什麼。」

這句話說得有道理，可是對於一個年僅二十一歲、眼裡只有棒球的年輕小夥子，或是一個三十二歲、過去和現在都只有棒球的壯年來說，這話是聽不進去的。當你走在街上，每雙注目的眼神都在提醒你為什麼受到關注，實在很難不胡思亂想、很難不失去專注。

以旁邊冰箱發出的低沉噪音作為背景，布拉斯站起身來，給我一個很長、很用力的擁抱。我想，即便對他而言已經過了很多年，他需要這個擁抱的程度應該勝過我。他露出笑顏，對我說想找他聊的話，隨時打他電話。我說我會的。

布拉斯說得沒錯，沒有人比我們更瞭解我們的際遇。沒有親身經歷，實在難以感同身受；但沒有親身經歷的人是幸運的，因為他們不必面對那一切。

第十三章　班奈特

班奈特[87]曾擔任職業捕手長達十九年，前面十七年，要他毫無焦慮感地把一顆棒球擲到六十呎（大約十八點三公尺）外的地方，完全不是問題，但在後面兩年，多數的夜晚他都得靠酒精麻痺自己才能入眠，同時祈禱著隔天教練沒把他排進打線，

因為易普症的關係，班奈特在三十六歲那年高掛球鞋。

二〇一五年春天，班奈特人在聖路易參與紅雀的夢幻棒球營。他曾在二〇〇六和二〇〇七年效力紅雀兩個賽季：二〇〇六年，他跟著紅雀在世界大賽擊敗底特律老虎，獲得總冠軍，而二〇〇七年，他在春訓做了一次不太對勁的傳球後，就再也找不回正常傳球的手感。

班奈特並非紅雀隊史上最偉大或最傑出的球員之一，但他肯定是個堪用的二號捕手，個性上

---

87 Gary Bennett Jr.。

也很好相處。我們曾在二〇〇七年當過大約兩個月的隊友，從八月份我以外野手姿態重返大聯盟的那天，到例行賽結束為止。例行賽結束對班奈特而言是個解脫，因為他終於可以回家、有幾個月時間不再去想棒球。

自那之後，我們偶爾會碰到面，大多是像夢幻棒球營這種球隊舉辦的場合。在這次碰面前，我已經問過他，是否可以撥一點時間聊聊困擾我倆的易普症，他也答應了。詢問他時，我是用過去式來描述易普症這件事，但他跟我都心知肚明，即便已經到了二〇一五年，它還沒真的成為過去。心魔仍然在我們體內某個角落伺機而動，等待我們嘗試做出投球動作時，出來搗亂，就算是在夢幻棒球營這種輕鬆的場合，也不放過。在一個週三傍晚，我們約在跟布許球場相隔一個街區的威斯汀酒店（Westin Hotel）大廳見面。那天紅雀有打比賽，對手是密爾瓦基釀酒人。我從酒吧買了一箱百威啤酒，帶到酒店大廳，跟班奈特一起坐下來，他跟以前一樣隨和，順手從箱子裡拿出了一瓶冰涼的啤酒。

「一切的起始點，在二〇〇七年的一場春訓比賽。」班奈特說：「當時滿壘，投手丘上是伊思林豪森（Jason Isringhausen）[88]，他投完一球後，我站起身要把球回傳給他。投出去的時候，我扣球的時間太長，意識到這點時，整個身體僵硬了起來，最後球直接砸在了地上，彈往伊思林豪森的方向。伊斯林豪森下丘，跑去把球攔截下來。他投完下一球，我又要回傳給他，這時我腦子裡唯一的思緒是：『好，現在開始把手臂往後拉吧。』結果從那一刻起，後續的整個機制都變得非常生硬、不自然，感覺很不對勁，每個環節都很卡，毫無流暢性可言。我心裡想：『這天殺的到底是怎麼回事？』易普症找上了我，影響著我。到二〇〇八年，症狀更加惡化，變得非常嚴重。」

班奈特硬是擠出了一絲微笑，像是在說，然後就沒有然後了，因為之後就一直為之所苦。

我在二〇〇七年被叫上大聯盟後，班奈特蹲捕了十四場比賽。我當時並不知道他也有易普症。或許是他掩飾得很好，也可能是我沒有注意到，但可以確定是，周遭沒有人談論這件事。我好不容易重新打回大聯盟，花了好幾年的時間試圖把心魔逼出腦袋之外，一切看起來又步上了正軌，我還真沒有心思去注意蹲在本壘板後方的那個隊友，有可能正面臨易普症的折磨。

班奈特又勉強地笑了笑，清空瓶子裡的啤酒。

「忽然間，」他說：「我變得不知道該怎麼向前踏步、不知道該怎麼調整呼吸。這真的很扯。自從我有記憶開始，大概四歲左右吧，我就能撿起棒球，把它丟向某個目標位置的附近，但現在我竟然做不到這件事，可能一個臂展的距離、大概五呎或六呎，就會對我造成困難，遑論投手所在的六十呎之外。」

我回他，最短的傳球距離才是最難的。當班奈特受到易普症影響最嚴重的時候，他還得請投手下丘，走到草地上好幾步，再示意他多走幾步，才能鼓得起勇氣，用十分可悲的小輕拋把球拋

88　紅雀隊過去的終結者。

給投手。這麼做的目的，完全是為了將傷害風險減到最低。最可怕的是，班奈特一場比賽可能要重複做這件令職業球員感到羞愧的事情上百次，並且在過程中奮力和緊繃的手指、手掌、手腕、手肘、肩膀、甚至腦袋做對抗。在他的潛意識中，他完全不在意打者把球打進場內，因為這代表他可以少傳球給投手；如果打者打出界外球也不錯，這樣一來他便能請裁判把新球傳給投手。在大聯盟執法多年的資深裁判喬伊斯（Jim Joyce）[89]，過去看過其他捕手面臨此等困境，因此對班奈特特別包容，能幫他多傳幾次就多傳幾次。雖然請裁判幫忙把球回傳給投手也滿丟臉的，但總比拋出一個軟弱無比、彈了兩下才抵達投手腳邊的回傳球來得好；狀況特別糟的時候，還可能傳成彈了四下才滾到「游擊手」腳邊的球。

班奈特的身體背叛了他，棒球比賽成了煉獄。我知道那感覺。我很清楚，那種痛苦不會只侷限在棒球賽進行的那三個小時；面對剩下二十一小時的折磨，有些方法可以幫助自己撐下去，可是那有時不太健康。

班奈特現在手裡拿著的百威啤酒，就是他的「方法」、他的療程、他的好朋友。

「我會喝酒，然後找一部能讓我完全不去想到心魔和棒球的電影。」他說：「看完後，我會盡可能睡多久就睡多久，下午兩點鐘起床再去球場準備比賽，這樣一來我就能最大程度地減少想到心魔的時間。要是不小心起得太早，七點半、八點、或是任何早於中午的時間，我會去吃一頓早餐，接著把鬧鐘調到下午兩點，再回去睡覺。不過每次只要一張開眼睛……」

「我不太清楚憂鬱症的確切定義是甚麼，但我滿確認自己在二〇〇八賽季期間，有得憂鬱症。那時我唯二想做的事情，就是喝啤酒跟睡覺。就這樣，完全不想做其他事。這樣的生活模式能幫助我盡量不去想到易普症。如果睡覺的時候夢到易普症的事情，那我就認了，但至少我維持在睡覺的狀態。反正只要我能處在睡覺狀態，或不去想到心魔，都可以接受。對我而言最禁忌的事就是，去思考到心魔；我不想去檢視剖析自己的困境。」

班奈特的棒球生涯劣化成一齣鬧劇，這是心魔在吞噬掉患者剩餘人生之前的必經過程。他成了一個不想接捕的捕手、害怕打球的球員。他不知道該去哪裡尋求解答，只能跑到酒吧或把自己關在窗簾緊閉的旅館房間。一般來說，球員長大成人之後，遇到挫折或人生難題，球場往往是他們最能尋求慰藉的避風港：幾個小時的比賽能讓他們暫時逃離現實的問題，獲得心靈的平復。在染上易普症之前，班奈特熱愛球場，那是他最喜歡的地方，要他住在那兒都沒有問題；然而，自從心魔來敲門，球場瞬間成了他最不想待的地方，這種感覺其他患者也都感同身受。每次一想到球場對他的意義竟出現如此巨大的變化，班奈特的情緒就會接近潰堤。

班奈特出生且成長於伊利諾州的沃基根市（Waukegan），在小熊隊瑞格利球場的北邊，大約一小時車程。他的父親是一名焊接工兼屋頂工人，每天晚上都會打開電視收看小熊或白襪的比

89　於二〇一七年一月宣布退休，過去在大聯盟執法近三十年。

賽。班奈特小時候最早跟父親的合照，是他和父親傳接球的畫面，而那時候他身上還包著尿布。

班奈特開始打棒球沒多久，就成了一名捕手。

「起初，我在防守上的第一步啟動判斷其實是很不錯的。」班奈特咧嘴笑著說：「但後來我的守備範圍變得愈來愈小。」

所以捕手成了最適合班奈特的位置，他可說天生就是當捕手的料子。

過完十八歲生日的一個半月後，班奈特在大聯盟選秀第十一輪（總順位第兩百九十三順位）被費城費城人選中。不過他沒有跟費城人簽約，而是選擇去念大學。在七到八所他可以選擇的學校中——像是印地安納州大（Indiana State University）、威斯康辛大學（University of Wisconsin）、克瑞頓大學（Creighton University）、西南密蘇里州大（Southwest Missouri State University）[90]等等，班奈特最終認定西南密蘇里州大。他的父親問他為什麼選這所學校，班奈特回答：「我覺得在這裡打球，我有比較高的機會爭取到出賽時間。」

他的父親輕輕地點點頭，表情一副就是要把這個決定理清楚的樣子。

「所以說，」他的父親說：「你選擇學校的標準，完全奠基於他們的棒球校隊，還有你能獲得多少出賽時間上？」

這表面上是個問句，但其實更像是在質疑班奈特的決策。班奈特點頭。

「原來如此，那還真有趣。」他父親若有所思地說。班奈特這時候懂他父親的意思了。

班奈特打給費城人，跟他們說他改變了心意，決定要簽約。

在大聯盟打滾的十三個賽季裡，班奈特效力過八支不同的球隊，累積通算二成四一的打擊率；雖然主要是以替補捕手的身份出賽，但也配合過非常多投手，並跟其中幾位建立很好的合作關係。班奈特性格堅毅且充滿自信，做事情總是準備充足，休息室裡的隊友都稱他「強悍鬥士」。

「我認為我已經盡全力將我的天賦和能力發揮到極致了。」班奈特說。

身為一名退役球員，如果回首球員時代能保證自己每一天、每一年都付出所有，那不論最後結局如何、累積多少成就，都算是很有意義的職業生涯。當有一天，班奈特看著掛在收藏室裡那件球員時期留下來的裱框戰袍，就會想起那段奮鬥歲月帶給他的生命意義。球員時代交到的朋友，會跟著他一起步入中年，每次聚首、聊天，也會提醒著他打球的時光。在球場上奔馳、接捕所積累的疼痛和傷勢——背痛、動過手術的膝蓋、時而讓他走路不穩且記不得妻子手機號碼的腦震盪症狀，都是為了繳出有意義的球涯、為了表達對棒球賽事的敬重、為了過上相比於一般人更為寬裕的物質生活。

但班奈特沒想到的是，到了球員生涯尾聲，卻會遭受到易普症的襲擊，而且無論吞了多少黃

90　現改名為密蘇里州大（Missouri State University）。

湯下肚、不管嘗試甚麼方法，似乎都沒辦法獲得救贖。

班奈特試過各式手段，希望能把自己從黑暗深淵中拉出、解除對易普症的恐懼。這些手段包括：視覺化思考；在飯店裡把襪子揉成一團抓在手裡，進行成千上萬次練投；一笑置之、大哭一場、掩蓋負面情緒、釋放所有感受；深呼吸數到四、不吐氣數到五、慢慢吐氣數到七。各式各樣的方法在飯店房間裡操作，似乎都有用處，不過等到他真的要使用手臂時，手臂還是不聽使喚地僵硬，依然找不到以前那種自然流暢的動作和肌肉記憶。

二〇〇八年球季結束時，班奈特已經三十六歲。雖然已經三十六歲，不過他的身體還是能夠應付更多的職業棒球賽季。即便如此，班奈特仍毅然決然打給他的經紀人，直截了當地說：「不用再幫我找工作了。」

「但班奈特，你應該還行……」

「別了。不要幫我找就是了。」

距離那通電話已過了七年，在吃完雞翅、喝完兩罐啤酒後，班奈特說如今易普症帶給他的噩夢已成為過去式。只有一次，他去參與兒子少棒聯盟的開幕日，擔任開球嘉賓，結果把球擲到了本壘板後方的鐵網，發出了令人尷尬的哐啷聲，但其他退役後的日常生活，並不包含很多需要把棒球丟到六十呎之外的活動，所以心魔的魔爪難以再對他加害。班奈特可以參加夢幻棒球營、跟老朋友重聚聊聊天、勉強從三壘傳個幾球，接受人生沒辦法事事圓滿的現實。有些事情的結局就是那麼無聲無息、那麼平淡。

班奈特面對且處理了易普症帶來的人生困境。在心魔來襲前，他已經打了十一個大聯盟賽季；他沒有受到易普症影響的時間，比多數患者都來得多，所以還算是幸運的。至少他擁有那段沒有心魔攪局的十一年大聯盟歲月。不過那晚跟班奈特面對面聊天，我能看見在我們笑談往事的背後，還有非常多他沒傾吐的苦痛和遺憾：那些被他砸到地上的球、那些被他丟到外野的暴傳、那些祈禱晚上沒有比賽的午後。像班奈特這樣那麼愛棒球的人，一般情況下，是捨不得離開棒球場的，肯定會堅持到真的沒有人要簽他了，才高掛球鞋；但他卻在易普症的摧殘下，選擇提早退休，可能因此少打了兩到三個球季，失去了很多享受棒球的快樂人生。

我對班奈特說，其實從很多角度看，心魔都滿像癌症的。有不少癌症患者，之前明明很健康，生活作息很規律，飲食習慣沒有很不正常，但癌症還是在忽然間不請自來。像這樣的患者，或許就有權利發問為什麼是他們被病魔找上，但卻不能把罪過怪給自己。

「這不是你的錯。」我複述這句別人常常對我說的話。

班奈特點點頭，雙眼看向遠方。他試著不再去多想易普症這件事，而是選擇回憶跟紅雀奪冠的甜美回憶（二〇〇六年），還有那些打棒球曾帶給他的小確幸，例如：球隊贏球之後跟隊友握手的快樂；雖然球探報告寫千萬不要對這打者投曲球，但還是打暗號給投手示意投曲球，最後打者遭到三振；比賽前的那幾分鐘，儘管突發狀況隨時都有可能發生，卻仍不忘稍停幾秒欣賞眼前令人屏息的盛大場面，感受瀰漫在空氣中的期待情緒。這些小確幸，如今只能成追憶。

經歷過那些在職棒奮鬥的美好歲月後，班奈特最後一次站在棒球場上時，心裡想的竟是他不想繼續待在那兒。

「那感覺真的很糟糕。」他說：「實在是爛透了。」

他稍微停頓一下，然後說：「每次想到是我自己選擇逃離棒球，內心就覺得很複雜沉重。」

我告訴他，他沒有選擇逃離棒球，是心魔把他帶走的。

「現在，我……」班奈特開了口又打住，重新起個頭：「我現在想知道『為什麼』、想去探究『為什麼』。到底為什麼這一切會發生？我不是想問『為什麼會發生在我身上』，而是想知道『為什麼這件事會發生』。你人生有那麼長一段時間都在做一件事，做到甚至不需要什麼思考就能完成，但忽然有一天，你卻完全喪失做這件事的能力。經歷過這一切，我不得不去想：為什麼？到底哪裡變得不一樣，才導致這一切發生？」

我回答不了這個問題，所以只能靜靜地看著他。

「我其實很在乎這件事。」班奈特說：「我很想知道發病的起因。知道起因不會改變我的人生，也不會改變我做事的方式，但若能得到一個答案，並且說出：『喔，原來如此，是這樣啊。』那還是滿不錯的。」

班奈特只是想知道為什麼而已。

第十四章　那不是誰的錯

我投出那球，就像打開了水庫的溢洪道，焦慮感一瞬間全灌進了腦袋裡。這時候浮現了一個問題：我意識到自己變得不對勁，但關鍵是接下來該怎麼做？當下我立刻想到的解方是，再投一球。（後來有很長一段時間，我都倚賴這個方法）。

我不敢望向休息區，因為只有那些內心不夠強悍、心存不安定感的投手，才會把目光轉向休息區，眼神散發出乞求幫助的訊號：「快上來，快救我啊！快點！」我試著安定情緒，重新集中精神，告訴自己，馬上就會找回好球帶，然後贏下這場比賽。此時另一名勇士隊打者站進打擊區，腳踏一踏地上的土，準備好進行打擊，但我卻還沒把自己修好。那感覺就像：忽然間，支撐著我軀幹的雙腿不是我的、投出棒球的左臂不是我的、思考投球機制的大腦也不是我的。

球完全不照我的意思飛行，像有了它自己的意識，不給我好過。一出手，導火線引爆，它自顧自地胡亂噴飛，像極了卡通裡面失控的火箭。

喔，糟了。拉魯薩心裡想。

鄧肯就站在拉魯薩旁邊，也目睹一切。他試著從我的投球動作裡面找問題，卻沒發現明顯的機制走鐘。雖然出手點是錯的，但整套動作看起來沒什麼大毛病啊，他心想。到底為什麼？除了出手點，其他看上去都沒問題。鄧肯轉頭看向拉魯薩，拉魯薩也回望他，他們的眼神像是會說話：「喔，不，糟糕了。」

拜託讓這孩子挺過這個困境吧，他們想著。只要挺過這場比賽、下場比賽、接下來的冬天，也許他明年春訓回來就會恢復正常了。天殺的，拜託讓他下一球就投出一顆正常的好球吧！

波拉斯在加州新港灘（Newport Beach）的家中看電視轉播，眼睛盯著我每一顆暴投的軌跡。他拿起電話，撥給我在前一個春天見過的運動心理師──多夫曼。

「你有在看嗎？」波拉斯問。

「有喔。」多夫曼回答。

「這不太對勁。」

「看得出來。」

「但也有可能只是手指突然出水泡吧？對不對？有可能是水泡的關係。」

「你真的覺得那是水泡造成的？」

「不覺得。」

「我也這麼認為。」

「但還是有可能只是水泡吧？」

多年之後，波拉斯提醒我，這一切的開端，可能起自那場先發的前幾天，我在一次調整狀況的牛棚練投中所發生的意外。牛棚練投的最後六球左右，通常都會請教練或捕手空手站在打擊區，假裝是打者，做一下有打者的模擬練投。根據波拉斯的說法，我在那次練投中不小心砸到了假裝擔任打者的人，不過我自己是不記得有這件事，或許真的有吧。不管如何，我是覺得那應該不是我在三天又三局之後，整個投球失控的原因。後來出現了更多理論和說法，很快我就會開始不斷聽到大家眾說紛紜，當起業餘心理學家，告訴我他們認為的發作原因和一堆沒有用的解方。然而，在那之前，我還投出了更多暴投。

馬西尼從球員休息區看著我的崩壞，眼睛瞇成了一條線。照理來講，他是主戰捕手，應該要在這麼重要的比賽裡面才對，但是因為右手掌的傷口包紮，他沒辦法出賽，只能在場邊當啦啦隊。他邊看著我邊想，**這真的太慘了，真的非常非常糟糕**。馬西尼認為是他的錯，造成這一切的發生。

十一天前，馬西尼過三十歲生日，過了幾天，快遞送來他弟弟寄的生日禮物，是一個小小的長方型箱子。當時馬西尼正要離家前往球場，碰巧遇到了快遞，於是簽收了這份禮物，想說快速地拆開看看裡面是甚麼，結果在把禮物放回盒子時，不小心劃傷了手指，讓剩餘賽季報銷。

盒子裡面，是一把布伊刀[91]，外面包覆著皮革刀鞘。馬西尼把刀子從刀鞘裡抽出，拿到午後的陽光下，仔細欣賞著刀鋒反射光線的閃耀，以及上面鐫刻的鹿圖案。他讚歎著這把刀的製作工藝，也感激著弟弟的心意，畢竟對身為建築工人的弟弟而言，此刀可是價格不菲。我之後一定要打給他，跟他說聲謝謝，馬西尼心想。但眼下，他還有一整天的工作等著他，所以馬西尼的心思回到了原本的行程上——前往球場，不要遲到。他隨手把刀滑進皮革刀鞘裡，忽然間感受到右手掌一陣刺痛。定睛一看，原來是布伊刀銳利的刀鋒，劃開了刀鞘一節的鋒線、穿了出來，刺到了馬西尼的無名指。馬西尼趕緊抓住平常傳球時所用的右手，卻發現大量鮮血汩汩而出，而且無名指已經不能彎曲了。

一週後，當我在場上看起來像一列失速列車不斷暴投的時候，場邊的馬西尼想到了一週前的那個下午，快遞送來弟弟的禮物、拆開發現是一把漂亮的布伊刀、把刀子放回刀鞘時劃傷無名指、衝到急診室縫合傷口等一連串的事件，雖然只是個不小心的意外，手指劃傷經過一兩針的縫合和包紮，勢必也會恢復，但卻發生在很不好的時間點。在急診室接受縫合時，馬西尼心想這只是個小傷，隔天上場比賽應該沒問題，畢竟，不用到無名指傳球也是可以的。有可能沒有人會注意到他粗心大意導致的意外。

隔天回到醫院，醫生把簡單包紮的止血紗布解開。

「看上去恢復得還行，沒什麼大礙。」醫生告訴他。

「我大致感覺也不錯，」馬西尼說：「但你看看這個。」

馬西尼右手握拳，卻只有四隻手指彎曲，無名指依然翹著，彎不下去。

「喔，我的天，」醫生說：「你可能有點麻煩了。你必須在接下來三小時內接受手術，否則我們就沒辦法把受損的肌腱取出，那樣的話，你的無名指最後可能會被截肢。」

這聽起來有點不妙。

馬西尼打給紅雀球團告知這件事。一週半之後，他只能在場邊看著替補捕手赫南德茲為了追我的暴投疲於奔命、看著赫南德茲在場上想辦法幫我走出困境。當時的赫南德茲，因為背部痠痛和緊繃而感到不適，甚至再過不久就要動手術治療，但還是得在本壘板後方奮戰。馬西尼那時只想走上場，到赫南德茲身邊，拍拍他的面罩跟他說：「別擔心，那小夥子失控不是你的錯，把錯算在我頭上，沒什麼大不了的，一顆暴投不算什麼，繼續想下一球就好。現在，我們來好好想一下接下來要投什麼球。配一顆內角速球，讓這個打者看得到、揮不到，如何？這樣我們應該很快就可以回休息區休息了。」

91　布伊刀（Bowie knife），是一種特殊風格的美國匕首，在十九世紀時出現，由上校布伊（James Bowie）設計，刀匠布萊克（James Black）製造。後來有許多製造者，繼承它的風格，使得這個類型的刀具，都被稱為布伊刀。（摘編自《維基百科》）

多年之後，已經成為紅雀總教練的馬西尼，坐在辦公桌前，搓揉著當年右手指進行緊急手術所留下的傷疤。

「跟你說，我那時候真的很氣自己。自私一點地講，我當時已經經歷了五、六個勝少敗多的賽季，還沒有打季後賽的機會，沒想到等機會來了，卻因為意外受傷無法上場。」馬西尼說：「那真的讓我耿耿於懷，覺得我讓球隊和隊友失望，怎麼會那麼不小心。我把罪過完全怪在自己身上。要是沒有受傷，我肯定也能為當時在場上的你做點什麼。每次我看到你，都因為那件事而感到過意不去，因為我真心覺得要是我在場上，可以幫你挺過難關。但現在，不管怎麼說，時光無法倒流，我們永遠無法得知另一種情境可能的結果。」

馬西尼不斷強調：「我真的很在意自己當時沒能幫上忙，為此不斷譴責自己。」

那完全不是馬西尼的錯，而我也這麼跟他說。退一步來說，就算他當時沒有受傷，在場上確實暫時幫助我度過那場比賽，做到最好的傷害控管，心魔也可能只是先潛伏起來，之後持續尾隨我，尋找發作的機會。馬西尼不可能接捕我先發的每一場球，總有一天會退休，屆時我勢必還是得自己站在場上面對易普症、面對過去失控災難留下的陰影和影響。畢竟，我才是在場上拿球、投球的那個人。

我在大聯盟的第一個完整球季畫下句點。最後三次出賽都在季後賽，總共累積四局投球，送出十一次保送和九次暴投。在這三次出賽的中間，夾雜著數個看似毫無問題且讓我重拾信心的牛棚練投。只要四周沒什麼人、環境單純，讓我站上投手丘，給我一名配合的捕手，我就能投出速度飛快且位置精準的速球；然而，要是周遭有五萬名鼓噪的觀眾、場邊還掛著大大的記分板，我的投球機制中間就會出現斷片的情況。雖然這斷片往往只是一瞬之間的事情，但已足以讓我失控丟出暴投。我安慰自己，反正接下來就是漫長的休賽季，明天、後天、下個禮拜都不用投球，這些問題能暫時拋諸腦後。我也用練習過很多次的官方說法，來安慰那些擔憂我的人：「我沒事啦！休息一陣就好了。我們明年二月見，到時候再來好好大幹一場。」

我們那年在國聯冠軍系列賽打了五場比賽，最後敗給了大都會，我也參與其中。例行賽尾聲，我跟凱爾因為接續出賽而構成的先發二人組，變成只剩下他對球隊有所貢獻；即便另一名先發投手班奈斯[92]挺身而出，在第三戰先發率隊擊敗大都會，但我們最終還是輸掉了系列賽，因為在其他場次，我們都打得滿糟糕的，被大都會狠狠教訓了一番，那感覺實在很糟。球季結束，我不僅僅帶著手臂染上的不知名病症進入休賽季，還得承擔造成這支強隊無法挺進世界大賽的一部分責任。

這世界似乎又變得恐怖可怕。我的好朋友兼前隊友甘迺迪（Adam Kennedy），休賽季邀請我到他位在南加州的家作客。跟我一樣從紅雀小聯盟出身的他，在二〇〇〇年三月被交易到了天使

92　Andy Benes。

隊[93]，同筆交易中，紅雀獲得了明星外野手艾德蒙斯。

甘迺迪是個喜歡搞笑的人，也很常跟朋友聚在一起，享受美好時光。他對自己的個人能力很有自信，這點跟我頗為類似，因此我們一拍即合、相處起來非常融洽。一九九七年，我們第一次見面的數小時之後，他就在選秀會第二十順位被選中，比我前面五十二個順位。一九九八年，我們在高階一A的卡羅萊納聯盟（Carolina League）當隊友，隔年則是一起為三A太平洋岸聯盟的曼菲斯紅鳥隊[94]效力。往高層級竄升的過程中，我們曾辯論過究竟誰會先登上大聯盟。

一九九八年春天，都還很菜的我們，受邀參與大聯盟春訓，那時我還不認識甘迺迪。在一場球員會議中，我眼睛飄向了甘迺迪所在的位置，發現他正盯著我看，我馬上把視線移開。一分鐘之後，出自好奇心，我又回頭往他那邊看去，沒想到甘迺迪竟然還盯著我看。

我心裡想，*他這是在幹什麼……*，不過後續沒有多想，繼續執行那天的公事。

隔天上午開會，我跟甘迺迪又分坐在跟前一天一樣的座位，會議進行到一半，我往他那兒看去，沒意外地，他還是盯著我看。在我從小長大的地方，如果你一直這樣盯著人看，代表你跟他有很大的過節，所以會議結束之後，實在想搞清楚這是甚麼情形的我，直接走向甘迺迪，想跟他講清楚說明白。

「嘿，」我說：「你他媽的到底是在看什麼看？」

「什麼？」他回答。

「我說，你他媽的到底為什麼要盯著我看？」

「這位仁兄，」甘迺迪回說：「我真的愛死你了。」

「蛤？」

「別誤會啦，老兄，我是真的很欣賞你的球技，你太厲害了，投球有夠猛。」

他邊說，邊露出非常沉醉的微笑，直到今日，他的笑容依然是那個樣子。聽他這麼說，我也笑了。從那一刻起，我們變成了很好的朋友。

其實在變成朋友的幾個月前，我們就曾見過彼此，但並沒有正式地說話或互相介紹。那是在指導聯盟，我擔任一場組內對抗賽的投手。甘迺迪站進左打區，我心想把我的高速火球投在外角的位置來嚇嚇他，結果他把球打得紮實，敲成左外野界外區靠近邊線落地的界外球，差一點就是安打。我再投一球，這次進壘點在內角，他一樣打得強勁，球落在右外野界外區靠近邊線的位置。甘迺迪打我的速球打得非常好，就像提前知道我會把球投在什麼進壘點。因此我決定在兩好球後使出曲球來嘗試三振他。甘迺迪把曲球打成穿越中線的滾地安打，跟前兩球一樣，貌似都先預判到了來球的軌跡和位置。

93　主場位在南加州的安納罕（Anaheim）。

94　Memphis Redbirds。

投手丘上，我表現得酷酷的，沒對甘迺迪這打席做出任何反應，但其實我內心非常訝異：**這傢伙究竟是何方神聖？為什麼我沒辦法把他三振？**

自從甘迺迪說他愛我之後，我們不只變成好友，也變成無所不爭的夥伴。雖然我們都很清楚我在選秀會的順位之所以會滑落，是因為各隊都知道波拉斯索價很高，但甘迺迪只要一有機會，就會用各種手段提醒我，他才是第一輪選秀的球員，而我不是。對啦，技術上來說確實是這樣，但我仍然不甘心。有時候為了做公關，休息室工作人員會請隊員在球棒上簽名，送給球迷、當地的政治人物、或其他某個人，每當有這個需求，甘迺迪總是會一個箭步，第一個上去簽。等到輪到我簽的時候，我總會看到「亞當．甘迺迪，選秀首輪球員」的字樣。這時候甘迺迪會坐在休息室的某一處笑著，得意地看著我。我不甘示弱，會在旁邊簽上「瑞克．安基爾，首先上到大聯盟的人」。看到我這麼做，甘迺迪回說：「才不勒，我也會是先上大聯盟的那個人。」

一九九九年，我們都到了三A的曼菲斯紅鳥，繼續併肩作戰。夏天尾聲，甘迺迪累積三成二七的高打擊率，而我則是在八十八又三分之一局的投球中，送出多達一百一十九次三振。我們心照不宣，都清楚各自離上大聯盟的日子不遠了。聖路易當地的報紙已經開始猜測，我跟甘迺迪何時會被叫上大聯盟。當時我們不知道的是，其實兩人內心都在替彼此加油，不只希望自己能登上最高殿堂，也希望對方可以很快地一圓大聯盟美夢。當然，還是會希望自己提早幾個小時被叫上去，反正只是幾個小時，應該沒甚麼好計較的吧？

八月底的某一天，當我跟甘迺迪抵達球場時，紅雀農場主任喬根森（Mike Jorgensen）人已經在球員休息室等我們。

「安基爾、甘迺迪，你們倆現在到辦公室一下。」他說。

這一刻終於到來，我們要上大聯盟了。我內心非常有信心，自己應該會先上去才對，甘迺迪則是會晚一點。我跟甘迺迪互瞥了一下彼此，壓抑住快要止不下來的笑意，克制自己不要用衝得進辦公室、然後不小心把喬根森撂倒在地。

「好，讓我來說明一下。」喬根森說：「你們倆都要上大聯盟了。」

我心想，好，這樣應該就是平手，可以接受。平手可能是最好的結局。

「安基爾，」喬根森繼續說：「你明天有一個牛棚練投，所以你現在這裡做完牛棚練投，練完的隔天再上去。甘迺迪，你明天就要出發去大聯盟報到了。」

甘迺迪斜眼看了我一下，我假裝沒注意到。

八月二十一日，甘迺迪在大都會的謝亞球場完成初登場，擔任先發二壘手。我則是在兩天後於蒙特婁登板。上到大聯盟這件事讓我興奮不已，也不再去管什麼先來後到的順序了。

十四個月後，我們一起在安納罕的艾迪森球場（Edison Field）[95]做訓練，而這時甘迺迪已經

95　現名為天使球場（Angel Stadium），也就是天使隊的主場。

變成天使球員。我們到附近的海灘走走、喝一點啤酒、認識一些女生，不去擔心明天要做什麼，只專心享受當下。這些對我來說是很好的活動，因為我不必接觸到傳接球。那時，只要任何感覺像是六十呎六吋的傳球距離，都會瞬間讓我心理陷入恐慌、手臂運動機制當機；因此，我選擇能逃避就逃避、能不碰就不碰。在南加州的新港灘，沒有人認識我，也離匹爾斯堡非常遠，不會有人來問我到底發生什麼事。

與此同時，波拉斯和多夫曼不斷在討論，該怎麼修好這個嘴上一直說沒事、但其實問題很大的年輕小夥子。

波拉斯建議哈夫曼直接打電話給我，但他不想那麼做。

「必須是這孩子自己來找我。」他跟波拉斯說：「如果是我去找他，這樣是行不通的。畢竟，我跟他還沒建立起信任關係。」

所以哈夫曼繼續等。我在安納罕進行一百五十呎的長距離傳接球，繼續逃避問題。噩夢開始侵蝕我的睡眠；一天兩瓶伏特加已經不夠，後來變成三瓶、四瓶。即便情況愈來愈糟，我還是選擇逃避。當思緒陷入混亂焦慮時，我抽大麻，希望它能使一切暫時平靜下來，但最後往往發現，大麻的效果只有使我過度分析自己的各種行為和動作。

一直以來，我都是用左手開門嗎？我轉門把都是順時鐘轉嗎？以前我習慣用哪隻手拿電視遙控器？我總是把車鑰匙放在右側口袋嗎？我以前都是這樣綁鞋帶的嗎？到底是一個結，還是兩個

結？昨天晚上我是用哪隻手刷牙的啊？我會把牙刷放在右手，感受一下它的重量，接著放到左手，然後再放回右手，不斷來回。

夠了，不能再抽大麻了。

不過「忽視問題」的策略，倒是有奏效，讓我的內心和思緒獲得了一些平靜。我並沒有因此恢復到能夠準備投球的狀態，還沒到那程度，但六十呎傳球距離帶給我的恐慌，逐漸消散。我需要花時間，才能清掉易普症帶來的影響，而我的策略就是忽視它們，找其他事情做讓自己分心：跑樓梯、做重訓、喝杯啤酒、跟甘迺迪聊個天笑一笑、欣賞日落美景、想一些正面的事情、試著睡覺。努力擊倒心魔，然後重新開始。

南加州真的是個很棒的地方，比其他大多數地區都還要好，它提供了我當時最需要的東西：安靜。我會沒事的，一切都會好起來的；到了二月份，我就會以嶄新的姿態回到球場跟大家見面，繼續在場上主宰對手。在那之前，這個冬天我就是好好地休養生息、好好地讓自己的心理狀態步回正軌。

十一月的最後一天，在佛羅里達的奧蘭多（Orlando），一名叫作羅布·哈里斯（Rob Harris）的男子跟另一個人起了爭執。細節沒有很清楚，只知道當時他倆跟哈里斯的女友，正前往某處要去買毒品。他們開車，在城市間穿梭，駕駛座上的是哈里斯的女友，哈里斯自己坐在副駕，而後座則是跟哈里斯起爭執的人。後座的人對哈里斯開槍，終結了他的性命，也終結了那起爭執。

哈里斯的女友倉皇逃離。幾個小時之後，後座開槍的人飲彈自盡。你可以在《奧蘭多前哨報》（Orlando Sentinel）看到幾段對這起事件的描述，一行人要去買毒品，但中間交易條件喬不攏，導致兩個人死亡。在這殘酷的世界裡，又有兩條處在社會邊緣的性命消逝。

哈里斯是我的一個朋友，高中時我們一起打棒球。我很喜歡他，但後來他因為毒品槍枝的問題，還有伴隨著那些危險物品而來的事件，跟我漸行漸遠。電話響了，接起來、講完之後，我開始收拾行李，準備回去佛羅里達參加哈里斯的喪禮。抵達佛羅里達，度過了令人開心不起來的幾天，最終以哈里斯的喪禮作結。喪禮結束後，我回到我在朱庇特買的房子，打電話給人在新港灘的甘迺迪，請他把我倉促離開、沒有打包到的行李寄回給我。我不會再回新港灘了，畢竟我始終要回到家鄉、始終要面對自己的過去和正面臨的困境，不能一直躲在南加州。我拿起棒球、戴上手套、走到後院，面對著將我的房子跟鄰居的房子隔開的那堵牆。看著牆，選定了一個從三十呎外清晰可見的小小凹痕處，開始朝那裡擲球。

啪。

我再丟一球。

啪。

再一球。

啪。

「安基爾，是你嗎？」

住隔壁的男士發問。

「對，是我。」

「瞭解，沒事，只是確認一下。」

啪。

啪。

啪。

啪。

這聲音就是我冬天的主題曲，也是我鄰居的主題曲。

右腳往後踏……

啪。

不要多想。

啪。

剛才那球的出手點在哪？

啪。

我不是說了嗎？不要多想！

啪。

幹嘛那麼在乎？

啪。

看開一點吧，別想那麼多。

「哇，安基爾，是你把球丟到這裡來的嗎？」

「對，是我，不好意思，很抱歉。」

「會愈練愈好的。」

「我會的，謝謝。」

啪。

就只有我、一顆球跟這面牆。

還有心魔。

啪。

我的思緒開始亂飄。想到在副駕駛座遭槍擊身亡的哈里斯；想到因為意外去世多年的兒時玩伴丹尼斯；想到母親；想到人在監獄裡的父親。我能夠投到瞄準的凹痕處，重複的撞擊，讓原本只是一小點的凹痕、變成一圈的掉漆下陷；後來掉漆凹陷的範圍愈來愈大，最終長到了一個棒球的大小。球撞擊到牆，沾染上擦痕，在草坪上反彈好幾下，回到我的身邊。我的衣服被汗水浸濕，飢餓感侵襲全身，但還是覺得投球動作不太對勁，哪邊還是有點怪怪的。我要投到整面牆垮掉，才肯善罷甘休。

啪。

「是多夫曼嗎？」我在電話的一頭說：「我是安……安基爾。」

「嗨，安基爾。」電話的另一頭回話。

「可以跟你聊聊嗎？」

「你想聊嗎？」

「對啊，我們來聊聊吧。」

其實我當下還沒有百分之百確定，自己是否真的要尋求多夫曼的協助。

「好，那就來聊吧。」多夫曼說。

再過不久就要春訓了，後院的牆看起來像是我用鐵鍬敲出了一個凹陷。我已經投壞了好幾顆球，而腦袋的狀況跟那些快要崩解的球一樣，雖然名義上還是球，但縫線鬆的鬆、掉的掉，皮面也凹凸不平、早已不圓，擲出去不再像先前那麼會飛。

自十月三號之後——對，就是我投在第三局投出暴投，引發後續一切災難的那天，已經過了四個多月，這段期間我一直說服自己：我能夠戰勝心魔，把它趕出我的身體。只要一直投球、一直流汗，跟它正面對抗之後，就能把它埋葬起來，把它跟那些父親和母親互吼互罵的聲音、那些充滿恐懼恥辱和懊悔的回憶，一起埋藏在記憶的墓穴。不論這東西是心魔還是什麼，它沒辦法騷擾我；它沒有那麼強、也沒有那麼有毅力。我會努力再努力，讓它追趕不上，而且我不會停歇，最後的贏家一定是我！

不過，該死的，我心跳怎麼那麼快？腦袋也完全卡住了。閉上眼睛，想像自己在聖路易布許球場的投手丘上，測試一下自己，當周遭觀眾吶喊四起、關鍵時刻的緊張情緒上來，自己會有什麼反應。結果我整個恐慌到不行。在自家後院，獨自面對著那堵牆，我竟感到排山倒海而來的焦慮感。手上的球變得像保齡球那麼重；四周的空氣變得混濁，吸不進肺，完全卡在喉嚨。春訓報到時間就要到了，靠得愈近，我壓力就愈大。漸漸地，我變得不想去春訓，我也不能以這樣的狀態在春訓現身。

「安基爾，你人在哪啊？」多夫曼問。

「我人在朱庇特的家裡。」

「瞭解，我們週五見好了。我去找你。」

「好的，沒問題。」

週五當天，多夫曼開車前來，把車停在車道邊。我看他把車停好，在門口迎接他。

「嗨，安基爾。」

「嗨，你最近過得好嗎？」

從那天起，就是我跟多夫曼的併肩作戰，還有那面陪伴我度過無數孤單歲月的牆，目標是擺脫心魔的糾纏。

啪。

哈維．多夫曼是一名運動心理師，而且從非常早年就開始幹這行。他經歷過非常早期的年代，當時整個業界沒幾個運動心理師，運動員心理出問題，解決辦法往往很簡單：去酒吧喝個爛醉，搖搖晃晃地回到飯店房間，大睡一場看能不能就此擺脫心病。很多職業球團都很排斥「球員心理至少跟運動能力一樣重要」的概念。別說重視球員心理了，那時候甚至大多數球隊都認為重量訓練對球員不好，告訴球員乖乖把棒球技術練好就行，不用擔心身體素質和肌肉量。所以當像多夫曼這樣的人出現，說要探索球員的內心時，大部分的人都覺得很愚蠢。多夫曼曾寫過一些書，但當時的我都沒讀過；他曾試圖導正一些球員的運動生涯，但當時的我也沒聽過那些選手的名字；他曾撫慰一些運動員的心靈深處，但當時的我也沒遇過那些人。對我來說，多夫曼是波拉斯信任的人，而我也信任波拉斯，所以能夠多一個值得信任的人，也不是什麼壞事，更何況那時我已經快想不到其他辦法來對抗易普症了。如果多夫曼能拯救我，讓我克服心魔、讓我能夠像以前那樣投球、讓我輕鬆入眠、讓我期待春訓的到來、讓我嚮往棒球季的開始、讓我能不畏懼聽到聖路易球迷在路邊吶喊我的名字，那我當然要跟他好好聊聊。來，給我一杯啤酒，我們一起找個地方坐下來吧！

多夫曼出生於紐約的布朗克斯（Bronx），也在那裡長大。當街區同齡的孩子都在路上玩自製的簡易棒球時，多夫曼都窩在自己房間的床上，用收音機聆聽棒球比賽，因為他得照看母親，加上自己患有哮喘，不太適合大量運動。在聽著紐約巨人隊（New York Giants）[96]的賽事播報時，他有時會聽到街上傳來孩子們打球玩樂的聲音，此時他會把收音機的音量調大，試圖蓋過外面的聲響。

進入青少年階段，多夫曼身體情況好轉，變得強壯一些，他開始參與比賽，高中打棒球，大學踢足球。他跟大家一樣，也會欣賞運動員在場上奔馳、做出不可思議的動作、把球轟到場外。不過讚歎這些優異的運動表現，人人都會，並不能讓多夫曼感到滿足，他想要知道的更多：為什麼傑出的運動員能如此超群？運動條件差不多的人，為何達不到那樣的水準？

如果不是因為力量不夠、速度不足、協調性不佳、努力不夠，那似乎就只剩下一個原因了。

「你要喝水、啤酒，還是其他飲料嗎？」我問多夫曼。

我們在客廳坐下。

「沒關係，我不用，謝了。」多夫曼：「你是在這附近長大的，對吧？」

「匹爾斯堡，開車大概一小時就到。」

「跟我聊聊那裡吧，」他說：「那是什麼樣的地方？順便也跟我聊聊你的父母親、你的童年。」

畢竟是我打給他的，這些問題已經在預想之內，所以我沒有抗拒，把我的人生故事全盤托出。好的，壞的，令人不寒而慄的，全說了；甚至還多加了一些我不曾跟任何人說過、以前也覺得不可能說給別人聽的部分。跟前一年第一次見到多夫曼一樣，我很快就喜歡上他這個人。如果跟他這樣的聊天可以把我修好，那我願意開口講述那些我不願多談的事情，直到無話可說或耗盡勇氣為止。

沒過多久，我就感覺自己不像病人，反而像是個生活失序的人，在跟陌生人分享自己的人生故事。或許是因為多夫曼傾聽的方式、他問的問題、真切希望瞭解我這個人的心，讓我想對他把這故事的全貌講清楚、說明白：到底我之前有多麼憤怒、曾經多麼害怕；為什麼周遭那麼多人、那麼嘈雜，我卻還是感到無比的孤獨。

自從我離開南加州，回到佛羅里達參加友人的葬禮，已經過了幾個月的時間。這段期間我都隻身住在以前我一直嚮往的房子裡。然而，我內心一點都不平靜，不斷有聲音警告我，情況不會好轉；它命令我到後院，面對那堵牆，持續地投球直到恢復正常為止。回到球場的那一天只會更近、不會變遠，到時候我還是要換上球衣、站上投手丘，在拉魯薩和鄧肯的監看下（他們肯定會想知道球員們經歷過一整個冬天之後的狀態如何），望向對面穿好捕手裝備的馬西尼，看著他蹲

96　舊金山巨人隊的前身。

下，右手搥一搥左手的手套，然後說：「好了，來吧，安基爾，把球投過來。」

快點，安基爾，把球投出去啊！

其實就只是這麼簡單的一個動作而已：把球拿起來，然後丟出去。但我卻做不到。我知道我做不到、多夫曼知道我做不到；等到春訓開始練投，幾乎所有旁邊的人——拉魯薩、鄧肯、馬西尼、每一個記者——也都知道我做不到。在自家後院，一人獨自面對那堵牆，配著幾瓶啤酒，要連續多少球準確地投向凹痕處都不成問題。只要母親過得安全、父親繼續服刑，我一個人與粉橘色的陽光作伴，一切好像就能正常運作，因為沒有人在乎我把球投到哪。

直到那時，我的一生都扛著一面巨大盾牌，為的是成為我心目中理想的那個男人。我認為一個男人應該要堅不可摧、無法參透，因此轉換成球員身份時，也貫徹這樣的信念。我仿效那些歷史上最強投手、頂尖投手的儀態和球技，試圖也讓自己感受到無人匹敵的自信。但當這份自信和執念被抽走時，我還剩下什麼？本來那個最讓我感到舒服的地方——棒球場，現在反而開始質疑我、挑戰我，對我說：「你得證明自己沒有丟下那面盾牌，再更努力試試看啊！你得展現出更渴望的決心，受更多的苦！」

啪。

這一刻我才發現，自己並非堅不可摧、無法參透。沒有了盾牌，任何有稍微關注的人、任何紅雀隊的隊友，都能輕易看出我在盾牌下的實際面貌，變得多麼脆弱。這是我所不能接受的，畢竟，我已經花了那麼長時間，去建立自己的球員生涯，扛起盾牌在場上奮戰，養出了絕佳的球技、兌現了滿溢的天賦，好不容易站上大聯盟，一切前程似錦；我巔峰狀態的投球，可是能讓場邊的觀眾不禁讚歎：「我的天，真不敢相信自己的眼睛。」

然後我的淚水潰堤。坐在客廳，面對著一個我之前只見過一次面、起初還不知道要叫他多夫曼先生還是多夫曼博士的人，我開始大哭，眼淚止不住地從臉上滑落，我只能用袖子去盡量拭乾。在此之前，我跟多夫曼之間，只有多夫曼預料到這次見面我會情緒崩潰。

「沒關係的，安基爾。」多夫曼說：「這是因為過去從來沒有人教你該如何面對這一切、處理自己的情緒。從今天開始，我們要去重新建立你的心靈地基，如果你願意的話，這是我能幫你做的。」

我點頭示意沒問題。我只是想再把球投直投好而已；我希望人們能喜歡我，不只是喜歡我球員的身份，也喜歡我這個人，原諒我不斷逃避那個傷害我母親的人、原諒我沒有拿根棒子砸向父親的頭去了結那一切；我想要多夫曼的陪伴，這一點其實滿奇怪的，因為我根本還不太認識他，而且我對多夫曼而言可能只是一個工作上的個案，畢竟他的工作之一就是拯救飽受心病和心魔之苦的波拉斯客戶。坐在沙發上的一角，揭露著我人生的黑暗面，我忽然意識到，很有可能我在那天、隔一天、或更久之後，都沒辦法把球投直投好；很有可能這次跟多夫曼的見面，只是一個起點，後面還有一條漫漫長路。多夫曼大老遠跑來我家，可不是來握握我的手，跟我說一切都沒問題、我一定會好起來，然後就算了；他也沒有跟我說：「我修好過很多跟你經歷類似的人，所以只要抱持信念就好。」

不，這一切並沒有那麼簡單。我是一個需要長期經營的個案，從我跟多夫曼的第二次見面，一切才正式開始。

第十五章　診療開始

我想要重拾自信、重拾對明天的希望，不想要每次到球場之後，都懶懨懨地度過那幾個小時；但與此同時，我又不想太過在乎、得失心太重。以前，棒球總是讓我覺得自己與眾不同，但自從那個下午之後，連「思考棒球」對我來說都變成負擔；以前，棒球是支撐我度過每一天的靠山、是讓我爬出被窩的動能來源、是陪我安穩入眠的好夥伴，可是現在，它變成了一場不願放過我的噩夢。

我需要放空、休息一陣子，但例行的訓練不允許我這麼做。我的每一天都充滿了棒球，代表每一天都在失敗、處在挫折邊緣、或從跌倒中爬起。即便有些日子的狀況比較好（確實也有這種時候），但逃避不了的是明天的到來。雖然我想保持樂觀的心態看明天，但往往最後都還是陷入「為最糟情形做準備」的負面思維中。

面對如此困境，我可以採取一些方法來幫助自己：找多夫曼說話；練習轉移注意力、正面思考、重新集中精神；數自己呼吸的次數，試圖讓暴走的心跳慢下來；每天去球場不斷做訓練、投球，抱持著「最壞的終究會過去的信念」，直到身心靈的能量完全耗盡；抽大麻、嗑搖頭丸；喝啤酒喝到酒吧歇業，然後假裝自己沒事。

由於我太急著要把失序的職棒生涯導回正軌、希望能趕快變回一個正常人，所以每種方法都試了，忘記其實每種做法都得耗費很大的力氣。我把該跑的圈數都跑完、每次訓練都做好做滿、每次牛棚都現身練投、讀完包含多夫曼著作在內的每本心靈雞湯類勵志書籍。此前，我一生中還沒有把一本書從頭到尾看完過，求學期間也都沒有。多夫曼給我一本由麥卡錫（Cormac McCarthy）[97]撰寫的《天下駿馬》（All the Pretty Horses）[98]，這是他在協助運動員時，總是會推薦他們閱讀的書。多年後，我發現當初多夫曼在協助獨臂投手亞伯特（Jim Abbott）[99]時，也推薦他讀《天下駿馬》，還有其他受惠於多夫曼諮商的選手，也都有看過這本著作。翻開《天下駿馬》，雖然前兩頁讀的有點不耐煩，但到了第三頁，我就被故事攫住了；在那之前，我從來不知道原來我也能從讀書中獲得樂趣，不僅是享受閱讀的過程、從中獲取一些知識和閱歷，還可以讓我轉移注意力、暫時忘掉腦中的雜音。那次閱讀《天下駿馬》的經驗十分難忘，大開了我的眼界，我不只是從頭到尾、一字一句把它讀完，甚至還在小說接近尾聲時感到捨不得，不想要故事就這樣結束。後來我因此去書店，購入並讀完一些派特森（James Patterson）[100]、布朗（Dan Brown）[101]、查德（Lee Child）[102]等人的作品，然後再去書架上尋找更多能帶給我安定感的書籍。

讀這些書的過程中，我學會了呼吸練習；這些書也談到了那些在我腦袋中作祟、使我感到焦慮害怕的東西，還為它們取了名字；這些書大方討論「恐懼」，而在那之前，我不曾聽別人討論過恐

---

97 戈馬克・麥卡錫（Cormac McCarthy），原名查爾斯・麥卡錫（Charles McCarthy），出生於美國羅德島州普羅維登斯，美國小說家，被譽為是海明威與福克納的唯一後繼者。二〇〇九年獲美國筆會頒發索爾・貝婁文學終生成就獎。（摘編自《維基百科》）

98 《天下駿馬》是一本小說，講述少年牛仔約翰・格雷迪不滿於家族牧場的衰敗，與好夥伴羅林斯一起離開故鄉德克薩斯，騎著心愛的馬兒，南下遙遠的墨西哥追尋心中夢想。（摘編自重慶出版社所發行的《天下駿馬》）

99 吉姆・亞伯特（Jim Abbott），生於美國密西根州弗林特，前美國職棒大聯盟投手。他的右手掌先天殘缺，只能以左手投球及接球，是大聯盟少見的獨臂投手。（摘編自《維基百科》）

100 詹姆斯・派特森（James Brendan Patterson）是美國的一名暢銷小說作家和慈善家。派特森於一九七七年出道時，即憑處女作《托馬斯・貝瑞曼號碼》獲得愛倫坡獎的新人獎，其後派特森出版的作品更多次登上紐約時報暢銷小說排行榜的第一名，刷新了金氏世界紀錄，而其作品的銷量更驚人，銷售總數是史蒂芬・金（Stephen King）和丹・布朗（Dan Brown）作品的總和。（摘編自《維基百科》）

101 丹・布朗（Dan Brown），生於美國新罕布夏州，美國作家，二〇〇三年國際暢銷書《達文西密碼》的作者。作品多為結合密碼學、科技、宗教、藝術等知識的懸疑小說，曾在臺灣被出版商譽為「全球驚悚小說之王」。（摘編自《維基百科》）

102 李・查德（Lee Child），是英國驚悚小說作家吉姆・葛蘭特（Jim Grant）的筆名。他的妻子珍妮（Jane）是紐約人，兩人目前住在紐約州。他的第一部作品《地獄藍調》就為他贏得了安東尼獎的最佳小說獎項。（摘編自《維基百科》）

懼。從小到大，沒有一個我敬重的人跟我講過恐懼是甚麼，因為棒球場上不應該有恐懼的感覺，在我的家鄉匹爾斯堡也不應該有。

多夫曼每天都會打給我，或是我打給他。有時候我們會討論他希望我從《天下駿馬》中得到的啟示（他自己不會主動提），有時候也許那啟示就是沒有啟示、不用多想。不是所有事情都一定要有意義。有時候，我們也會討論書中的劇情，從劇情的高潮迭起來得到新的點子和刺激，比如說從聊槍戰的情節，去意識到事情的輕重緩急、優先順序，什麼事重要、什麼事不重要；書裡面提到的馬確實俊美，可是這也代表有其他更多不美的事物，去襯托出牠們的美好。

此時，我也已經愈來愈懂得怎麼逃避痛苦。有些方法是有用的，像是搖頭丸就幫了我一陣子。我在家鄉有些管道可以取得搖頭丸，一次寄來幾袋或幾瓶，足夠用個兩三週，每次跟朋友見面喝酒前一小時，我都會吞一顆。毒品下肚，心跳會逐漸趨緩，我可以發自內心地、不帶什麼思考地笑出來，把各種煩惱、擔憂、明天還要練投的心思全部拋開。我從小生長的地方，毒品並不罕見，不少人都靠毒品去緩解生活上的小問題，卻不知不覺因為毒品而累積出大麻煩。我自己的小問題是：開始想到「明天還是要練投啊」的念頭；每當這念頭一起，我就開始擔心、焦慮，覺得自己會搞砸，投球生涯可能就此崩壞。為了避免焦慮產生，在不好的念頭逐漸形成時，我就會訴諸搖頭丸。我才二十一歲，在大聯盟累積了兩百一十二局投球，看似有美好前程，但此時的我只想躲在家。當初簽約時獲得的兩百五十萬美元簽約金，扣掉稅還有已經花掉的部分，剩下來的錢總有一天會花完，我不能就此投降啊。不行，我得找到辦法把球員生涯導回正軌，而那個辦法就是搞定心魔，只要搞定心魔，我就能投出好球，不再被那些負面思維和焦慮感干擾，也不用每天的每一分每一秒得失心都那麼重，好像隨時人生都處在毀滅的邊緣。所以我尋求搖頭丸的協助，它幫我度過陷入憂慮的那些天，不過我也清楚它不會是長久之計。有一天早上，紅雀球團要我跟一名隊醫面談。

「聽著，」這個隊醫跟我說：「外面有在傳你嗑搖頭丸。」

我眼睛瞪得大大的看著他。

「你知道的，」他接著說：「你要保護好自己的聲譽，我們也想幫你保護好名聲。球團也有形象要顧。你還好嗎？需不需要我們的協助？我們有人可以幫你。」

我站起身來，直接走掉，回家把所有剩下的搖頭丸全部丟掉，然後打給多夫曼。

「不管你透過那些方式想要尋求的東西是甚麼，慰藉也好、麻痺也好，那都不是真的。」多夫曼說。

然而，對我來說，那些感受都非常真實，尤其是焦慮感，真實到我必須想點辦法去抑制。如果不這麼做，我明天就沒辦法投球，而我幾乎每一個明天，都得要投球。雖然我相信透過閱讀、呼吸練習、多夫曼的幫忙、堅強的意志，自己終究會擊敗心魔，但我也在此刻首度認知到，擊倒心魔無法一蹴可幾。這點是多夫曼帶我認清的。這會是一場為時不短的奮戰，而且會弄得滿身泥濘。我心裡想：去他的，這樣又如何，我經歷過更醜陋、更難熬的事情，要來就來吧，我會正面迎戰。不過現在回過頭看，當初的我好像不應該對自己那麼有信心。

二〇〇一年的春訓是最黑暗的一段時間。我都在天還沒亮的時候就到位在朱庇特的春訓基地，遠在其他人進來前展開訓練。前一年十月發生的事情，讓我成為全國球迷和媒體感到好奇的人物，因此帶來了許多會令人分心的記者、攝影機、各式各樣的提問，迫使我在春訓基地沒有任何人時練投。通常是在太陽剛露臉的清晨時分，我會跟投手教練鄧肯、一名運氣不是很好的牛棚捕手，一起抵達球員休息室進行準備，把裝備放到高爾夫球車上，行駛到基地的副球場。到定點後，我會開始伸展、熱身，然後練投，看那天手臂的狀況如何。我並不是因為希望讓這一切保密而這麼做，因為其實大家都已經大概知道問題是什麼了，這談不上什麼祕密。我會這麼做只是為了躲過那些記者和過度的關注。媒體早就緊盯這件事很久了，當然也包括那些我還滿熟的、主跑紅雀新聞的記者，他們的追蹤無形間增加了整個過程的壓力。沒人看我的時候，練投的壓力就已經夠大的了，此時我最不需要的就是那些額外的負擔。

我試著去回想一年前的自己，那時情況真的好不一樣，我只要再投幾局春訓比賽，就能擠進紅雀隊大聯盟的先發輪值，站穩在大聯盟的腳步，開啟充滿希望的人生。當時的我意氣風發，交了一些好朋友，春訓樂趣滿滿。凱爾是我能夠討論如何在大聯盟投球的夥伴，而我很景仰的資深名將艾德蒙斯也變成了經常交流的朋友。艾德蒙斯付出的大量汗水，是他之所以能在場上看起來毫不費力的原因，這是我最欣賞他的一點。

當時我很享受當一名紅雀隊員，也很開心自己能在大聯盟打球。我覺得自己的存在有其重要性，就好像發現了自己生命的確切意義，以及這麼多年來的努力奮鬥，有了明確的回報。

出現在春訓基地、做一下伸展、跟隊友進行傳接球熱身、投三十球的牛棚、接一些回擊球、跑幾圈球場、沖個澡、回家。這些在春訓的例行公事，原本是多麼地輕鬆寫意，如今卻變得如此困難，成了每天測試我情緒穩定性的終極考驗。睡覺前如果想著明天要投球，半夜就會被「今天要投球」的念頭嚇醒。在每天破曉的數小時前，從噩夢中驚醒，跟旋轉多圈、被汗水浸濕的被單糾結在一塊兒。多夫曼告訴我，在這樣的情況下，不一定要堅持去跟噩夢對抗、繼續嘗試入眠，而是可以做一些其他事情。於是我會在噩夢把我吵醒之後（大概是半夜兩三點），離開床褥，去看一部電影；騎腳踏車在家附近晃晃；做一些伏地挺身和仰臥起坐；拿起沒看完的書繼續讀下去，試著讓書本教導我，為何我的心跳會跳得這麼快。如果我某一天練投，找回了一點過去沒發病時的手感，隔天我會回到練投的牆面前，看怎麼樣再複製同樣的感覺。要是我能持續召回更多熟悉的感覺，手臂擺動的過程變得流暢、送出去的球變得受控，我就不會停下來。啪。啪。啪。這就是我鄰居吃早餐時會固定聽到的背景音，真是辛苦他了。但我不會因為同情他而停下來，因為驅動我找回對每一次投球信任感的能量很強，而這能量就像一種另類毒品，不斷刺激著我投出下一球。要是下一球投出去沒投好，需要修正，我也會趕緊嘗試看看，目的都是為了尋回過去投球的那種熟悉感、投球前沒有畏懼的心態、理所當然認為自己能投出好球的信心。

在家裡練完投，就得坐進車子，開去春訓基地，再重複一次剛才所做的事情，只是要換上紅雀制服，並且在隊友、教練、一些觀眾面前做。

在春訓基地，我的策略是假裝還過得去、情況沒有一團糟。先練投練到精疲力竭之後，帶著微笑，不跟其他人對話，只跟多夫曼交談。所以從下車進春訓基地，到上車離開，沒有人會看到我受苦的模樣。我不會在休息室的置物櫃前悶悶不樂、不會砸手套洩憤、也不會理會場邊的記者。這些記者是來看我在球場上失控的，一沒發現任何崩潰的跡象，便會問問題，透過旁敲側擊來刺探我是否處在崩潰邊緣。要躲過他們的刺探，腳步就不能停下來。

當患者遇到困境，多夫曼通常會先問：「所以你接下來會怎麼做？」但他不常對我這麼說，因為自從我有記憶開始，就一直在嘗試各種手段應對困境和挫折，而多夫曼也很清楚這點。當家庭問題浮現，我把專注力放在棒球上，找到解脫之道；當球隊要二十一歲的我擔負起主投季後賽的重任，我也扛了下來。當心魔出現，讓投出的球不受控制，我選擇不斷拿起新球，嘗試修好自己。多夫曼不用問就很清楚，我對於「心魔為什麼找上我」這件事不感興趣，也不喜歡很情緒化地探討痛苦的經歷。多夫曼做的事情很單純，就是成為一個我可以百分之百信任的人，能夠陪我哭、陪我笑，聽我炫耀成就、聽我分享心事，而我也願意讓他來拯救我的棒球生涯、使我成為更好的人。反過來，如果他需要我的幫助，我也樂意之至。

多夫曼非常坦白，不會拐彎抹角。他要我檢視內心，暫時放下關於棒球、投球機制、紅雀隊、隊友的思緒羈絆。他問我，我對自己有什麼要求、有什麼是我認為還能做到卻沒做到的？「你現在在做甚麼？」他會這麼問：「你想要改變什麼？為了達到改變的目的，你正在做哪些努力？」

每當我正準備要回答，多夫曼就會搶在我前面先說：「明天再跟我說沒關係。先想一下，再跟我說。」

多夫曼說話的方式滿像球員的，這不只反映他的成長背景，也顯示他確實長年來都在陪伴選手，不管是在球場邊、球員休息室、還是酒吧，那些與球員的對話都留下了一些痕跡。他在咒罵的時候，聲音十分粗啞，而在應對球員的回話時，從不會顯露出驚訝的神情。當我回答他問題時，意外釐清了某些原本我搞不清的事情，例如在某個當下我的思維，或是我去做某事的原因，多夫曼便會說：「沒錯，孩子，就是該這樣。」像是在鼓勵我，讓我知道我能自己解決一些問題，並且有辦法為未來可能的難題做更好的準備。日復一日，經過了許多跟多夫曼的對話後，我發現自己開始能夠從多夫曼的視角來檢視自我，就跟一般人從他們父親的視角來看自己一樣。

我決定寫一封信給父親，作為重新開始的其中一步，而看我不怎麼會寫，多夫曼也會幫忙。先前多夫曼問我：「你想要改變什麼？」，要我先想想再回答，後來我思量後的回答是：「我想要投出好球。我想要變得快樂。」聽完，多夫曼再問：「那你正在做哪些努力？」我的回覆是，我正在簡化生活，盡力排除掉任何可能帶給我焦慮感的事物，讓焦點回歸到棒球上，試圖把人生和職涯導回正軌。

多夫曼接著問：「那你的父親呢？這塊該怎麼處理？」

那段時間，來自監獄的電話愈來愈沒完沒了。儘管我努力保持正向，告訴自己──「我能保持冷靜」、「我能投出好球」、「我能讓這一切回復正常」、「沒事的，深呼吸」，但這些努力似乎都因為電話另一頭充滿雜訊的聲音而付諸流水。「為什麼你投不出好球？」、「我知道怎麼解決這問題」、「你是不是受傷了？到底是哪邊不對勁？」、「你的投球機制完全亂了套」、「那些教練不知道在幹嘛，把你搞壞了」。那些來電，有些語氣憤怒，有些語帶挑釁，有些更糟，令人氣結。如果為自己好，我不該去接那些電話；老實講，我已經忽略不少通了，但還是有一部分最終被我接起來，而幾乎每一次，都是一接起來就馬上後悔。

「我現在沒辦法聽你講這些……」我會說：「我要掛電話了。」

「安基爾，該死的，聽我……」

然後電話就會被我掛掉。

多夫曼跟我花了不知道多少小時在我父親的事情上。我早已看了太多、聽了太多，認清這段父子關係只有負面、沒有正面。不管怎樣，父親都不會改變自己；但與此同時，我也無法改變「他是我父親」的事實，正因為如此，二十一歲的我似乎還是存有一點那種「男孩想要爭取父親認同」的情懷，甚至可以說是某種「我該當個好兒子」的責任感。或許我還想要讓父親感到驕傲，也或許我想證明就算他已鋃鐺入獄，我還是能靠自己的力量獲取成功，不需要他的「建議」或「幫忙」。

所以我父親這塊該怎麼處理？

「我的父親嘛，」我對多夫曼說：「他對這一切毫無幫助、有弊無利。」

他回答：「你應該要斬斷這段關係。」

「可以這樣喔？」

多夫曼笑了。

我坐在一張書桌前，寫下「父親：」，隔一行之後開始寫第一段。我告訴他，我沒辦法、也不會再跟他說話了，我的思緒已經被太多事情盤踞，不需要額外的壓力和多餘的批評，也不需要別人來跟我說「你辦不到」。我不想再每次當他要錢時，就匯給他五百美金，好讓他在監獄裡過得舒服一些。這是我的人生，不是他的，我達成的成就由我來享受，而我犯下的過錯也由自己承擔，他不能強迫我分享、或是霸佔我的成就，也不必自以為是地試圖修正我的缺失。在信中我沒有提到的是，我已經找到比他更好的人，來取代他的角色。這個人全心全意地關心我、替我著想，跟他完全不同。我在信紙右下角簽名，把信紙摺好，塞進信封寄出。一個禮拜之後，電話來了，我沒接，讓它進語音信箱。播放語音信箱，父親非常生氣，聽得出來他內心受傷了。

但我沒有回電給他，而是直接換了電話號碼。

脫離父親的電話糾纏，很多問題仍然沒有解決。我的牛棚依然投得一塌糊塗，球還是到處亂跑亂飛；我依舊得仰賴伏特加來度日；晚上睡前，沒有吞個贊安諾（Xanax）[103]或泰諾ＰＭ（Tylenol PM）[104]，我無法入眠；就算入睡了，還是可能在半夜驚醒，陷入恐慌；早上坐進車子裡，仍會掙扎到底要不要轉動鑰匙、發動引擎；下午脫下球衣，終於可以回家時，依然會感到無比雀躍。

除此之外，我還是經常感到憤怒。

但至少現在有一個人懂我。知道有這麼一個人，不會因為我的遭遇而可憐我，也不會看著我無解的掙扎然後說：「你到底在搞甚麼飛機？」這種感覺是很讓人安心的。我覺得這樣就夠了。

所以我還是能夠在那些清晨，跟鄧肯和某一位被抓來的牛棚捕手（有時候也會有為數不少的記者在場），繼續進行練投；站上投手丘，用手拍打幾下止滑粉袋，看那天能投出什麼樣的內容。有時候投得還行，有時候狀況並不好。練完之後，就回家繼續面對那堵被我投出凹陷的牆。

前一年的季後賽期間，也就是我發病之後沒多久，媒體出自好奇，十分關注我的情況，但畢竟是在季後賽期間，還有重要的比賽在進行，加上有正式比賽時，記者的採訪權限不像在春訓那麼自由，因此針對我的報導多少還受到了一些控制。外界的焦點主要仍放在紅雀隊的季後賽勝負上，直到紅雀最終在國聯冠軍賽被大都會淘汰。

我第一次失控的那場比賽結束後，賽後的新聞頭條大概長這樣：「安基爾控球大暴走，紅雀仍獲勝」；有媒體選擇忽略我的情況，寫下：「麥達克斯表現不佳，勇士吞敗」；也有媒體十分針對：「紅雀的安基爾是一百一十年來最失控的投手」；當然還有比較偏紅雀立場的報導：「控球走樣，紅雀安基爾一笑置之」；另外也有語氣較為溫馨的寫法：「紅雀依然力挺控球崩壞的左投」。

來到春訓，情形有所不同，球隊跟媒體的互動相對輕鬆，大多數時候，記者可以自在地隨時出現在春訓基地的各個角落。他們可能在球員休息室裡待上數個小時、可能在破曉時就站在基地後方的訓練球場旁觀察、可能整天都埋伏在停車場附近，目的都是為了逮到機會問我問題，因為他們知道我勢必會出現在那些地方。所以我假裝自己沒事，我的隊友也假裝我沒問題，儘管我們都知道，我的麻煩可大了。記者其實也知道我並不正常，可我還是沒有要對他們坦白的意思，因為我不願一直去回想那些令我感到痛苦的投球過程。我心想，等到我恢復之後（當時我仍倔強地相信，自己在不久的將來就會回歸正常），就可以有比較清晰的思緒和腦袋，來回應他們的提

103 贊安諾主要用來治療社交畏懼症或恐慌症，服用之後會緩解焦慮，副作用則有嗜睡、記憶力變差等情況。

104 泰諾是一個鎮痛藥藥品品牌，該藥品可以減緩發熱和減輕過敏、感冒、咳嗽、頭痛和感冒等症狀。（摘編自《維基百科》）

問；可是現在，我需要選擇性失憶來面對這一切。如果我那天速球不乖，不好好照我意思走，那我就會一直狂丟曲球；到目前為止這個做法還算有效，它的目的在於幫助我專注在當下不分心，好讓我直到開幕日當天，都能保有一些自信，以及在先發輪值的一席之地。記者的提問很難回答，要一直去回想、描述三個小時前暴投的球（或是沒暴投的球），然後每天都要總結自己練習時的思考狀態、身心狀況，這很不容易、也很累人。就算有時候我似乎找回一點「正常」的感覺，但當有一堆棒球記者、攝影機、現場連線的音控人員、棒球節目製作人在旁虎視眈眈時，任何正常都變得不正常了。對於這些媒體來說，我失控把球丟到捕手後方的洋相，會遠比正常投球來得更有賣點。

在某些日子裡，我確實能夠表現得正常，或是說接近正常；但也有某幾天，我完全不知道投出去的球會往哪兒跑，這算是新的「常態」。剩下的日子，則是不好也不壞，投出去的球稱不上準，但也不算完全失控。起伏不定的狀態，猶如搭雲霄飛車，不只發生在場上，也盤踞我剩下的生活——開車回家的路上、坐在沙發上的時候、晚餐時間、乃至睡夢中。這種經歷和故事，才是真正能吸引到廣泛興趣的內容，而不是誰誰誰又在春訓投得出色、表現得很穩健。一個二十一歲的年輕大物，忽然之間失去了控球準星、迷失了自我，他努力掙扎著走出這段痛苦低潮，這種題材不論怎麼看都很吸引人，尤其是在新聞熱度相對較低的春訓期間，更顯得與眾不同。媒體主管非常清楚這點，所以很理所當然地給出指示：「去瞭解一下安基爾他的心理狀態和調整狀況，這新聞肯定會中。」

實際的情況是，大家都被搞得很不愉快。

「不要再拍了。」我好聲好氣地跟一群正在推擠、試圖喬到最佳拍攝角度的攝影師說：「你們這樣我沒辦法好好訓練，拜託別拍了。」

「你們給我滾出去！」有一個隊友理智線斷掉，大聲驅趕媒體：「我們只是在傳接球暖身，沒什麼好拍的。」

這情況當然會被媒體拿來做文章：紅雀春訓營變得煩躁不安，因為年輕投手安基爾的控球問題依然沒有解決，心魔還是糾纏著他。所有牽涉其中的人都沒有好心情，不管是媒體、球員、教練，都因此顯得有些易怒，而身為當事人當然也受到了影響。

總教練拉魯薩為此動了怒。

「媒體不應該來攪局。」他說：「這只會讓整個過程更漫長痛苦，而媒體則是喜孜孜地繼續對球員嗞血。我看到有人因為這可能會有話題性和關注度，就垂涎三尺地想要大作文章。我真的覺得夠了。」

「沒有人真的在意安基爾、他的父親、還有他現在所處的困境。我們絕對不會去助長任何媒體的嗞血行為。」

拉魯薩和鄧肯想了一些方法來躲媒體，而這也是為什麼我會在奇怪的時間練投、採用跟其他人不一樣的時程表、盡量在只有球員跟教練能進出的地方出沒。

「真的是一團亂。」鄧肯經常如是抱怨。

拉魯薩同時也很擔心我左臂的健康狀況，尤其是手肘。一個球季前，他看到的安基爾雖然採取非典型的投球機制，但至少動作是自然流暢的，投起球來看起來毫不費力，不必刻意使勁的感覺。不過易普症來襲後，我的投球動作跟著變調了。我的投球動作變得猛烈而不穩定；擺臂角度一直上下起伏，因為我不斷在尋找合適的出手點，時而抬高幾度、時而下降幾度。角度高低的每天都有所不同，有時候跟前一顆球的出手感覺有關，也可能跟我那天投了多少顆搶好球數的曲球有關。拉魯薩不知道我平常在自家後院練投多少球，也不清楚我練投時的心理狀態為何，所以更加擔憂。

雖然擔心，但拉魯薩很少下指導棋或多說什麼，因為他把投手部門全權交由鄧肯來管理。拉魯薩主要就是從旁觀察，從鄧肯口中瞭解選手的狀況和訓練進度。對於我的情況，縱使很不希望看到我一蹶不振，但拉魯薩總是懷著最糟的打算。

「這麼說吧，」拉魯薩在數年後說道：「我對安基爾在那年春天的經歷和應對，只有尊敬、佩服、疼惜，因為他就是埋頭不斷地對抗逆境、不斷地跌倒再爬起來。他從來沒有怪罪投手教練、總教練、捕手，也沒有怨天尤人。他堅強地面對心魔，努力去克服這道關卡，真的很不簡單。不過這易普症真的是把我惹毛了，要不是它的關係，安基爾就能把所有的專注力和力量，集中在成為下一個科法斯或是吉布森上。我不知道這樣講適不適合，但那孩子真的有那樣的潛力。那年春天安基爾對抗困境的過程，從來沒有展露脆弱的一面，儘管我知道他非常痛苦，可是他仍持續奮戰、對抗難關。」

那年春天我跟拉魯薩沒有去談這件事，不過他說得沒錯，易普症當時確實讓我感到十分痛苦。春訓表演賽就要開打了，但絕大多數的問題都沒有解決：我的速球還是陰晴不定，經常要靠曲球來解圍，而解決打者的效果則是大起大落。我告訴自己，我得繼續投球、盡量練到好為止，一定要找到辦法突破現在的困境，不允許自己開季時沒擠進大聯盟正式球員名單。

春訓表演賽期間，有一段回憶令我留下特別深刻的印象。某天下午，我擔任球隊的先發投手，表現特別糟糕。投出第一球前，站在投手丘上，環顧四周，手上拿著球，我可以感受到血液從我腦袋潰散出去。它來了。這個時候我就算不斷深呼吸、倒數數字、正面思考，使出什麼辦法，都沒有用。我的內心只剩下恐懼。

這場先發會很慘，我心想。右腳往後踏……

那確實是一場淒慘的先發，而我在場上的時間也沒有很長。

退場的時候，鄧肯在休息區前緣等我。

「好，安基爾，」鄧肯說：「你感覺如何，還好嗎？」

我走到鄧肯前面停下來，跟他四目相接。我嘴巴張開，但說不出任何話，一個字、一絲聲音都發不出來，也沒有哽咽。我喪失了正常投球的能力，而在那一刻，我甚至連「描述自己的身心狀態」都無法辦到。連一句「沒事的，鄧肯，我沒問題。下次再來討回顏面」或是「我自己也沒頭緒」都說不出口。

最後我只對鄧肯聳聳肩，他點頭、拍了一下我的肩膀。坐在板凳席上，頭垂得低低的，我聽著場上比賽的聲音，眼睛沒有跟著去看，腦子裡想著剛才我是如何在場上遭遇徹底的恐慌發作。檢查一下呼吸、感受一下心跳，都已經下場坐一陣子了，發作還沒結束。

不知如何地，我最終擠進了例行賽開幕的正式球員名單中。紅雀想要相信我還能投，我自己也是。我是紅雀隊二〇〇一年開季的第五號先發投手，排序在凱爾、班奈斯、莫里斯（Matt Morris）、赫曼森（Dustin Hermanson）等人之後。我預計要在四月八日、紅雀開季的第六場比賽，於亞利桑納主投那個賽季的首場先發。

我怕得要死。

第十六章　與酒精共舞

二〇〇一年我投了六場大聯盟先發，其中一場，也就是第一場，表現還不錯，而那是因為我喝醉了。

那是一個週日午後，在亞利桑納客場對戰響尾蛇隊，這是我自從前一年季後賽後，第一次在正規賽事亮相。這中間我有六個月的時間，為體能、心理、情緒做準備。我有多夫曼作後盾、有勵志書陪伴、有一些大腦思考練習和呼吸練習供我求援。做了這麼多事情，就是為了讓自己能夠走上大聯盟賽場，面對滿場的觀眾、轉播攝影機、自己的隊友，把不堪的過去埋藏起來，開始投出好球，贏回自己的球涯、贏回自己的人生。

然而，我內心非常清楚，那些其實都沒有用。在開季首場先發來臨之前的幾天，我就知道了，因為每天晚上噩夢還是不斷襲來。週日當天清晨，我在位於鳳凰城（Phoenix）[105]的飯店內無

105　鳳凰城，又譯菲尼克斯，是美國亞利桑那州的首府和最大城市，也是響尾蛇隊主場的所在地。（摘編自《維基百科》）

神地盯著電視，數小時之後，球隊巴士就會來載我去迎接失敗。過去七個禮拜，我對外都在笑笑裝沒事，投得好的時候希望運氣好一點維持住，投得不好就選擇忽視，相信自己下一場能調回來，反正新球季還沒真正開始。如今正式賽季開打，我之前能逃過外界檢視的部分，現在都得受到放大鏡檢驗；四月八日的午後，在第一銀行球場（Bank One Ballpark）[106]面對將在七個月後擊敗紐約洋基奪得冠軍的響尾蛇隊，大家都在看我到底走出了失控陰霾沒。預計投完那場比賽，我們跟響尾蛇的系列賽即畫下句點，隨後球隊會前往聖路易，去打主場的開幕系列賽，因此出發去球場前，我得先打包好行李。拉起行李箱的拉鍊，把書塞進我隨身的包包，將東西推到飯店外的人行道上，戶外的空氣十分清爽。開季第一個系列賽三連敗給落磯隊後，我們已經在對響尾蛇的系列賽拿下兩勝。若要橫掃響尾蛇，得先經過強森（Randy Johnson）的同意。身材高瘦的強森是一名左投，克服了生涯初期的控球問題，成為當時大聯盟最強的投手之一，已連莊兩屆賽揚獎，後來他在二〇〇一和二〇〇二年持續獲獎，連續四年都抱走代表年度最佳投手的獎座。諷刺的是，我也是一名生涯初期出現控球問題的投手，只是跟強森的差異在於，他後來成功克服了，兌現潛能成為全聯盟最強的投手之一，而我則是仍深陷困境之中。那天上午，強森開車去球場時，應該對於自己搶勝充滿信心，甚至能跟著廣播電台播放的音樂一起哼；反觀我那天在比賽前，只感受到恐懼，因為我知道心魔已經慢慢把我吞噬。

第一銀行球場巨大無比，從巴士內望出去，原本只吃掉畫面中一角的球場屋頂，隨著距離縮減，已經完全覆蓋了整個視野。

「一百，」我開始默默倒數，然後說：「深呼吸。」

「九九……九八……九七……」

「深呼吸。」

思維上，我試著讓自己沉浸在比賽日的例行準備中：球探報告、跟鄧肯和馬西尼的對話、耳機播送的音樂、睡不著的午覺、電視上已經開打的東岸比賽。牆上的時鐘毫不留情，任憑到比賽開打前的時間迅速流逝。

比賽開打前一小時，我愈來愈絕望。這場比賽理應是我重新證明自己的時刻：回到球場上，證明自己依然是去年十月徹底失控之前，那個令人興奮的年輕左腕。但一有這個想法，我就愈恐慌、愈不安。幾週前，在跟一個朋友喝啤酒時，他隨口問道：「為什麼不試試看比賽前喝酒？」我笑了，對他承認，我在家裡對牆練投，有時候一手拿啤酒一手投球還比較準。我也不知道為何，但酒精真的有所幫助，或許是因為它能減少我腦中的雜音吧，也或許是喝酒之後，我的得失心就不會那麼重。對於那朋友的隨口提議，後來我沒有多想，畢竟當時都還沒有要在大聯盟賽場先發的迫切性，不過現在情況不同了，我得拚了命地爭取生存機會。

106　響尾蛇主場大通體育場（Chase Field）過去的名稱。

要是我沒辦法用雙拳擊倒心魔，那就把它淹死吧。

「嘿，」我對凱爾說：「你有辦法幫我弄到一瓶伏特加嗎？」

那真的是很難堪的一刻。

凱爾回來的時候，手裡拿著滿瓶的伏特加，不是什麼知名牌子，很普通那種，但我不會抱怨。我聳聳肩。

「孩子，你該做什麼就去做吧，」凱爾說：「我懂。」

大家都到場上做伸展了，球員休息室只剩下我和一些工作人員。我拿出伏特加，喝了幾大口，感受酒精帶來的溫熱和安定感，順著食道流入體內、蔓延至身體的每個角落。我把剩下的伏特加倒進一個水瓶內，帶著它跟手套、球帽到場邊的休息區。我並不是要透過酒精獲得什麼優勢，只是想要緩解焦慮，因為我不信任自己，甚至可以說沒有人能夠信任我。我現在能夠信任的，是有一瓶伏特加在側的自己；我信任一大口酒精順暢入喉帶來的效果。

第一局，響尾蛇靠著威廉斯（Matt Williams）的全壘打得了兩分，但我沒有投出保送。第三局結束時，我們已經逆轉比數，以四比二領先。

那天球從我手中出來的感覺很好，爆發力十足，我非常振奮。我三振掉沃邁克（Tony Womack）和桑德斯（Reggie Sanders），結束了第二局投球；第三局一開始，我再三振掉強打岡薩雷茲（Luis Gonzalez），然後讓威廉斯和寇布蘭（Greg Colbrunn）打不好，形成滾地球出局。

我在面對他們打線第二輪時，完美收拾掉了中心棒次。

喔，我的媽呀，我心想。我回來啦！我恢復身手了！

強森那天不像他平常那麼犀利，所以我開始覺得自己有機會幫球隊取勝。問題是，我變得愈來愈清醒，醉意逐漸消褪。我在第二局投出兩次保送，但沒有失分，回到休息區第一件事就是趕緊去找我的水瓶。心魔蠢蠢欲動、步步進逼，我啜幾口伏特加去把它鎮壓下來，不夠的話，就再多喝幾口。我曾嘲笑為比賽喝酒的荒謬，現在卻不得不倚賴酒精來對抗心理障礙，更諷刺的是，我還真因為喝酒而發揮得不錯、開始享受起比賽的樂趣。我上場打擊三次，三次都對到強森，非常清楚強森那四分之三側投[107]所送出的球路，相當難打；就算是完全清醒、能夠保持專注力的左打者，都難以對付強森的球，更何況是一個酒醉的左打者（守備位置還是投手）。不過我仍然能夠執行一次成功的犧牲觸擊、選到一次四壞球保送，跑回本壘得到一分。

最終我們以九比四擊敗了響尾蛇。我用一百球投完五局，過程中三振掉八名響尾蛇打者，附帶三次保送。完成投球任務後，我趕緊去球員休息室刷牙，瘋狂地用漱口水漱口，洗去口中的酒

107 斜肩投球（three-quarter pitch）是四種常見的投手投球方式之一，又稱之為「四分之三投球」，為棒球投手採用的最大宗投球姿勢。斜肩投球算是最簡單、最容易上手的投球姿勢，以人體結構而言也最為自然且符合人體工學。由於投球時肩部力量使用較少，對於肩部負擔也較低，能達到省力的效果，進而增加投球的續航力。此外斜肩投球的控球亦較其他投球姿勢相對容易，投出的球路能兼具位移水平及垂直性。（摘編自《台灣棒球維基館》）

氣。我獲得了勝投，雖然採取的方法不是最理想的，但它終究是個手段，在那天幫助我投出不差的內容。當晚搭上前往聖路易的班機，我安穩地大睡了一場。

六天後，我又要掛帥先發，那是週六下午對上休士頓太空人的比賽。賽前策略一樣，我要用速球、曲球、伏特加來對付太空人，繼續把生存模式打開。既然心魔如此蠻橫不講理，那我也要動用非常手段來對付它。為了保護我，紅雀讓我在室內進行熱身，而不是在外面的牛棚（正常來說都是在外面的牛棚熱身），這樣一來便不會有球迷或外人看著我。就跟春訓時一樣，球團盡可能地把脆弱的我藏好，直到實在沒辦法為止，畢竟到最後，我還是要上到投手丘去投球。

這場比賽我又投了五局，但內容比上次差，送出五次保送、丟了四分，紅雀最後輸球。在休息室恢復清醒時，我開始思考自己是否能繼續這樣下去。前一場先發，我憑藉酒精撐過了一百多球的出賽，壓抑住心魔，但我能感受到心魔也逐漸適應了有酒精的環境，愈來愈不受伏特加的控制。我還能做甚麼？喝更多的伏特加嗎？下一次先發喝兩瓶？那下一場先發之後呢？這是否是長久之計？

「安基爾，做你覺得必須做的事。」多夫曼這麼對我說，跟凱爾的說法一樣。他認為這個手段十分有趣，但同時也擔心我可能玩火自焚，所以最後補了一句：「只是要知道，那都不是真的。」

又來了，多夫曼再次對我說出「**那都不是真的**」。到底什麼才是真的，什麼不是真的？我的感受是真的嗎？記錄紙上的成績是真的嗎？紅雀隊的想法重不重要？我的職業生涯是不是應該才被擺在第一順位？對我來說，報紙上隔天出現的東西是真實的，也就是我到底贏了還是輸了。那些不間斷的噩夢似乎也很真，或許夢境本身是虛幻的，但帶給我的感受非常真實。看著馬西尼扯掉捕手面罩，衝到本壘後方去追求，那場面對我的衝擊也很真實。我在第一場先發只投出一個暴投，第二場完全沒有暴投，這是真的、還是一點都不靠譜？

「我覺得那很真啊！」我告訴多夫曼：「其他可以先暫時擺一邊。現在我得投球，而這是能讓我順利投球的手段。」

「安基爾，」多夫曼說：「要記得，心魔還是在那兒。你這樣做，治標不治本，只是在拖延，到頭來是打不贏這場仗的。」

我只能先相信多夫曼是對的，不過這次要接受他的建議，並不是那麼容易，畢竟酒精帶來的成效十分立即也很顯而易見。我的下一場先發依然要對到太空人，但是是在客場，中間還有六天時間準備。我提醒自己，那天在亞利桑納對戰響尾蛇，技壓強森、率隊獲勝的人就是我；撐過前一年難熬的十月份，度過充滿自我懷疑的冬天，受盡一整個春訓的折磨，在例行賽開季勝過衛冕賽揚獎得主的那個人，是我。是我的球威，壓制住了那些打者，屢屢製造出局數。即便在第二場先發投出五次保送，但過程中也三振掉了六名太空人打者。我體內仍然有優異投手的才能，它們沒有完全流逝。

「好吧，我會試試看。我會試著不倚賴酒精。」我對多夫曼說。

在休士頓的比賽日到來，我只拿著球帽和手套走出休息室，沒有帶任何水瓶、沒有任何不可告人的祕密、沒有隨著比賽進行愈來愈高漲的醉意。就只有我、心魔、太空人隊打者。

結果我被打爆了。主投三局、被打三支安打、送出五次保送、砸了兩名打者，掉了五分，其中三分是自責分[108]。比賽過程中，我的速球變得不受控制，即便以我發病之後較高的容錯度標準來看，都顯得離譜，所以我幾乎放棄了這個球種。那場球我投了七十五球，我猜其中大概有五十五球是曲球。我又迷失了自我，徹底地、悲慘地迷失，完全沒有轉圜的餘地。

比賽結束之後，我在安隆球場（Enron Field）[109]球員休息區後方的總教練辦公室等待拉魯薩，等待時我灌了兩罐啤酒。剛才比賽中，拉魯薩試圖讓我再多投一局，四局下要我繼續上場，結果我面對的第一名打者敲出一壘安打，下一棒畢吉歐（Craig Biggio，二〇一五年入選美國棒球名人堂）則是慘遭球吻。對畢吉歐的觸身球，為我那天的先發畫下句點；等到拉魯薩上來投手丘把我換掉的時候，我已經完全失去了對速球的信任。拉魯薩來到場上，跟我和捕手馬西尼一起等後援投手從牛棚移動到投手丘，他們都對我說了一些鼓勵的話，可是周遭太空人球迷的狂歡和吼叫，完全掩蓋了他們的聲音，我只看到他們的嘴唇上下擺動、感受到他們的手輕拍我的肩膀。下場之後有兩個小時，我都躲在球員休息室自己的置物櫃旁邊，聽著外面太空人不斷得分，主場球迷的歡呼似乎不曾間斷。

被心魔擊潰的我，一手拿著啤酒，癱坐在拉魯薩辦公室的地上。再過不久，球隊就要開放記者進球員休息室採訪了，但在那之前我得先跟拉魯薩聊過才行。我拭去臉上的淚水，可是它們怎麼擦就是止不住。

「你還好嗎？」拉魯薩問。

「我沒辦法再這樣下去了。」這是我第一次對他這麼說：「你得把我下放到小聯盟。我的手臂快要爆了，不知道投出去的速球會往哪跑，也不能一直只投曲球。我現在這樣投實在太丟臉，得下去小聯盟把自己修好才行。」

「聽我說，」拉魯薩說：「你應該沒事吧？」

「我沒事。只是需要先暫時離開這裡（大聯盟）。」

「你先回家。」他說：「回家之後想一想，明天早上再告訴我你的感受。」

「好，先這樣。」我回他。

家指的是位在休士頓的飯店房間。我獨自一人，躺在特大雙人床上，開著電視，腦袋裡嘗試

108　投手責任失分又稱為「自責分」，係指投手應負責的失分，要決定自責分必須考慮下列二點：決定自責分時，必須扣除一局中所有的失誤（含捕手之妨礙）及捕逸；在考慮若野手不失誤某此跑壘員是否能上壘時，若有任何疑慮，應作成對投手有利之解釋。（摘編自《台灣棒球維基館》）

109　太空人隊主場，現在名為美粒果球場（Minute Maid Park）。

接納新的現實。床旁邊有一台電話，是我跟多夫曼溝通的橋樑。

「你認為這一切發生的原因是什麼？」多夫曼問。

「哈維，我不在乎為什麼。」我回答：「我只想趕緊把自己修好。給我具體的方法和療程，讓我一步一步遵循，我可以做到的。」

「記著，無論如何，都不是你的錯。」多夫曼說。

多夫曼常常對我這麼說。當他發現我徹底崩潰，或非常沮喪時，就會把談話內容從棒球導向現實人生。當時我獨自待在飯店房間內，對我來說其實是一件好事，因為如果見到朋友，就會想起自己在球場上有多麼失敗。不過我知道多夫曼不喜歡我太自閉，畢竟我倆的目標有點不一樣，我想要盡量挽回職棒生涯，而多夫曼則是盡力要把我的人生導正。

「我知道，我知道。」我回答。

「那你接下來會怎麼做？」

「這我就不知道了。」

我通常會在打擊練習開始之前、傍晚的時段打電話給多夫曼，因為我知道他習慣在那時候喝一小杯波旁威士忌，等到他喝完，就代表他那天的工作即將結束，也比較放鬆。

「你在喝你的威士忌嗎？」

「當然，這你很清楚。」

「昨晚那比賽有點慘……」

「喔，我有看到，不要對自己太苛刻了。」

「好了，哈維，你好好享受你的威士忌吧。」

「哈哈，謝了，我感覺不錯。嘿，對了……」

「我知道，我知道，那並不是我的錯。」

從一開始，我就覺得自己一定要克服心魔；不管遇到什麼情況、使用什麼方法，我都告訴自己不要放棄、永不放棄。喝酒這招沒用了，就嘗試其他手段。但是當「其他手段」也起不了作用時，我漸漸沒了想法，對抗心魔的信心因此受挫。那整個晚上我都沒有睡，腦子一直運轉，這樣剛好解決了做噩夢的問題。我問自己：**所以，接下來該怎麼辦？你要放棄了嗎？如果放棄了，有可能再回到球場上嗎？你真的要選擇投降？**

不，我不要投降。你給我好好振作起來，明天再回到球場，跑階梯、看投球影片，做那些會讓投手變強的事情。你一定會挺過這一切的。

「嘿，」隔天，我在拉魯薩的辦公室門口說：「你說的沒錯。我現在不想下小聯盟，我要再試試看。」

拉魯薩點點頭。

「很好。」他說。

後來我又在大聯盟投了三場先發，一共十一局投球，被打了十四支安打、送出十二次保送，防禦率高達八點一八。我的身手沒有回歸，反倒變得更糟。球團終於決定把我下放小聯盟，希望我能修好自己。能暫時離開大聯盟，我鬆了一口氣，但下一次我回到職棒最高層級時，已經是三年多之後的事情了。

第十七章　踏上重建之路

位在田納西州的強森市（Johnson City），人口六萬。霍華強森球場（Howard Johnson Field），可容納觀眾人數三千八百人。這是紅雀隊新人聯盟球隊的所在地。

一個行李箱。一個圓筒包。一些書。一個嚴重的球涯危機。我把這些東西都帶到了位在春溪路（Springbrook Drive）上的假日酒店（Holiday Inn）客房內。旅館距離我之後要站上的新投手丘，只需六分鐘車程。

被下放小聯盟前，教練們給我的指示大概是：「好了，安基爾，下去把這問題搞定吧。」

「我會回來的。」我回答。這不是什麼空洞的宣言，我非常認真。

重建之路的第一步是先到位在曼菲斯的三A球隊，我投了三場先發，成績如下：四又三分之一局、被打三支安打、投出十七次保送、十二次暴投、防禦率二十點七七。在我抓到那十三個出局數前，真的發生了很多事情。

徹底崩壞的過程中，我曾用保送把壘包填滿，然後再投出暴投，站在投手丘上眼睜睜看著三壘跑者回本壘得分。投手在那個情況下應該要補位本壘、準備接球，但我沒有那麼做。我不是因為沮喪洩氣而選擇不那麼做，而是真的忘了。就這樣，我站在投手丘上，雙腳像是灌了水泥定在那裡，血液從腦中流出，手掌感受不到球，基本上就是完全的恐慌發作加信心崩潰，等到我回過神來，二壘上的跑者也已經溜回來得分了。我沒有在耍大牌，不可能有意這麼對待隊友，也完全沒有不尊重比賽的意思。可能就是我真的疲乏了，不想再看到自己的球亂跑。

那場比賽我投得不長，下場之後，總教練走過來對我說：「我知道你現在並不好過，也知道你很沮喪，但你在場上還是得把該做的事情做到。」

「收到。」我說。

「你沒補位本壘這件事，我得罰你一百元。」他說。

已經幾乎被心魔生吞活剝的我，抬頭看他，驚訝著這人怎麼那麼沒有同情心。但棒球就是如此，不會為了我而停下來，也不會因為我陷入困境就變簡單。棒球要求紀律和秩序，把罰款付一付，就讓這件事過去吧。這點我內心其實很清楚。

「好啦，該怎樣就怎樣吧。」我回答。

比起付罰款更重要的是，我不僅在大聯盟投不出好球，降到小聯盟控球也還是一場糊塗。心魔的力量愈來愈大，愈來愈勢不可擋。

球團問我需不需要回家一趟，徹底脫離棒球，放空一陣子。波拉斯和我針對這件事談了很久，我也有跟多夫曼聊過。我告訴他們我不會逃避。畢竟，就算我選擇逃避，是能逃去哪？待在匹爾斯堡，過著沒有棒球的生活？那種生活我經歷過了，不可能再回到那狀態。我真正需要的是繼續投球、繼續嘗試，繼續投身在所熱愛的運動賽事中。儘管不確定這個賽事還需不需要我，而且我也在該補位本壘時沒去補位，但我仍然想試著去挽回。

能不能把我下放？我問。

他們說，你已經被下放了啊。

層級再低一些，我說。

我的想法是，先找回享受棒球樂趣的感覺，尋回打球時發自內心的快樂、發自內心的大笑，排除那些鎂光燈、各式各樣的壓力，以及球沒投好可能造成的嚴重後果。這就像是按下重啟鍵，但其實我從來沒有去新人聯盟投過球，所以技術上來說，我是從更低的層級重新起步。反正就兩個選項，去新人聯盟或回家，而我選擇了前者。

夏天要到了，空氣變得溫暖潮濕，典型的田納西州氣候。我所在的地方依山傍水，有清澈的河流可以釣魚、有好的音樂酒吧可以喝酒、有和善的人們可以交際聊天。假日酒店不算是五星級大飯店，差了一點，但內部環境夠舒適乾爽，住起來挺舒適。

就年紀來講，我在新人聯盟球隊的球員休息室內一點都不突兀，那裡很多人的年齡都跟我差不多。我臉上掛著笑容走進休息室，看起來很融入其中，但內心還是感到有點難堪。六個月前，休息室裡其他人都看到了我的崛起和殞落：看著我從輕鬆解決大聯盟打者，看似已經完全把小聯盟拋諸腦後，到參與紅雀球團整個賽季最重要的比賽之一，而且還擔任先發投手，最終卻以完全失控收場。這些新人聯盟的球員，絕大多數上不到大聯盟，更別提什麼季後賽了。但我與眾不同，雖然年紀跟他們差不多，卻已經見識過大聯盟季後賽的大場面，也在那個賽場上重重跌了一跤，起來之後連自己都快認不得。在聖路易的街道上，我能感知到球迷的鄙視、憐憫、怒火等各種情緒，那也就算了，現在到新人聯盟球員休息室，站在置物櫃前方，你知道旁邊的人心裡正在想：「這位大哥，你可行行好，別把那一身晦氣和衰運傳給我。」那又是另一種五味雜陳的感受。

這是在田納西州的新人聯盟球隊，陣中有一些年僅十八歲的小鮮肉，而其中之一的名字叫作莫里納（Yadier Molina，後來成為紅雀隊大聯盟的知名捕手，未來可望入選名人堂）。後來成為大聯盟的選手，大概就只有莫里納和其他一、兩個人，而整支球隊裡唯一有過大聯盟經驗的，就只有我。

計畫很簡單，來到這個地方，等於拿掉了最上層看臺、第二層看臺、電視轉播攝影機、記者媒體、會出現大報上的比數結果，回到最純粹的投打對決。就算現場有觀眾進場也沒關係，反正他們人數不多，也不重要，因為他們不怎麼在意球隊的戰績。這座球場、這支球隊存在的目的，是為了讓球員名單上的人成長茁壯、精進球技、學會解讀比賽、習慣離家的獨立生活、自主控制好收支平衡、存好足夠的錢讓自己月底有飯吃、獲得足夠的自律好讓自己不因為喝太多而出洋相；有些人甚至還要在這過程中學習說英文，以及美國的文化。至於我呢？在來到這座小鎮、這座球場、這支球隊之前，我根本連它們的名字都沒聽過，但它們對現在的我來說，就是天堂。來到這裡發生的第一件事就是，我遇到了當地的選美冠軍，開始跟她交往，我們相處愉快。第二件事是，球隊給我一套球衣和一個預定要投球的日期，為此我竟然感到興奮，忘記了兩個禮拜前，我還需要大量酒精才能說服自己走上投手丘的窘境。

在這裡，就算我把球暴投到了本壘板後方，那又如何？那個叫莫里納的年輕人會去撿，我等他。壘上有跑者也沒關係，反正就算他多前進一個壘包，我只要三振下一名打者就好。

計畫奏效了。放鬆打球的我，投得很好，重新找回帶著信心打球的感覺。雖然這只是新人聯盟，我面對的打者都只是剛離開高中不久的年輕人，但能夠再次享受比賽，仍然是一件很棒的事情。畢竟，重新開始總是要有一個起點。

此外，教練團給我滿多打擊的機會，一個禮拜有兩天吧，選在我兩場先發中間原本就要練投的日子，讓我打指定打擊。這些安排和情境，讓我覺得就像回到在高中校隊打球。今天投球痛宰打者、明天打擊扛全壘打挫投手銳氣，每天在球場都笑得很開心。我在新人聯盟第一次擔任指定打擊的比賽，就揮出單場雙響砲，實實在在感受到青春能量注入體內的感覺。

多夫曼教了我一個技巧，或者是說一個遊戲，迫使我在焦慮和恐慌感逐漸上升時轉移注意力，專心在非棒球的事情上。首先畫出一個十乘以十、總共有一百格的網格表，接著請隊友幫我在網格上隨意填寫一到一百的數字，然後我再從一百開始畫叉叉，從一百倒數一路畫到數字一為止。沒過多久，隊友們就會自動自發，每次都幫我畫好寫好兩三張數字網格紙，放在我的置物櫃裡。當這個數字遊戲感覺有點太簡單時，我會打開收音機，一邊聽節目一邊畫叉叉，提高成功轉移注意力的機會。不管投得好，還是投得壞，這些都是我平常得做的自我練習。

倒也不是說我來到新人聯盟之後，一切就都痊癒了。距離我上次對自己的職棒生涯充滿信心，已經過了八到九個月，現在的我還是得練習調節呼吸、還是要在先發前幾個小時找個安靜的地方讓自己冷靜，晚上睡覺也還是被噩夢困擾著。但同時，我可以不必在自己狀況不好的時候假裝沒事；我可以在兩場先發中間的日子過得自在一些，不必擔心前一場先發的結果，也不用畏懼下一場先發的到來。打擊練習讓我能清空腦袋裡的雜訊；從打者視角檢視比賽，衡量著怎麼破解眼前來自肯塔基州、加州、德州的年輕投手，回憶起高中時期天賦滿溢的我，學習怎麼駕馭自身能力的種種，然後再重棒出擊，這些經驗似乎都淨化了我。我能夠正常地吸氣、吐氣，擺脫了心魔逼使的急促呼吸。雖然我已經好幾年沒有這樣固定地上場打擊，但那些對投球沒什麼用的放鬆技巧，在打擊區上反而很有效，因而幫助到我的進攻；即便剛開始揮棒還有些生疏，但站在打擊區心跳很平穩、思緒很清明，可以保持專注力。我不再只是開啟生存模式而已，而是能夠真的去追求安打（當打者時）、追求勝投（當投手時）、追求好的表現和成績。站在球場上，一切看起來、聞起來、聽起來都又像是棒球了。

那年在新人聯盟每週打兩場指定打擊，整季下來累積一百零五個打數，我繳出二成八六打擊率、十轟、七支二壘安打的成績單。擔任先發投手，則是在八十七又三分之二局的投球中，送出多達一百五十八次三振，僅出現十八次保送和八顆暴投，防禦率是漂亮的二點〇五。沒錯，這只是新人聯盟，而我正常的實力確實遠超出此層級；但被降到新人聯盟的我，本就該繳出這樣的成績，任何有大聯盟實力的投手都應該宰制這些打者，要是再不能有好的表現，那下一步可真的就是要回老家匹爾斯堡吃自己了。差別只是，在來到新人聯盟前的幾個月，我的投球失去章法，而且每天都在想：**喔，不，投球日又快到了，該死的，不要啊，我不想投球啊……**，一心只想逃離棒球場；而現在在新人聯盟投得好，至少是個邁向正常的跡象。

到夏天尾聲，我甚至開始會期待「投球」這件事，幾乎跟我期待以指定打擊身份上場打擊一樣。球團把我降到新人聯盟的安排，只是暫時而非永久，本來的想法就是先讓我在相較之下壓力很小的低階層級重建信心，並給予足夠的時間。這計畫目前看來有發揮作用，球團則是認為我的情況已經好到，可以在球季尾聲離開強森市，去較高層級的小聯盟季後賽投球。

但他們的提議被我拒絕了。

我知道我不可能在強森市待一輩子。我周邊的人都在討論該怎麼做才能盡快升上去、離開強森市，朝大聯盟殿堂再邁進一步；但我的思維跟他們相反，我想要再待在這兒一陣子，認為還不到離開的時候。前一個冬天，我才因為棒球季最後幾顆失控的投球而困窘了一整個休賽季，在這個即將到來的冬天，我不想再重蹈覆轍。多夫曼正幫助我建立的情緒穩定基礎，尚未建置完成；這點我非常清楚，因為現在光提到充滿觀眾的大球場、季後賽的高張力，還是會瞬間激發那些折磨我多時的焦慮和恐慌感。

「我還沒準備好。」我直白地說，心裡想著：我好不容易在這裡取得的進展，值得拿去在一場小聯盟的季後賽做測試嗎？而且層級還只有……二A？

隨著賽季進行，有不少客隊來訪強森市跟我們對戰。當那些客隊的年輕球員——特別是打者——發現是我在投球時，我都會聽到他們彼此之間說一些對我來說不太中聽的話。

「嘿，我可以跟你借一下捕手護具嗎？」（暗指我控制不了球，很可能投出觸身球，因此他們需要額外保護。）

「各位，小心啦，現在場上投球的那位可不知道自己會把球投到哪喔。」

還有很多很多，族繁不及備載。

實際在場上，我會用三振好好教訓他們，一局通常可以送出兩次。我拿出的武器還不到巔峰等級，但對付他們綽綽有餘：九十一到九十二英里，不求飆速但求控球的優質速球，以及這些新人聯盟選手過去沒看過、未來可能也不會再見到的銷魂曲球。這些新人聯盟球員是為了他們的職業生涯拚戰，而我則是為了我的人生拚戰。我不會輕易讓任何人阻礙我的努力，投手教練想勸退我不行，一群新人聯盟的小夥子更不可能；紅雀球團急著想看到我回大聯盟賽場，我也不會讓他們得逞。

我要維持住現狀，繼續從一百倒數的分心練習、繼續嘗試把下一球轟出全壘打牆外、繼續把十八歲的年輕打者三振、繼續構築一個能令我感到驕傲的賽季。

紅雀隊非常不滿我的決定，但最後還是妥協，想出了一個折衷辦法，要我在九月份回到聖路易的大聯盟球隊待一個月，我不用投球、不用上場，他們甚至不會把我擺進球員名單。我單純就是去看比賽、跟大夥兒處在一起，在大聯盟的球員休息室和場邊休息區，延續我的修復之旅。我做到了，至少有這麼幾個月的時間，我不是那個完全找不到控球的失魂投手，也不是那個快要被焦慮和恐慌淹死的年輕人，而是一名不錯的投手、成功存活下來的球員。以僅僅一個夏天的時間來看，如此進展算是很足夠了。

我十分肯定自己在那年夏天的努力，回到聖路易之後開始放鬆，不過好像有點放得太鬆了。我暫時拋下了所有讓我能夠重新站上投手丘投球的心理練習，享受在聖路易不用投球的時光。那段時間不論在球場裡還是球場外，都有留下一些開心的回憶。

距離十月三號我發作的那天，快要屆滿一週年，有天晚上在自家公寓，我開始回想這一年多來的種種，發現巨大的壓力和我所選擇的各種改善方法，都使我一步步逼近危險境地。啤酒讓現實變得好過、贊安諾讓睡眠不再是苦難、一陣暴飲保證明天會變得開心一些。我做這些事不只是為了撐過日子而已，也是因為害怕去面對「我可能再也無法恢復發病前身手」的外界質疑與臆測。我才二十二歲而已，沒有人應該在二十二歲的年紀就去想這些事情；我當然也不願這麼想，所以選擇的手段就是逃避和忽略殘酷的現實。這杯啤酒先喝下去，甚麼煩惱跟質疑，就隨他去吧。

這些近一年來養成的習慣跟隨著我，很難不讓球團發現。紅雀軟性地建議我先回家，而我也同意了；於是在球季完全結束前，我把行囊整理好，開車回家。但就如同前面所提，這一年我不是沒有收穫，那些在小聯盟累積的投球局數確實存在、我投出那些局數的過程也頗為美好；最重要的是，我找回了「喜歡打球」的感覺，能夠享受在比賽裡面，我很確定自己從中吸收到了很多正面的養分。多夫曼和我有一整個冬天的時間，來為下個年度的春訓準備，對此我感到樂觀。雖然心魔的陰影、負面的思緒沒有完全消失，但現在我可以看見一些之前所見不到的希望曙光。回家之後，我要好好繼續努力。

好久不見家裡那堵我練投的磚牆了。

第十八章　撕裂

家裡那堵磚牆，對我來說不只是一堵牆而已：它能給我一些反饋，透露我擺臂角度和出手點是否穩定；此外，它還具備療癒效果。有些人想要靜下心來冥想，會找一個特定的地方，對我來說那地方就是我家的磚牆。人們會按照既定的活動和行程來安排時間表，例如去健身房運動、吃午餐、開會、釣魚、看球賽，而我的時間表則是只有「在牆前」跟「不在牆前」兩種類別。

從十月初到二月中，有長達四個半月的時間，我的人生都繞著那堵磚牆打轉，幾乎每天都到那兒報到。有時候花得時間較少，大概二十幾分鐘，但在大部分的日子，我都花好幾個小時在牆前練投；練著練著，一抬頭嚇到，發現太陽竟已西下，奇怪，前兩球投出去的時候，不是才下午三點嗎？我在牆前所花的時間長短，取決於前一天的訓練狀況、前一球的出手品質，還有那天早上驚醒之前，噩夢的猛烈程度。

我在牆前做的事情，其實是躲避危險，就像一艘輪船為了躲避敵人的潛艦，不斷以之字形移動，避免被圈入射程範圍內。我害怕擺脫不了壞習慣、好習慣又維持不了，對牆練投正是我對付這種恐懼的手段，日復一日、球復一球。那堵牆滿足了我對投球的執著、安定了我焦慮的情緒、緩解了對於這一切是否會徒勞無功的疑慮。即便如此，年僅二十二歲的我，仍會時不時地想，我現在做的這些事情真的能把人生導回正軌嗎？要是沒能成功，我接下來還能做甚麼呢？

棒球擊中磚牆的聲音，逐漸構成了一種節奏，而那節奏能減緩我的心跳。啪——嗒——啪——嗒——啪——嗒，伴隨著聲響，這節奏能安撫我，讓我可以深呼吸，一動一動把投球機制的每個動作都做好做確實，而非每次遇到令人不安、狀態並不穩定的動作環節時，就加快速度敷衍帶過。深呼吸，然後投球，深呼吸，然後投球。透過這樣的做法，希望能驅趕內心的負面想法，同時盡量讓陽光、微風、記憶裡那個在後院自得其樂的小男孩，盤踞思緒。

「好，今天我們來看看你有什麼能耐。」開始對牆投球前，我會先這麼自言自語，從球桶中拿出一顆球，展開變回「下一個科法斯」、「剛上大聯盟的安基爾」的自我修復過程。數個小時之後，我會逼自己躺在床上，即便體能上已經累壞了，但還是得壓抑自己站起來繼續投幾球的衝動。我得確認自己那天已經盡了最大努力去對抗心魔，否則很難善罷甘休。我總是想著：再投幾球，也許忽然就會好了。紅雀似乎開始重新相信我，我也找回了一些信心，所以就再多投幾球吧，我還可以做得更好。閉上眼睛，腦海裡面又出現了滿是觀眾的球場，記分板上雙方分數打平，我站在投手丘上手裡拿著球，所有人都好奇接下來會發生什麼事，等著看這個年輕投手能不能找回他該有的身手。想到這裡，我會把眼睛打開，掀開棉被，換上短褲，拿起手套，走到牆前。再來投個幾球吧。

等到二月中，也就是要重返春訓營報到的時刻，如此的訓練方式已經使我的左手肘呈現非常痠痛的狀態。

核磁共振造影檢查顯示，我的左手肘出現了部分的韌帶撕裂傷。我練得太超過了。

手肘韌帶撕裂傷有一些不同的治療復健方法，最常見的一種是手肘尺骨附屬韌帶重建手術（ulnar collateral ligament reconstruction surgery），也就是俗稱的湯米・約翰手術（Tommy John surgery）[110]。我想說就直接去動手術，長痛不如短痛，反正我到夏天才滿二十三歲，過一年之後也還不到二十五歲。帶著修復過後的手肘重返下個年度的春訓，重新啟動新的練投訓練菜單，或許可以就此壓制心魔。不過最根本的問題是，我的手肘真的滿痛的，我不想再這麼繼續痛下去，也無法再如此投球下去，更沒有足夠生理能量、心理能耐去帶傷投球。完全健康的情況下上場投球，對我來說都很不容易了，更何況是帶著手肘的疼痛。

---

110 湯米・約翰手術是一種將身上其他部位肌腱（通常為病人的前臂、大腿後方、腳部）移植到手肘尺屬破損之韌帶的手術，又稱為韌帶重建手術，因美國大聯盟投手湯米・約翰為接受此項手術第一人而得名，也使執刀醫師喬布（Frank Jobe）聲名大噪。（摘編自《台灣棒球維基館》）

紅雀球團在跟隊醫、外部的專業醫生、波拉斯、還有我商量過之後，選擇了另一種療法——休息。一年份的休息。他們對我說，回家吧，不要投球，我們十二月再見。這代表一整個夏天都沒了。

我不喜歡這個決定，甚至可以說是抗拒。我的想法是，東西壞了就應該去修；現在我的手臂是壞的，所以不該什麼都不做。要是我選擇休息，就可能會發生最壞的情況：花了一年讓手肘休息，結果隔年冬天恢復訓練時，手肘還是沒有好，又遇到一樣的問題。等到那時，就絕對沒有轉圜餘地，一定要去動手術，這樣一來我便會失去兩年的時間，而這兩年都是我運動生涯的精華年份。換句話說，選擇休息，在最壞的情況下，我距離找回昔日的身手，又會再被拖延兩年，而我在前一年夏天所做的努力、獲得的成果，都將付諸流水。

不過球隊的指令下來，還是要我回家休息，不要投球。我乖乖聽話，回了家，不投球，藉由釣魚殺時間。實在不知道幹嘛，就再去多釣幾次。有時候，我會看電視上的棒球轉播，心想著以後還能不能回到那個舞台。偶爾，在沁涼的傍晚，我會走到練投的牆前，可能是出於好奇心，也可能是出於無聊，輕輕拋個幾球，腦子裡思量著自己的未來。

那年夏天凱爾去世了，年僅三十三歲。他被發現時，人倒臥在芝加哥的旅館房間內，距離他應該要現身在球場的時間點，已經過了數個小時，死因是動脈阻塞。紅雀在主場為凱爾舉辦了悼念儀式，我跟一群前隊友、未來的隊友、數萬名陌生人球迷坐在一起，心裡想到凱爾的妻小、我的同年玩伴丹尼斯、在奧蘭多被槍殺的哈里斯，總覺得這一切都太沒道理了。凱爾對我真的非常好，而且是不帶條件地善待我，那個時候我心裡最想要發生的事情之一，就是再當一次凱爾的隊友、再當一次他的朋友，不過這些心願都無法完成了。帶著碎裂的心，我回到家，繼續休息，等待手臂復原、等著再朝著挽救球涯的目標邁進。

就這樣過了九個月的日子，但手肘還是在痛。

二〇〇三年七月，也就是球隊要我休息之後的隔一年夏天，我在過二十四歲生日之前，飛到洛杉磯。

「去他的，我受夠這一切了。」我告訴多夫曼：「也許我的職棒生涯已經完了。」

那不是我第一次對他說這種喪氣話，但可能是第一次我在說完、掛完電話，內心還繼續抱持著放棄的想法。過了這麼久，我依然擺脫不了心魔的糾纏，有在場上投球時成績還是一樣爛，手肘的痛感則是令我生無可戀，而球團似乎也開始失去對我的耐心和興趣。在疼痛、沮喪、一場又一場失敗的投球之間，我實在看不到這段黑暗隧道的盡頭、看不到任何改善的可能；甚至可以說，我的職棒生涯不斷在走下坡。我花了很長一段時間專注在調整自己的心理，從精神層次去對抗心魔，但現在我的生理承受不了了，身體開始崩解受傷。我不確定心理難關還沒克服、身體又受傷的我，究竟還剩下什麼。

「那就停下來吧。」多夫曼說：「寫本書或許是你的一個出路。賺一點錢，然後就此告別棒球。安基爾，天無絕人之路，總有其他選項可以試試看。」

多夫曼說這句話的方式，好像是已經準備許久，似乎預期到我承受不了挫折和壓力的那天終究會到來，所以先預備好能夠給我的建議。當時的我，即便坐在電視機前方的沙發上，也無法把一顆棒球丟中電視，因為力氣不夠、準度沒有。

「唉，我也不知道。」雖然有放棄的念頭，但我可能還沒做好真的拋下一切的心理準備：「我們明天再聊，好嗎？」

那年夏天，我在主場位於田納西州諾克斯維爾（Knoxville）的二A球隊，投了五十四局送出四十九次保送，防禦率接近七。從二月起，我開始買波考賽特（Percocet）[111]止痛藥，每次服用都是好幾顆，以緩解我左手肘的疼痛。除了我以外，大家似乎都認為我的肘傷並不嚴重，說是我自己想太多，告訴我這種痛感算是正常。球團把球交到我手中，要我繼續投球，而我也照做；但心魔加上手肘的疼痛，使我那年二十場的出賽，每次都像在挑戰自我忍痛的極限、還有理智線的韌性。到了六月，我幾乎已經沒辦法用左手梳頭、轉動門把開門。球團為我安排的計畫可說是徹底失敗，而這也是我來到洛杉磯的原因。尤坎（Lewis Yocum）醫師正在把我右手腕的韌帶，移植到我的左手肘內，試圖重建出健康的手肘。

動完湯米．約翰手術後，我躺在病床上想著接下來我該幹嘛，因為我又得復健一年、沒辦法投球。等到我再回到投手丘上，就已經滿二十五歲了，距離當初那次讓一切夢魘展開的投球，過了整整四年；這四年來，我都經歷了些甚麼呢？無數失眠的夜晚、在大聯盟繳出超過七的防禦率、在新人聯盟投出宰制級的數據、右手腕和左手肘都多了一道開刀疤痕。出院時，尤坎醫師給了我一個資料夾，裡面是接下來一年的復健手冊，從洗澡前該如何包紮隔離傷口、避免碰水，到如何建構手肘至能負荷單場先發投滿九十球的程度，過程中的步驟和進程全都有記載，並列出了許多詳細的注意事項。

湯米·約翰手術的復健，基本上就是在重新學習投球。這樣想，就感覺沒那麼糟，而這也是我重新學習過生活的機會。從頭開始，一步一步來，一磚一瓦地建構。這大概就像是我們大掃除的時候，把衣櫃裡所有衣物全部都先倒出來，然後從頭把每件T恤、每件襯衫一一摺好，把每雙襪子左右配對好，最後一件件擺好疊好，放入衣櫃，完成徹底的整理。此外，我也戒酒了，這點對一路走來惠我良多的多夫曼來說，是非常重要的進展。這幾年多夫曼看著我不管心情低落需要排解、還是狀況正好想要慶祝，都得灌進一堆酒精（心情低落時，還可能會配合藥物來麻痺自己），他一直希望我能擺脫對酒的倚賴。

「如果你想要真正戰勝心魔，就得停止酗酒。」這句話他不知跟我說了多少遍。

戒酒的過程並不容易。起初我只能在心魔暫停攻勢時，才避開酒精；畢竟，是心魔自己先來

111 一種嗎啡類止痛藥。

挑釁我的，喝酒是一種自我防禦機制，別人都已經打進來了，我用自己的方式自衛應該再正常不過了吧？大部分的夜晚，我都敗給心魔，只能妥協、只能仰賴酒精的麻痺效果；然而，我沒有放棄，繼續撐在那兒、繼續苦戰。我有練投的牆壁、我有耐操的韌性、我有激勵心靈的書籍、我有跟我站在同一陣營的多夫曼，是他們告訴我一切還有希望。另外，「忘記」也是我一種應對的手段，就算它能持續的時間不長，只有幾個小時，但也不失為一個辦法。

所以到底什麼才是真的？對我來說，忘卻痛苦的那三個小時之外，全都非常真實。在那剩下的二十一小時裡，所經歷到的痛苦、磨難、恐懼，或者是進步（投出一顆帶有卡特球尾勁的速球，凍結住打擊區內的右打者，讓他站著不動遭到三振，結束那個半局），都是真的。大多數時候，那些經歷會太過真實，帶來過度的衝擊；而身陷其中的我，則是保持著一貫的態度，繼續對抗心魔。

我在前一晚大口飲下的酒精，無論是啤酒還是伏特加，都會餵養隔一天的焦慮感，讓它更加壯大。緊繃堅守心魔二十一小時，然後再藉由「忘記」來獲得放鬆與紓解，如此地來回交替，整體而言並沒有太大的正面效應，因為防守心魔的那二十一小時，所耗費的心理和生理成本太大，讓我在需要認真面對實際挑戰時，仍顯得脆弱、容易被擊倒。我還是很害怕大場面、緊張的情境；站在投手丘，望向觀眾席，我沒辦法不去注意那些戴著美式足球安全帽、嘲笑我無法控制球去向的觀眾，我沒辦法不受他們的影響。我知道有一個版本的我，能夠無視周遭的環境，自在地把球投進好球帶，而這一切苦難的終點，就是我找到那個版本的自己。至於如何找到？多夫曼常常對我說，就先假裝自己已經達到了那個版本、當初最純粹的自己。跟心魔硬碰硬對抗這麼多年，時間已經教導我，這趟抗魔旅程的最終解答，必須是在完全不使用任何逃避手段的情況下，還能夠面對壓力與挑戰。沒有藥物、沒有酒精，排除所有逃避的方法。呃，也許不那麼極端，偶爾還是可以喝幾杯啤酒，作為休閒用途。但總而言之，多夫曼想強調的重點是，我必須去感受痛苦才能治癒痛苦；唯有這麼做，我才能具備足夠的理智和判斷力，去面對、克服接下來的難關；或者是，與心魔和平共存。

動完湯米．約翰手術的十三個月後，也是距離二〇〇〇年十月三號的第一千三百九十九天，我站在羅傑．迪恩球場（Roger Dean Stadium）的投手丘上。這座球場座落於佛羅里達的朱庇特，前一天下了整天的雨，這天比賽雨已經停了，在球場燈光照耀下，一切似乎都變得比平常更閃耀、更乾淨。我能吸到新鮮的氣息，感覺前幾天、甚至是前幾年的回憶和歲月，都已經被完全洗刷掉。

我知道這次復出有可能是我最後的機會。或許紅雀之後還會願意留著我，看我能撐多久；假如他們放棄我，也許還有其他球隊願意再讓我試試看。但現在的我之所以繼續上場投球，與其說是為了爭取球隊的目光、上場的機會，不如說是在不斷地嘗試，看自己是否已恢復正常、是否能夠贏球、是否已經擊敗心魔、是否可以迎接更多未來的挑戰。來現場的球探其實可以把測速槍跟做筆記的紙筆收起來，不用浪費時間在我身上，因為我不是為了他們而投；我是為了自己而投、為了多夫曼而投、為了真理而投、為了證明心魔無法擊倒我而投、為了激怒心魔而投。

在那次出賽之前的兩年間，我幾乎沒什麼實戰投球，就算有實戰投球，也都是帶著手肘痛感所投出來的。湯米·約翰手術的復健非常艱苦，縱使生理上我恢復到可以投球的狀態，但心理上的問題卻依然存在。從術後第一次拿著一顆真的棒球，練習投擲二十呎的距離，我就意識到，或許手術是成功的、我的手肘能夠恢復健康，但心魔沒有消失，它仍然健在。我回到呼吸練習，盡所能地管控焦慮感，即便只是非常簡單的二十呎丟球，也得這麼做。我會打開電視看棒球轉播，研究畫面上的投手，看看有沒有什麼解方，能拯救我的投球動作和出手機制。一整年的復健時間，我翻閱著尤坎醫師給我的資料夾，每完成一頁的功課就往下一頁邁進，在這樣一小步一小步不斷累積之下，逐漸達到目標，手肘跟肩膀愈來愈強壯，恢復到可以使勁投球的程度。

做完尤坎醫師資料夾的每個步驟，我也回到了棒球場上，那天是二〇〇四年的八月二號，週一夜晚，我所面對的首名打者，是大都會高階一A的外野手米萊吉（Lastings Milledge）。我對他所投的第一球是壞球，第四球被掃向中右外野，形成一支三壘安打。

「我還很年輕，但有時候卻不這麼覺得。」前一天美聯社記者訪問我時，我這麼對他說：「我有時候會覺得自己沒有時間了，可是事實上我還有一點餘裕。」

我繼續投球、繼續保持穩定的呼吸。我完成兩局投球，沒有保送任何打者，三振了三個人，後兩個被我的曲球騙到。感恩曲球，讚歎曲球。

「他今天的曲球超犀利。」其中一名大都會高階一A的打者後來說道：「球出手時，你可以很清楚聽到手指跟球表面摩擦的聲音，就知道他的扣球多麼有勁道。」

其實那也有可能是用力之下，術後癒傷組織所發出的聲音。

那天我投了三十三球，其中二十球是好球。五天之後，我又投了一場一A的先發，再隔五天，再投一場。這兩場先發我的好球率都保持得很不錯。緊接著兩場二A的先發，我一共投九局，只送出兩次保送。八月底，我被拉上三A，在一個週日午後替曼菲斯紅鳥先發，那場比賽在位於奧克拉荷馬市的西南貝爾磚瓦鎮球場（Southwestern Bell Bricktown Park）進行。三年半前，我也曾在這座球場出賽，當時我才剛放棄邊喝酒邊投球、央求著球隊繼續把我下放更低層級，結果上場投三局就送出六次保送、四顆暴投，格外慘烈；當天觀眾席上，我記得有不少球迷戴著美式足球安全帽，就為了揶揄我。

每一座球場都可能是獨特的考驗，考驗我是否會因為過去在該場地的失敗和已經被埋藏的不好回憶，而喚起不願面對的焦慮恐慌感。遇到如此困境，我的解方是從一百倒數，過程中調節呼吸、穩定情緒。此次在西南貝爾磚瓦鎮球場出賽，許多外在條件沒有改變，但我對於焦慮恐慌浮現的危機處理能力，比過去好很多，我能透過各種手段，使自己分心，不執著於追逐崇高的目標，也避免迅速在場上崩潰。這種平衡不易維持、很耗費力氣，不過我的努力沒有白費：我主投六局，三振六名對方打者，沒有投出任何保送。

憑藉著大約九十英里的速球（我不敢投太用力，因為那樣反而會影響控球）、最得我歡心的曲球、一顆正在開發的變速球，我在手肘韌帶傷勢復原後的六場小聯盟復健先發，累積了二十三又三分之二局投球，K掉多達二十三名打者、僅投出兩次保送，總共只掉兩分自責分。八月底，非常接近紅雀隊做出九月擴編[112]決定的時間點，我在復健賽的好表現，吸引到了球團的目光。

歷經三年半的波折，我再次把自己投上了大聯盟。

112　當時大聯盟例行賽到九月份，正式出賽球員名單會從二十五人擴編到四十人，各隊都會藉此機會叫上小聯盟的可用之兵來支援大聯盟陣容。

第十九章 再一次踏上投手丘

到最後，雖然我沒有完全恢復到發病前的狀態，但至少能回到大聯盟投球，投到我覺得自己是個投手的程度。

比賽日當天，我腦子裡仍然會想著即將到來的賽事，感到不安，心臟時快時慢地跳動著，直到開賽前一小時，那段很安靜也沒有什麼事情可做的時間，默默盯著牆上的時鐘等待，焦慮和恐慌才會漸漸趨緩下來。雖然心魔仍在，但我已經變得很擅長把負面思緒暫時阻擋在外，提前在內心防線堆起沙包，避免掉過去感覺終究會發生的恐慌洪患，再透過一百倒數、呼吸練習，每數一個數字就做一次深呼吸，減緩心跳的速度。到這個階段，我通常不用數到七十五或八十，就能夠讓身心靈回到自我能夠掌控的狀態。夜晚的噩夢依舊猖狂，但我有「閱讀」這個手段去安撫它們，清晨看場電影或做做運動，也能讓噩夢對我的影響減到最低。

二〇〇一年春天以來，我歷經了一百零一又三分之二局的小聯盟投球、無數次停機和開機、大把的淚水、跟多夫曼上千次的談話、數百萬顆練投（真的投出去的，加上腦內想像的）、一次湯米・約翰手術，終於在二〇〇四年九月七日回到大聯盟賽場。那天下午，我步出下榻飯店大門，過馬路走到對面的聖地牙哥教士隊主場——沛可球場（Petco Park），準備迎接比賽。紅雀隊的先發投手是蘇潘（Jeff Suppan），而我則是在牛棚待命，教練團的想法是，如果有那種張力相對較小的情境，再安排我上場。不過對於「張力相對較小」的定義，我跟教練的尺度應該不太一樣。

我既不是那個發病前的安基爾，也不是前幾年被心魔糾纏、跌倒最低谷的安基爾。過去那隻讓我從聖露西港高中劇升上大聯盟的勁爆左臂，已不復存在；但我現在也不會像之前易普症最嚴重時，每跨一步、每擺一次臂都會自我懷疑。走進沛可球場時，我自認是倖存者，雖然還不到百分之百信任自己的程度，但有足夠的信心能在大聯盟球場上把球控制好。我會運用心理技巧穩住心跳；看著捕手手套，相信自己能把球投到手套附近；有辦法完成至少一局投球，讓隊友們離勝利又少三個出局數。

我的速球跟過去並不一樣，而這是刻意為之的結果。現在的速球球速大概只有八十九到九十英里，但穩定性較高，因為我沒有用全力投，如果全力投，速度最快應該還是有九十五英里。要是我接下來還能在大聯盟生存，關鍵不會在球速，而是自我控制。我得控制好心理，心跳和情緒才能穩定；我得控制好力道和出手，才能把球投在可以接受的進壘點。這樣就夠了。不管我的出賽情境在別人眼裡有多麼不重要，但對我來說，每次出賽都是我職業生涯一息尚存的證明。我想做到的就是存活下來。

沛可球場當時非常新，誕生還不滿一年，某種程度上跟我很像，因為一部分的我才剛經歷完重生，也很新。此時的我，沒有徹底擺脫恐懼，但已經變得沒那麼害怕。從下車、走過停車場、經過保全，到通過球場大廳、走進球員休息室、找到自己的置物櫃、取下掛在裡面的制服，整個過程我都踏著堅定的步伐、心跳也沒有因焦慮而失控。沒錯，我不再是那個覺得自己所向披靡的二十一歲小夥子了，現在的我已經二十五歲；就算沒那麼年輕，我還是對那天抱持希望，為自己終於走到那一步感到驕傲，期許自己能夠成為嶄新的投手，心智更強壯、內心更善良。

還是必須老實說，這一路走來真的夠累人的，可是我還是辦到了，跟著其他在九月名單擴編之下升上大聯盟的投手，來到紅雀的陣容當中。好久沒回來了，上次我出現在紅雀的大聯盟名單，眼裡還噙著淚水，請求球隊把我送到小聯盟暫時避避風頭。

那天是一個週二夜晚，九月份的聖地牙哥，天氣已經轉涼。二〇〇四年的紅雀隊戰力壯盛，整個例行賽拿下一百零五勝，挺進季後賽後在第一輪擊敗洛杉磯道奇，緊接著在國聯冠軍賽打敗太空人，晉級世界大賽；儘管在世界大賽慘遭紅襪隊橫掃，但無損那季紅雀隊陣容堅強的事實：擁有三位在年度最有價值球員票選榜上有名的野手——普侯斯（Albert Pujols）、羅倫（Scott Rolen）、艾德蒙斯；四位十五勝級的先發投手——蘇潘、卡本特（Chris Carpenter）、馬奇斯

（Jason Marquis）、莫里斯[113]，以及單季收下四十七次救援成功的終結者伊思林豪森。將近三個球季沒有在大聯盟出賽、球速降了幾英里的我，也對那年的紅雀有所貢獻，雖然只是在九月份投了十個意義不大、沒有其他人會記得的局數，但我自己可是永遠不會忘記那十局的投球。

先發的蘇潘投完前五局，牛棚裡的電話響了。「安基爾。」聽到自己的名字被叫到，我脫下夾克，拿著手套到熱身的投手丘，開始活動身體。當時紅雀以四比二領先，教練安排我投第六局。就這樣，在我完成大聯盟初登板的五年後、在季後賽對勇士投球的四年後、中間經歷看似永無止境的苦難，我終於再次踏上大聯盟球場的外野草坪，踩著輕鬆的步伐，跑向投手丘。站在投手丘中央，踏了踏投手板，眼神望向對面，本壘板後方準備要接我球的捕手，不是別人，就是馬西尼。我心想：真有趣，馬西尼沒能接捕我對勇士的那場比賽，過了這些年，他沒有再錯過我重返大聯盟的第一次投球。

首先上場的教士打者是奈迪（Xavier Nady），他是我的老朋友，我們處得還不錯。我深吐一口氣，定睛看馬西尼打了什麼暗號。他要我投一顆速球。好，沒問題，右腳開始往後……

一好球。

好喔，第一球投進去了。

兩好球。

奈迪最後打成了穿越中間防區的滾地安打。我看著站上一壘的他，咧嘴苦笑，用眼神告訴他：謝啦，老兄，用安打給我當見面禮。但被打者打出安打其實不是壞事，因為在這第一打席我已經證明自己能穩定投出好球。這局接下來我的控球保持水準，速球搭配曲球，好球一顆顆接著來。總計我用十五球投完這一局，其中十二球是好球，沒有失分，完成我的中繼任務，而紅雀最終也以四比二擊敗教士，拿下勝利。此次的投球內容，比我過去幾年絕大多數的登板，都還要好上太多了。

五天之後，紅雀作客洛杉磯道奇，我又上場投球，接替先發投手卡本特，投一局。那次我用十九球完成任務，其中十四球是好球。所以到目前為止，兩局投球，沒有失分、沒有保送。當恐慌發作時，它沒有癱瘓我；雖然擋住心魔的干預要花力氣和時間，但至少我沒有瞬間在場上崩潰。不過在球場下，日子依然過得不輕鬆，每天晚上噩夢準時報到，修復噩夢帶來的精神損傷，需要耗費不小的能量，可以說比上場投球還要累。另外，投球角色的不同，也帶給我不同的挑戰。過去當先發投手時，我的備戰是以每五天為單位，因為每五天才要登板一次。但現在作為牛棚投手，情況就稍微複雜一點，我不是每天都要上場，但出賽肯定變得較為頻繁，且上場時機點很不固定，牛棚電話響、叫到我，我就得上場。這樣一來，我在投手丘上做呼吸練習、一百倒數的機會，就變多了。

投完在洛杉磯的中繼後，相隔一週，我在湧入超過四萬名觀眾的主場布許球場，登板中繼，投了兩個沒有失分的半局，累積十九個好球、十一個壞球。我三振掉我所面對的前三名響尾蛇打者，然後才投出這次重返大聯盟後的第一個保送。不過那沒有影響到我，因為我對下一名打者又投出三振。

這些投球結果很重要，我在十二天內總共累積四局投球，防禦率是完美的〇，附帶五次三振、一次保送。第四場出賽，我在科羅拉多落磯主場被打得頗慘（兩局被打六支安打，掉五分；不過在落磯主場投手被打爆，不是甚麼新鮮事），但在該季最後一場出賽，我投得還不錯，於主場面對釀酒人投了四局只掉一分的內容。那年紅雀隊打進季後賽，準備展開十月棒球，不過我沒有要跟著他們打季後賽，而是為了冬天赴波多黎各打冬季聯盟先做準備。去投冬季聯盟，目的是讓自己有機會在二〇〇五年負荷整個球季的投球量。

那球季給我的最大啟示是，我能夠控制自己，使自己達到可以投球、不被焦慮恐慌擊倒的狀態。要做到這件事當然很不容易，更精確來說，是一種負擔。為了使自己能在三個小時的棒球賽保持專注，維持在能上場投球的心境，其他二十一小時我幾乎都得密切管控自己，代表不太能跟隊友打鬧聊天、沒有時間和心力去過球場以外的人生。如果不這麼做，我便無法在晚上七點、或是當牛棚電話響起的任何時刻，進入準備比賽的狀態；唯有日日夜夜如履薄冰、小心控管自身的情緒和心理，我才能保持作為職業投手的生活。

從二〇〇一年五月十日，到二〇〇四年九月七日，相隔超過三年的時間，我才好不容易重返大聯盟賽場投球。這段期間我每天都在做自我修復，不斷地在「尋找解答」、「失敗」、「療傷」中循環，思考著我到底是誰、未來又會成為甚麼樣子。我在這過程中學到的是，只要我夠想要、只要我願意犧牲人生的所有其他部分，就還是能當一名職業投手；我投出來的內容不一定很優質，但至少能上場。不過對我而言更重要的是，能成功壓抑住內在的心魔，讓自己續創價值。

從一開始心魔來敲門，我就沒有要認輸的意思，極力地掙扎反抗。二〇〇四年九月我重返大聯盟所代表的意義，就是我不遺餘力對抗易普症的成果。我能夠再穿上大聯盟制服、站上大聯盟投手丘、解決大聯盟打者、勇敢面對設有第二和第三層觀眾席的大球場、無懼多台電視攝影機、接受記者的檢視和輿論的討論，這些都是我努力過後的成績。縱然我還沒有真的完全戰勝心魔，可是至少回到了大聯盟舞台。

我以前常常這麼描述投球對我的感覺：有個男孩曾伸手想要摸狗，結果卻被咬了一口，從此每當他遇到狗，雖然還是能伸手去摸摸、去陪牠玩，可是都會想起被咬的疼痛。投球對我而言也變成了如此，每當我拿起一顆棒球，就像再對狗伸出手，牠的耳朵往後豎、咬牙切齒地低吼，我的心跳跟著加速、血液全流出腦袋；即便我仍能投得夠好，也還能繼續投，卻依然心生畏懼。我繼續把手向前伸，祈求著牠不會大力地咬我一口，但也為可能到來的疼痛做足心理準備。

第二十章 投手登出，野手登入

四年半前面對勇士隊投出的那一球，就算是現在回過頭看，都感覺如此地無害、那麼地沒有殺傷力，卻開啟了改變我人生的一連串夢魘；四年半之後，我選擇了退休。某一天下午、坐在沙發上時，我做出了這個決定；當然，這不是什麼忽然間地靈光乍現，而是走了多年的漫漫長路後，才終於抵達的一個結論。那個下午我在沙發上盡可能地回想這一路走來的過程，非常慎重地對待這段經歷，才能好好把它埋藏在記憶深處。

最後我對心魔投降了。躺在自家客廳熟悉的沙發上，我再次想起那些讓人受盡折磨的棒球賽季、不斷重複的噩夢、在小聯盟球隊下榻飯店睡不著的夜晚、卑微地懷抱著重返大聯盟的渺茫希望。這是我第一次，能夠把這些不好的回憶拋諸腦後。其實如果夠拚的話，我還是可以逼自己回到投手丘，只是閉起眼睛時又得面對內心的黑暗面，經歷那股沉重感、挫敗感，以及血液從腦袋流出的感覺。我沒有選擇那麼做，而是在二十五歲的年紀高掛球鞋。我的職棒生涯幾乎在剛起步之時就夭折了，可是老實講我一點都不難過。

我覺得我必須在被沒什麼生活品質可言的日子完全消磨殆盡之前，趕緊登出。某天早上，我就這麼結束了自己的棒球生涯，開車回家，啪的一聲倒在那張寬敞、頗為老舊的棕色沙發上，好像當初買那張沙發，就是為了這一刻而準備的。我跟棒球的關係就此了結，至於接下來我要幹嘛，全然沒有想法。

幸好當初選秀後紅雀給我的簽約金還剩一些，另外就是過去五年間我在大小聯盟不同層級領到的薪水，也有存下來一點，足夠讓我放個假、買啤酒、買魚餌、把車子加滿油，思考一下人生後續的路該怎麼走。這是我願意欣然接受的階段性生活狀態。

那是二〇〇五年三月初，距離手臂背棄我的那天，已經過了整整四個棒球季。我不是沒有嘗試再繼續當一名職棒投手；事實上，我已經試盡了手段，可能還有更多方法，但我也不想試了。新的賽季就快要開始，而我並沒有要參與。

這段期間我經常跟多夫曼對話，頻率比以往更高。作為職棒球員，需要心理師的輔導被視為一種軟弱的表現，但我不在乎其他人的觀感。我的心理師不僅變成我最好的朋友，從很多角度看，更是取代了我所厭惡、不想再見到的親生父親。

某天晚上躺在床上睡著前，我覺得自己已經受夠了棒球，隔天早上醒來，也沒有後悔自己腦海浮現那樣的想法，所以決定要去找我的上司，跟他握手，接著告訴他退休的決定。很不幸地，我非但不會成為那個當初大家覺得我會成為的棒壇巨星，更甚者，連一般的職棒球員都當不成，而他或許也已經猜到了我會有如此想法。我對於未來沒有任何計畫，甚至不知道那天下午之後要幹嘛。

我去宣告自己退休的當天早晨，依然一絲不苟地遵循著有儀式感的生活慣例，這麼做能為我帶來安定感。我有點記不得，上一次我做完早上例行公事但下個行程卻不是去球場投球的日子，是甚麼時候了，應該已經是好久以前的事情。睜開眼睛前的晚上，我不太確定自己有沒有睡著，不過可以確定的是，破曉時，我人在廚房裡。我很喜歡破曉時分，是因為我還記得它的氣味。我在青少年時期曾發生過一場意外，腦部受到衝擊、有腦震盪，後遺症是我喪失了嗅覺。當年我才十三歲，人坐在一張滑板上，被一台卡丁車拖曳著，享受著奔騰的刺激感，結局似乎毫無意外地是以車禍收場，進了一趟急診室，最後喪失了一個感知。十二年後，所有東西聞起來仍然都只有一種味道：空蕩蕩倉庫裡的氣息（空蕩蕩的倉庫也可說是我當下職棒生涯的寫照）。我很喜歡破曉時分，也因為它的沁涼，預示著嶄新的開端。不過大多數時候，我喜歡破曉是因為它代表著夜晚已經結束，不必再繼續盯著天花板、看電視、讀勵志書籍、聆聽自己的呼吸，以等待白天的來臨。雖然仍不知道確切原因，但我成年之後有很大一部分的時間都沒有一夜好眠過，常常看著整個世界在我周圍甦醒，也不太期待新的一天到來。

從廚房的窗戶看出去，我看不到洛沙哈奇河（Loxahatchee）[114]，但我知道它就在那兒，也能感受到徜徉在裡面的鋸蓋魚群恢復生機。鋸蓋魚季跟棒球季十分相近，它們是我以前最喜歡的時節。雖然棒球盤踞生活的期間，我沒辦法享受鋸蓋魚季的美好，但牠們一直都在那裡，未來肯定還有機會跟牠們交手。在廚房準備著早餐，腦袋剛好空下來可以想事情，我把這空間留給了鋸蓋魚：牠們是生活在半鹹水水域的大型食肉魚種，咬上魚鉤的力道很大，掙扎更是充滿拚勁，不輕易讓釣魚人得逞，往往得等到被拖上船、沒有機會再逃回水裡時，才善罷甘休、放棄抵抗。

而現在要放棄抵抗、選擇退休的人，是我。

我在已經熱好的煎鍋上打蛋，蛋白在上面滋滋作響，接著從已經運作完的攪拌機中，倒出包含香蕉、草莓、燕麥的飲品，順便撥了通電話。

「嗨，安基爾，早啊。」多夫曼人在北加州，他跟我一樣習慣早起，而且在其他身體部位尚未熱開時，腦袋就已經很進入狀況。

「就是今天。」我說：「我要衝一波了。」

「好，安基爾，下定決心就去做吧。我們之後聊。你現在覺得如何？」

「我現在好極了，之後聊。」

通常我準備的早餐，是為了讓我撐過棒球春訓的整個早晨，但在這天只需要讓我開車從我家

114　位在佛羅里達朱庇特的一條河流。

到羅傑・迪恩球場[115]、走進拉魯薩的辦公室、走回停車場、再開車回家。這整套行程最多只要花一小時就能完成。從一九九七年選秀第二輪被選中開始，一路到這一天（我內心還是有聲音倔強地說，我這不是放棄、不是戰敗，只是退休而已），我七年多的職棒生涯，就要在一抹輕輕的微笑和「我們再保持聯絡」的承諾之中，畫下句點。我很清楚，不會有人嘗試說服我繼續投下去。

那天的日期是三月九日，星期三，可能是我人生到目前為止最美好的一天。至少是我有記憶以來，令我非常開心的日子之一。前一年九月，我重返大聯盟投了十局，當時我認為自己成功回歸到了最高殿堂，之後能繼續在那兒站穩腳步；然而，隨著時間沖淡那十局投球帶來的興奮感，我逐漸意識到那十局所代表的不是「回歸」，而是「告別」的契機。我不想要在一局投到一半、已經掉了三分、壘上盡是跑者、速球投出去不知道會跑去哪裡的情況下，告別賽場；我不想因為害怕回到投手丘上而告別賽場；我更不想把受傷開刀過的手肘，當作告別賽場的藉口。我得重新回到大聯盟，證明自己辦得到；或許還達不到過去大家和我自己對我的標準和期待，但至少回復到可以上場投球的堪用狀態。我得在我做好完全準備的情況下離開球場；我得在我證明自己回得來之後，再告別賽場。

保有職業球員身份的最後幾分鐘，我穿著輕鬆簡單：T恤、短褲、腳下踩著夾腳拖。啟動我用球員薪水買下的BMW轎車，倒出我用簽約金買下的房子，車上收音機播送的是鄉村音樂，從接近海灘的地區出發，前往球隊的春訓基地，途經國道一號（US-1）[116]、印地安鎮橋

（Indiantown Bridge），穿過大眾廣場（Publix plaza）[117]後方的捷徑，左轉進佛羅里達Ａ１Ａ州道[118]，右轉去佛雷德瑞克小路（Frederick Small Road），再行經軍事大道（Military Trail）[119]、圓環，最後沿著春訓基地副球場周圍的大學大道（University Boulevard），開進基地的球員停車場。這就是我在春天準備迎接棒球工作的例行通勤路程。跟警衛打了招呼之後，眼前有兩道門供我選擇，一道直接通往大聯盟球員休息室，另一道則是會先經過防護室，然後才到總教練辦公室。這天我選擇後者。

過去數週，我幾乎每分每秒都在累積勇氣做這件事。我不是機器人，多少還是會在乎別人是怎麼想我的。大部分情況下，職業球員不會自己選擇離開球場，而是因為各種不得已的原因被迫高掛球鞋，例如更好的後起之秀崛起、不可逆的年齡增長、身體老化球技衰退、被管理層認為已

115 Roger Dean Stadium，紅雀隊春訓基地的主球場。

116 美國國道一號，是美國國道系統中一條貫穿美國東岸各州的公路，在多數路段與較濱海的九十五號州際公路平行，但在傑克遜維爾與維吉尼亞州彼得斯堡之間路段，國道一號位於I-95之西，即採較內陸之路線。（摘編自《維基百科》）

117 美國大眾超級市場公司（Publix Super Markets）成立於一九三〇年，是美國最大的商店之一，也是最大的僱員所有的連鎖超市，有六百五十家分店遍佈於佛羅里達、阿拉巴馬州等地。（摘編自《白度百科》）

118 佛羅里達州Ａ１Ａ州道是一條完美的公路旅行路線，沿該州東部邊界延伸，以其沿途風景秀麗的迷人景點而聞名。

119 軍事大道（Military Trail）是南佛羅里達的一條幹道。

不足以勝任大聯盟強度等等。真男人不會自主退休；除了打棒球沒什麼其他事情好做的鐵血球員，則是特別固執，更不會輕言放棄。其實要我繼續投球也是可以，只要保持每天該做的生理訓練、心理練習，就還是能夠把自己推回投手丘上。我是真心認為自己還行，可以在大聯盟投球，而我也證明過這點了；只是這一切的強度太高、負擔太大，已經十分疲憊的我，實在沒辦法再繼續下去。因此，在那個愜意的早晨，我下定決心告知球團我要退休的決定，帶著平靜的內心，前往春訓基地，面對未知的餘生。

拉魯薩坐在辦公桌後方，看到我走進來完全不意外。春訓大部分早晨到球場之後，我都會把頭探進拉魯薩的辦公室裡，說一些玩笑話，當作跟他打招呼，也算是告訴他我心情不錯、情緒穩定，並沒有處在焦慮不安的狀況。這時拉魯薩通常會把視線拉起來，回敬我幾句之後，再繼續忙他手邊的事情，而我則是邊笑邊繼續前往下一個目的地。

這次，我走進辦公室裡面，並且把門關上。

「怎麼啦？」拉魯薩問。

我在拉魯薩對面坐下。

「我沒辦法繼續下去了。」

我就說了這句話。真的沒辦法再撐了。我覺得周遭一直在幫助我的人——拉魯薩、鄧肯、多夫曼、波拉斯——也都不該繼續撐了。

我，真的，沒辦法繼續下去了。

每個字從口中說出來，都像巨槌敲鐘，充滿力量和決心。迴盪在腦中的餘音漸弱，過去那個舊的自己、舊的夢想，也伴隨著這句話的聲波漸弱而消逝。從四年半前季後賽對勇士的那一球起，這句話就逐漸醞釀，雖然我花了四年多的時間要把它嚥下去，可是最終仍然讓它宣洩而出。但說這句話的時候，我沒有掉淚，眼眶是乾的。

對於見過無數大風大浪的拉魯薩來說，棒球界幾乎已經沒有任何事情會讓他感到驚訝。就算他真的對某事感到驚訝，通常也不會顯露出來。他總是掛著一張撲克臉，盡可能掩蓋自己的情緒，就跟明明已經晚上了還戴著太陽眼鏡一樣。有可能是因為拉魯薩真的什麼事情都經歷過了，所以對大多數突發狀況都不會感到意外，不過這一次，應該真的出乎他的意料了。他跟我四目相接，靜靜地看著我好一段時間。我這句話對他而言確實是天外飛來一筆。我沒有其他話要說了，因為也不用做甚麼解釋，原因為何已昭然若揭。

「你確定嗎？」拉魯薩問。

「我很確定。」

「你再考慮個一天吧。」他說。

拉魯薩顯得有點擔心，但我不希望他替我操心。他說那句話也不是真的要我考慮一天，只是因為不知道該說什麼而硬擠出來的話。

「我不需要再考慮了。」

我希望自己沒有讓他感到失望，但即使他對我失望，我也不會改變決定。我們握了手，結束對話。我從原本的門離開，跟有點摸不著頭緒的警衛揮了揮手，進停車場，坐上車，打開鄉村音樂，左轉大學大道，沿著春訓基地的副球場旁開，經過圓環、開上軍事大道、左轉佛雷德瑞克小路、右轉A1A州道、開過橋、走上國道一號，最後回到海灘邊的家，坐回沙發上。就這樣，搞定了。

球團把我放在置物櫃的私人物品打包，送回我家門口；那些手套、釘鞋、老T恤，我以後應該也用不上了。因為我是自請退休，所以紅雀可以作廢我的合約。球團應該會發聲明，或者是有記者來訪，由我來對他們做說明；不管如何，接下來我會從棒壇消失。春訓會繼續進行，新的棒球季也會到來，但我不再是參與者。我的同事將延續他們的職棒生涯，而我的職棒生涯則是就此告一段落。我躺下來，電話響了，另一頭接起來的是多夫曼。我跟他保證自己沒問題，情緒很穩定，沒有憂鬱、沒有爆哭，狀況一切都好，我旁邊沒有人，但沒關係，我會顧好自己，謝謝來電關心。電話掛斷，我做了一次深呼吸。

這呼吸的感覺跟之前很不一樣，非常舒暢。我可以發自內心地微笑，而不是為了掩飾情緒地假笑。那些在肩頸上沉甸甸的隱形重擔，四年半以來跟著我的自責分率一起膨脹壯大，如今在一瞬間完全消失。我的頭腦思緒變清楚了，清楚到我不禁笑了出來。放下我曾經認為代表我人生一切的棒球，我反而猶如重獲新生。從那一刻我便知道，自己用捨棄棒球所換到的，是能夠繼續好好生活的自我。我以後肯定會懷念打棒球的感覺，但也清楚它已不再適合我。

我沒有打開電視或者是收音機，就是坐在我的老棕色沙發上，對於「真切感知到快樂」這件事感到高興、對於腦中恢復的平靜感到雀躍、對於在二十五歲擺脫掉我這輩子唯一努力奮鬥過的事情感到快樂。

此時在北卡羅萊納州的阿什維爾（Asheville），有一支電話響起，多夫曼把它接起來。這通電話的內容，多年之後，我才從多夫曼的敘述中得知。

「嗨，波拉斯。」多夫曼說。

「那個……他真的放棄了。」波拉斯說：「他已經跟紅雀球團講了，不會再回去打球。」

「我知道。」多夫曼回答。

「你覺得他現在狀況如何？」

「他說他現在一切都好。」

「那你怎麼看呢？」

「他說他沒事。」

「我會打給賈克提（Walt Jocketty）。」波拉斯說。賈克提是時任紅雀隊總管。

「這件事你最好要有把握。」多夫曼說。

「心魔已經消失了。」波拉斯說：「我們已經解決掉它了。」

「我只是說，你最好確定你這計畫能成。」

「一定能成的。」

「要是失敗的話……」

「多夫曼，」波拉斯說：「就信我這一次。」

「信你？你在開玩笑嗎？你的病情比這些球員都還要糟糕耶！」

這是多夫曼跟波拉斯之間經常出現的互虧。語畢，兩人都笑了。有時候總感覺，波拉斯需要多夫曼的程度遠勝過我。波拉斯很需要聆聽多夫曼的意見和智慧。

「我要掛了，我們保持聯絡。」

在我不知情的狀況下，波拉斯跟多夫曼兩人私底下已經討論這件事，討論了好幾個月的時間。他們早有預期我有可能會撐不下去、選擇放棄，所以背著我策劃了一個替代選項。

坐在沙發上，我的心思慢慢地飄進回憶長廊，以蒙太奇的形式回首自己的棒球生涯。從一開始在佛羅里達匹爾斯堡住家的後院遊戲，到在運動公園打的少棒球賽、聖露西港高中棒球隊、美國職棒選秀、在小聯盟的兩個賽季、二十歲之後沒多久就在蒙特婁完成大聯盟生涯初登板、在寒冷且潮濕的聖路易夜晚轟出大聯盟生涯首支全壘打（那是一支反方向的紅不讓）。我登上大聯盟的路途看起來是一條康莊大道，完全沒有速限，咻一下就從高中生變成了大聯盟球員。回頭去看都會被自己嚇到：哇塞，以前那充滿拚勁的年輕人真的是我嗎？我以前有那麼無所畏懼？我真的曾經那麼自信滿滿？

隨著我退休的消息傳開，我時不時會收到一些來自前隊友的電話和簡訊。

「我沒事，一切都好。」我通常會這麼回覆。

是啊，一切都好。

「祝你一切順心。」他們會這麼回傳。

「你也是。」

「找一天我們再一起喝杯啤酒吧。」

「好啊，聽起來不錯。」

我們之後應該不會再一起喝啤酒了；畢竟，我已經不再是棒球隊上的人了。

我再次閉上眼鏡，重新跳進回憶長廊，想著自己是如何走到這一步，於一個三月的週三早晨，坐在位於朱庇特家中的沙發上，回覆著那些確認我狀況的簡訊，感謝他們的關心，也跟一些我沒說再見的人說再見。他們要繼續過他們的球員人生，而我則要展開人生的新篇章。說成新篇章有點冠冕堂皇，因為其實那時候我也還沒想好之後要做甚麼，只在乎頭靠在軟軟沙發上的角度舒不舒適、待會兒中午要吃些什麼之類的。我想做什麼都可以，不必再苦苦追尋那顆我已經失去的頂級速球；不必站在球場中央，看著捕手因為我的關係，必須轉身跑到本壘板後方追球，然後感到難堪又自責；不必擔憂下一球可能又會演變成一場災難；不必想著該怎麼做才能恢復以往的身手。我終於不用再努力變回「以前那個安基爾」。有了如此心境上的洗滌，也許我能就此夜夜安穩入眠，讓可怕的噩夢去糾纏其他可憐的運動員。

在沙發上的我，內心感到滿足。在我身後，客廳的牆面上，貼著一張《疤面煞星》（Scarface）[120]的電影海報。《疤面煞星》是我最喜歡的電影之一，那張海報呈現的場景是：飾演主角的演員帕西諾（Al Pacino）愜意地躺在大浴缸裡泡澡，左手拿著一根雪茄，到處都是泡沫。海報下半部印有一行字，是電影中的經典台詞：「我信任誰？只有我自己而已。」（Who do I trust? Me.）我已經有好長一段時間無法體會這句話的意思，現在終於又找回那感覺了。

過去四年半，我嘗試去信任除了自己以外的所有人，自信近乎完全喪失。但在心魔來襲之前，我能懂《疤面煞星》主角講出那句話的心境。當時我覺得自己無人能敵。他們都說我天賦滿溢，擁有難得一見的手臂，而二十歲的我，也對此深信不疑。二十一歲時，我站上季後賽系列賽第一戰的投手丘，觀眾席上滿是球迷、座無虛席，在那個場面下，我能看見其他人為我畫出的美好未來，也是我期許自己在努力奮鬥過後要達成的目標。

歷經了四年半完全不信任自己的日子，現在的我躺在沙發上，頭向後仰、眼睛輕閉、雙腳翹高，任憑接近中午的陽光灑落在臉上，我重新理解了那種「我信任誰？只有我自己而已」的感覺，再次掌握了對自己未來的主導權。我不會成為一名非凡的職棒球員、不用活在別人對我的期待中；我以後可能沒辦法變得很富有，不能玩遊艇、不能買別墅，或許到中年還得賣命工作，以後小孩也不會過得太舒服；我不會投世界大賽第七戰、不用在滿場觀眾眾目睽睽的緊繃情境下，跟對方派出的王牌投手拚個你死我活；我不用再覺得自己是為了投出下一顆精采的球路而生。接下來，我可能要去找其他工作，或許在那之前還要先回校園進修，試圖把在投手丘上崩解的人生慢慢拼湊回來，並將之導回正軌，而這一切聽起來都好……好……好完美。

心魔誕生之初，投手教練鄧肯對我仍抱持很大的希望。鄧肯曾在一九六〇和一九七〇年代打了十一年大聯盟，算是一名值得信賴的捕手，後來卻成為備受球界景仰的投手教練。他帶出不少賽揚獎得主和拿下世界大賽冠軍的投手群，而且特別知道怎麼輔導那些曾經獲得成功、但球技忽然走樣的投手。鄧肯話不多，但有說出來的少少幾句就很有效果。他在業界的口碑是：能讓菜鳥蛻變成熟、能讓一般般投手變成好投手、能讓好投手變大投手的教練。至於那些本來就是大投手的人，在鄧肯的指導下，則是能保持住身手，不輕易衰退。

---

120 《疤面煞星》是一部於一九八三年上映的美國犯罪片。本片是一九三二年英文同名電影《疤面》的重拍版。本片講述身無分文的古巴難民東尼・蒙大拿（Tony Montana）到達了一九八〇年代的邁阿密，並成為大毒梟的故事。（摘編自《維基百科》）

後來我這個極端案例出現了，鄧肯不是沒有嘗試，而是嘗試了各種手段都無解。鄧肯很懂投球機制，也知道球員的心理通常是如何運作的；他懂得分析敵人的打線，拆解對方的進攻策略和組織，幫投捕想出應對計策，並以簡單幾句鼓勵的話，就把訊息有效率地傳遞給球員。

不過上述這些能力，都無助於面對一名忽然迷失自我的天才型新秀。看著心魔折磨糾纏我，鄧肯無法從他的經驗中找到適合的解救之道。

「鄧肯，」拉魯薩在我提出退休的那天，對鄧肯說：「安基爾回家了，他不會再回來了。」

鄧肯搖搖頭，眼神裡盡是悲傷與無奈。我的決定沒有令他太意外，因為他已有預期，而且也覺得這樣對我其實是最好的。鄧肯過去四個球季一直為我的事操心，對於沒能把我修好感到懊惱，甚至因此失眠。得知消息那天，雖然他還要處理投手的調度、試著打造出開幕戰的投手陣容，早上也還有很多例行公事要進行，但他仍然花了一點時間沉澱反思。這一路走來，有些日子、有些時刻、有那麼幾球，鄧肯總覺得可以稍微樂觀一點看待我的情形，認為有機會見證我完全克服心魔的那一幕；但往往在隔天，稍稍燃起的樂觀之火就會被無情的現實潑一桶冷水，不只鄧肯自己一身濕，周遭其他教練和球員亦遭受波及。

拉魯薩非常清楚鄧肯內心的想法。他跟鄧肯花了很多夜晚共同商討該怎麼來重建我，心想究竟我何時才能重拾打棒球的樂趣。站在場邊，看著我在投手丘上啟動投球動作，拉魯薩會回憶起當初把我想成左投版吉布森的悸動。**那明明是在不久之前啊**，他總會這麼想，但不會把這句話說出來或是讓媒體知道，因為他很清楚那只會徒增選手的壓力和負擔。不過，天殺的，我的手臂可是拉魯薩這輩子看過最具爆發力的耶，球從我手中噴射出去的感覺，像是那棒球自己有生命，迫不及待地要脫離我的手掌。那顆棒球，最早在羅林斯（Rawlings）[121]的工廠被製造出來，裝進十二入的球盒當中，被倒進球袋裡面，然後來到我的手套和手掌內，這整個過程都是為了最後的高潮鋪路：夜晚在職棒舞台上，從我手中噴射出去，轉化為令人難以忘懷的一次投球。

針對我的事情，拉魯薩和鄧肯已經討論很多次，各自內心都有底了，所以在我宣告高掛球鞋之後沒多久，兩名教練都願意接受我的決定。拉魯薩能理解，心魔已經糾纏我夠久了，病情發作的頻率已不是偶爾，而是像慢性病一樣的常態。是時候該讓我說放棄了，球團也得明白要適時地放手。

整體看下來，我覺得我在對抗心魔的征途上，調整得還算不錯。沒錯，易普症爆發的時候，我根本是一團糟，把球投向六十呎之外捕手手套所擺放的位置，簡直是要我命，但與此同時，我也成為控管心魔的專家，使自己能夠撐過球賽和球賽以外的痛苦時光。我也算是遵循了「弄假直

121　成立於一八八七年，羅林斯是美國知名運動用品製造商，主力產品是棒球球具。一九五七年，進一步設立了聞名棒球界超過半個世紀的羅林斯金手套獎（Rawlings Gold Glove Awards）。羅林斯已成為大聯盟的主贊助商之一，從教練到隊員，從季後賽到全明星，其產品遍佈賽場的每一個角落。

到成真」（fake it till you make it）這句格言，到後來，我讓自己恢復了大聯盟投手的身份，每天都做足例行的訓練，抱持著撐下去的希望。雖然最後還是選擇放棄，但至少有那麼一段時間，我成功地弄假成真，在場上看起來像是一個正常的投手。至於現在的我，來到二十五歲，則是想不到任何合適的理由繼續抵抗，安於此時此刻倒臥在沙發上的舒適。

多夫曼把我的心理狀態比作輪胎。四年半以來，我在這顆輪胎上累積大量里程，而且開的都是最艱難、最顛簸的道路，所以整顆輪胎大幅磨損，繼續以它行駛不只效率差，甚至十分危險。多夫曼一直以來也都相信，我自己會意識到何時該終結職棒生涯。就算他心底知道我無法克服心魔，但他從來沒對我說過：「安基爾，放棄吧，你沒辦法擊敗心魔的。」他就是不斷幫助我面對每天的挑戰和工作，做完之後再到下一天，並為我做好心理建設和準備，迎接最終無可避免的結局。

多夫曼總是跟波拉斯講說，安基爾的心智輪胎就快要因磨損報銷了，他們應該要先幫我想一個職棒生涯以外的替代方案，讓我的人生可以有另一個出口。我覺得多夫曼不只是我的運動心理師，也是我的摯友，扮演猶如父親般的角色。從多夫曼的觀點來看，他是在救我一命。

電話響了，來電顯示是波拉斯。*天啊，我心想，可以不要小題大作嗎？我沒事的。*我接起來。

「你還好嗎？」波拉斯問。

又來了，重複過好幾次的對話內容。

「我很好，我沒事。」我回答。

「你確定嗎？」

「我真的沒事。」

「安基爾，」他說：「你準備好再上場打球了嗎？」

「打什麼球？我已經要退休了啊。」他之前是有沒有認真在聽我說話啊？大家是不是都把我的話當耳邊風？

「不是叫你去投球，而是要你去外野。去當紅雀的外野手吧，我已經跟賈克提聊過這件事了。」

等等，現在是發生什麼事？

「賈克提，」我說：「你跟賈克提聊過了，然後他希望我能去幫紅雀守外野。」

「沒錯。」

「你沒在跟我鬼扯淡吧？」

「你是大聯盟等級的球員，」波拉斯說：「你辦得到的。他們會先讓你從小聯盟開始，你再一步步打上去。我覺得這能成，你有這樣的實力。」

這是波拉斯跟多夫曼討論出來的替代方案。起初聽到這想法時，多夫曼是反對的，因為他不希望再讓我承擔更多重大挫敗的風險，除非波拉斯能百分之百確定，我能以外野手身份重返大聯盟。多夫曼擔心，要是我回去小聯盟當外野手，又花了五年，最後只能打上二Ａ，屆時已經三十歲的我，將會比現在這次挫折傷得更重，心智輪胎磨損的程度會更大。

「我一直以來都對你很坦白，這次也不例外，我很認真。」波拉斯強調。

「我知道，我知道。」

「你真的做得到，去試試看再一次享受比賽吧，用不同的方式把對手擊倒，你一定會再次閃耀。」

哇塞，我才在三個小時前宣告我要放棄棒球，結果現在馬上就要我撿起棒子重返賽場？三個小時前，跟拉魯薩道別完，回到家裡，心中了無罣礙，完全沒想到轉折來得那麼快。我從臥姿坐起身，環顧一下四周，雙眼停在《疤面煞星》的電影海報上，心裡念著那句經典台詞：「我信任誰？」

高中時期，我是一名不錯的打者，上大聯盟之後，我也有累積一些打擊經驗，打得還可以，但那是因為大聯盟投手面對對方投手打擊時，通常不會閃躲，而是會多把速球塞進好球帶裡做進攻。在小聯盟的時候，我繳出滿亮眼的打擊數據，但那大多是在新人聯盟累積的，投手都是未經雕琢的年輕人，而我那時候也沒有天天上場打擊。此外，自從高中畢業後，我就沒守過外野。所以要我以外野手身份嘗試重返大聯盟的想法，無論怎麼看都十分瘋狂，甚至超越了瘋狂的程度。

然而，我終究才二十五歲而已，非常多球員的大聯盟生涯，其實都是從二十五歲才開始，所以雖然這個計畫的成真率不高，但發生機率也不是零。

我試著重新整理自己的思緒。我準備好再重新擁抱棒球了嗎？我會不會又要回到之前那痛苦的生活模式？我難道不渴望天天安穩入眠的感覺嗎？

「紅雀願意給我這個機會？」

「他們願意給機會，可是你也必須努力把握住才行，這畢竟不是慈善事業。」波拉斯說：「但我很看好你，我覺得你能做到、你能成為一名稱職的大聯盟外野手。」

「好，讓我想一下。」

「安基爾，我真心覺得這計畫能成，你也應該這麼覺得。」

「那……什麼時候開始？」

「就明天吧。」

哇，要那麼趕就對了。

「好喔，明天，是吧？」

掛掉電話之後，我的心境出現了變化，在那天第一次有主動跟別人分享內心想法的念頭。我走到電腦前坐下。

蘿瑞[122]從小在迪爾菲爾海灘（Deerfield Beach）長大，這座城市大致坐落在邁阿密和匹爾斯堡中間。後來她住在一座北邊一點的城市，叫作德拉海灘（Delray Beach），從朱庇特往南開，大概半小時的車程就會到。有一位共同好友介紹我跟蘿瑞認識。我覺得她很美麗大方、聰明慧黠，處事很有想法、不輕言放棄，同時對我從事的職業感到毫不驚豔，這點就我來說是挺新鮮的。當然，一部分的原因是，當時的我也不太確定自己還能打職棒打多久，另外就是，蘿瑞以前從來沒聽過我這號人物。我這裡不是在說自己知名度有多高，而是對她來說，我就是個一般人，而不是許多人眼裡那個「曾經的大聯盟大物新秀」。

我們是在我決定退休的一個月前認識的。蘿瑞曾經當過邁阿密海豚隊（Miami Dolphins）[123]的啦啦隊成員，非常熱愛運動賽事，並且能理解職業球員需要有一點自私，才能成就卓越，不過不代表她能忍受這件事。她完全不在意我把我家的餐廳搞成乒乓球室，反而非常喜歡，而我也覺得「她喜歡我家的乒乓球室」這點很棒。或許她覺得我在客廳擺放電子遊樂機台有點太超過、地上鋪設的紅地毯有些浮誇，不過她沒有說出來或表現出來。我們對音樂的品味差不多，鄉村音樂、流行音樂都可以；我們都很喜歡《阿甘正傳》（Forrest Gump）[124]這部電影，一起看的時候，甚至可以在演員把台詞說出來前先講出來。有一次，我還聽到蘿瑞在家裡邊走動邊哼著《阿甘正傳》的主題曲之一《羽毛》（Feather）。她也很配合我，跟我一起看完整部《疤面煞星》。

蘿瑞不排斥去運動酒吧，我們最早的幾次約會中，有一次就是在運動酒吧。她也喜歡跟我在午後乘船出海，享受在海面波濤間悠遊搖擺的時光。有一次我們一起出海海釣，在船後方的我遞給蘿瑞已經有魚上鉤的釣竿，她非常熟練地把一條大約一公尺的短鰭真鯊拉起來，好像天生就是釣魚的料。這讓我有點意外，看見我驚訝的表情，蘿瑞說：「我小時候住的地方在運河河道附近，我家後院就有可以釣魚的地方。」我不必掩飾隨著棒球季接近而逐漸上升的焦躁感，因為跟她相處的時候，我心裡沒有什麼煩憂。一切感受起來都非常愜意單純，我們之間的感情十分純粹。

父親在我的生命當中是一個負擔；蘿瑞則是在八歲那年就面臨了喪父之痛，在多年前的跨年夜，她的父親被一名酒駕駕駛撞上，丟掉了性命。

我會寫卡片給蘿瑞，讓她倍感窩心，而她也把那些卡片珍藏起來。我們沒有在一起的時候，會通電話，或是透過網路即時訊息聊天。雖然我們的關係才展開一個月，但彼此都覺得相處起來特別開心，因此我覺得應該要告訴她，我要辭去職棒球員身份這件事。沒想到半路殺出一個波拉

---

122 Lory Ankiel。原名Lory Bailey。

123 邁阿密海豚是美國國家橄欖球聯盟（NFL）在佛羅里達州邁阿密的一支球隊。

124 《阿甘正傳》是一部一九九四年的美國電影，改編自美國作家溫斯頓．葛魯姆於一九八六年出版的同名小說；故事講述了純真傻氣，卻心地善良，有著驚人的運動天賦，在阿拉巴馬州生活了幾十年的阿甘，在某些事件的影響下，定義了二十世紀下半葉美國的一些事件。（摘編自《維基百科》）

斯，跟我說我應該以另一種身份延續職棒生涯。電腦前的我，登入即時通訊軟體，看到蘿瑞也在線上。

一開始我們只是閒聊，沒什麼主軸，就是聊一些人生的事情。然後，蘿瑞一句話，給了我一個向她分享職涯決定的機會。

「我們對任何事情都要認真對待，不能覺得好像是理所當然。」我們聊到某件事時，蘿瑞打了這句話。

「說到這個……」我要跟她說了。

「嗯？」

「最近這幾個禮拜我都在思考這件事，想確保自己能做出最理想且最能令自己開心的決定。今天總算下定決心了，我要從職棒投手的身份退休，明天就會跟媒體宣布這件事。我很信任妳，知道妳不會透露給別人知道。對我來說，在職棒賽場上投球已經沒有樂趣了。」

「哇。」她回覆。

「我知道，這是很重大的決定。」

「親愛的，如果你確定這是你想做的事，我當然力挺你。你要做真的能讓你感到開心的事。」

「這也是我想到最後的結論。」

「這樣的話，我也替你感到高興。我知道要做出這般決定並不容易。你是因為有其他想做的事情，還是單純不想再繼續投球？」

「後者吧，我現在光想到能夠卸下投手的身份，就已經有種如釋重負的感覺。」

「那就好。」蘿瑞回覆：「你開心，我就開心。」

「我很確定投球不再是我想做的事情……但現在還有一個變數是，我有可能會換位置。」

傳出這句話後，有一陣停頓，蘿瑞才傳出回覆。

「你打擊行嗎？」

我不禁笑出來。「喂，喂，講話放尊重點好嗎？」我邊笑邊說。

我跟蘿瑞說隔天會找時間跟她見面，點按「登出」，臉上堆滿笑容。**我打擊當然行啊**，我心想。**我算是能打的，對吧？**站起身來，走到窗邊，我又感受到了外頭的鋸蓋魚群，內心很清楚牠們在河裡奮力游著。我的腦袋開始轉呀轉，轉回到了棒球比賽上，想到在心魔來襲之前，棒球對我的意義，以及它給我的感覺，現在我似乎又尋回了那樣的感受。此刻想到棒球，我內心不再因畏懼而感到焦慮，反倒是浮現了期待的心情。我要再次成為職棒選手，不是那個內在支離破碎的投手，而是一個能享受打球樂趣的真球員。

我打擊行不行？

當然行！

第二十一章 新的挑戰

那天晚上我一覺到天明，睡得還很沉，起床時有點懵懵的，不記得有沒有做夢，就算有，我也不記得情節是甚麼了。大腦開機一兩分鐘後，我開始好奇為什麼能睡得那麼好，然後才忽然想到，今天我已經成為一名外野手了，不必投球，明天也不用投球，之後永遠都不用投球。「我有可能以野手身份重返職棒賽場」，這個想法乍聽之下頗為荒謬，卻讓我的心情非常愉悅。我走到窗戶前，往外看出去，映入眼簾的是後院，心裡想，*我應該把那面牆好好修一修*。我環顧四周，靜靜地審慎這個世界。二十四小時前，我才決定這輩子再也不投球了，可是又忽然發現自己或許還有機會以不同身份重返球場。一個徹底的重新開機。為了這個重新開機，我付出的代價是：八年的歲月、一些自尊心、數個運動能力巔峰年、我的生父、一條手肘韌帶、無數次深呼吸練習、一部分後院的磚牆。

這樣的條件交換是我可以接受的。畢竟在投手的角色上，我已經嘗試過、奮戰過了；儘管過程中常常深感絕望，而且現在回想其實我應該可以早點轉戰野手，但我也不後悔當初為了重返大聯盟投手丘所付出的每一分努力。如果這從頭到尾都是一趟旅途，那每一個我曾抵達過的點，或許都有其意義。要不是我有跟心魔對抗過共處過、要不是我有成功重返大聯盟投手丘，我不會走到這一步、不會學會如何遺忘昨天、不會知道那些不斷跌倒的過程其實一點都不丟臉。我很確定，這八年來，沒有人比我付出更多努力、沒有一個相對健康的人承受比我更多的痛苦。沒錯，有一段時間我根本就是一團糟，像個遊魂，但每天仍然睜開眼睛面對看似永無止境的巨大挑戰，最後存活下來。

如此特殊的經歷，使我具備克服下一個高難度挑戰——棄投從打、棄投手轉野手——的條件。我知道很多人一定會認為我做不到，但我更想證明這些人是錯的。

一名投手，要轉變成外野手；一名投手，要轉換成打者；而這一切都要在二十五歲的年紀完成。以此等條件來看，達成難度確實很高，甚至顯得有點荒謬。面對大聯盟等級的滑球，那種可怕程度，應該不亞於面對心魔的糾纏。

可是對現在的我來說，這一切反而顯得很有趣，因為我在野手這個角色上，感受不到任何壓力。會有很多電視台的攝影機來拍嗎？會有很多記者拿著筆記本等著我嗎？會有很多尖銳的問題朝我丟來嗎？都來吧，都來吧，沒問題，我都可以接招。我認真覺得自己能夠勝任打擊，反正沒試試看的話，誰又知道呢？

前一天早晨開車前往春訓基地，我的目的是告訴球團退休的決定，另外也繳回了我的制服；沒想到才隔一天，那一切已經感覺十分遙遠，快被我忘個精光，而球團也把制服還給了我。現在的我，擁有手中的球棒、對於中外野站位的基本概念、好伴侶蘿瑞、心靈導師多夫曼，準備迎接一段新的職棒生涯。我的思緒非常清晰明朗，好像整顆頭的重量都變輕了；開車前往春訓基地的路上，我跟著收音機播放的歌曲一起唱，感覺自己是個專業歌手。停好車，走進基地，我對著保全熱情地打招呼，而他內心的困惑想必比前一天又來得更多了。

棒球界誰沒聽過貝比．魯斯（Babe Ruth）這個名字？我當然也很清楚他的豐功偉業。他生涯有五個賽季的主要工作是投手，並在其中兩年拿下單季至少二十勝的成就，而在擔任投手以外的賽季，他則是棒球史上最偉大的打者之一。身為一名紅雀球員，我聽過紅雀傳奇、名人堂球星穆休爾[125]在成為外野手前，職業生涯之初其實是一名投手。除了這些球員外，其他能夠先在大聯盟投手丘獲得一定成功、接著再到大聯盟打擊區繳出好表現的選手，真的是鳳毛麟角。[126]有些在高中和大學當過投手的人，後來成為不錯的一壘手、外野手、捕手；也有一些人是反過來，原本擔綱捕手或外野手，最後發現自己更適合「投」變化球而非「打」變化球。絕大多數的人，在經歷「投手、野手」的角色轉換之後，都是以失敗收場。

「多夫曼，這是我的第一天。」前往球員休息室的路途上，我打電話給多夫曼。

「孩子，加油，好好拚一下！」他回答。

「一定，一定。」

那天早上在球員休息室裡，有些人已經知道我要轉換身份的消息，有些人是第一次聽聞，所以對我說：「你說你現在要變成什麼？」而有些人則是連我前一天來告知球團退休的事情都不知道。

「對，沒錯，」我向休息室的隊友們說：「對我而言，過去這二十四小時還滿奇妙的。」語畢，我忍不住笑了出來。

我回想不到比那個當下更開心的時刻。我的天，能夠在沒有任何隱形負擔的情況下，站在球員休息室裡跟大夥一起，等待接下來一整天會發生的事，那感覺真的很棒。我感受不到任何一絲恐懼。如果說有任何的焦慮感，那以我的個人標準來看，也都算是微不足道，大概跟「我不知道接下來午餐要吃什麼耶？」的焦慮程度一樣。

春訓球員休息室的佈告欄上，通常都會釘著那天的訓練時程表。我的名字——安基爾——並沒有被列在「牛棚練投人員」、「衝刺短跑」、「投手守備練習」等類別之下。球團也沒有為我特別安排個人專屬的訓練時段，所以我不用在破曉時就到球場做訓練、以躲過外界的關注。

今天我是被口頭告知該做什麼事：「嘿，安基爾，先去跟一A的球員練打，然後再去跟二A

---

125 Stan Musial。

126 作者撰寫此書時，現今知名的投打二刀流選手大谷翔平，尚未挑戰大聯盟。

的人練打，打完之後我們打擊籠見。你現在要做的就是不斷累積投打對決的次數。」

我也去找好朋友艾德蒙斯[127]，請他給我點建議。

「你覺得我會是一個稱職的外野手嗎？」我問。

「這個嘛，」他說：「在談那之前，你一定會需要的是這個東西。」

他拿了一個外野手的手套給我，比我之前投球時戴的手套還要大。

「然後訓練的時候用這個。」他接著說。

他遞了一個很小的手套到我手上。那手套全長不超過三十公分，是艾德蒙斯訓練守備的工具。用這個手套接夠多的打擊練習飛球、教練打的情境球，很快就會覺得一般的外野手手套像一張網子那麼大。

「還有什麼是我應該知道的嗎？」

「祝你好運啦，安基爾，很開心你能回到我們球團裡。」

「兄弟，謝啦。」

我拿起兩根球棒、一雙金屬釘鞋、艾德蒙斯給我的兩個新手套，奔向球場、奔向我棒球生涯的新篇章，臉上掛著重新對棒球懷抱期待的笑容。

127　身為外野手的他，具有很出色的中外野防守功力。

第二十二章　重新學習

第一天，我提早開始做訓練，練到比表定時間還晚才結束。從痠痛的身體湧出的汗水，早已把球衣浸濕；經過無數次練打而起水泡、破皮流血的手掌，用繃帶纏住之後繼續握緊球棒。我狂接外野飛球，認真到其他外野手漸漸集中到左右外野，清出空間讓我一個人在中外野來回奔動、獵捕下飛球。

第二天，跟一A球員們打比賽，我六打數四安打，真切地感受到棒球的樂趣。投手生涯尾聲，即便我的投球內容有改善，努力苦熬拚回大聯盟，投出一點好成績，走下投手丘時帶著一點成就感，但那整個過程我從來不覺得有樂趣。「感受棒球的樂趣」可能是我在跟心魔抗衡時，最懷念的一個環節，懷念程度更勝「發病前能輕易投出高品質速球的自己」。我很懷念享受棒球的感覺、很懷念期待下一場比賽的悸動。我懷念以前擔任外野手時，那種追著空檔球跑，不確定自己能否把球攔截下來的刺激感；懷念自己想花多少時間練打就打多久的時光；懷念出棒擊中甜蜜點的感覺，打中球製造球的倒旋，不僅讓球飛得很遠，甚至感受不到任何阻力。除此之外，我也懷念跟其他好手競爭，而非跟自己較勁的狀態，回到棒球比賽拚個優勝劣敗的本質。

我對自己以野手身份重返大聯盟很有信心，而且可說是百分之百的自信。但就算因為某些原因我沒辦到，能夠以這種享受棒球、享受比賽的形式做到嘗試，我也很滿足了。麥凱（Dave McKay）是非常傑出的外野教練，站在他面前，我把雙腳放在他要我站定的位置上，開始學習成為一名大聯盟等級的中外野手。打擊方面，我勤打T座[128]、勤打教練短拋球、參與打擊練習重擊速球、積極投入實戰投打的機會，開始學習成為一名大聯盟等級的打者。

有人對我的回歸嘗試投以輕蔑的訕笑；有棒球作家寫專欄談棄投從打有多麼困難；有廣播脫口秀說我雖然勇氣可嘉，但最後應該是徒勞無功。每當我得知了這些外界的不看好，隔天我就會再提早十分鐘到球場，付出更多努力，追趕那些自認不會被取代的球員。

我唯一要避免的就是任何六十呎的丟球，以外野手來說，要做到這點不會太難。就算被迫要做距離約六十呎的傳球，外野手偶爾傳偏一球影響也不大，所以都還可以接受，我的心態上因此能夠很放鬆自在。

球季開打後，紅雀先讓我在位於密蘇里州春田市（Springfield）的二A球隊，擔任先發右外野手，不過我打擊表現不佳，吞了很多三振。所以球團把我下放到位在愛荷華州達文波特（Davenport）的一A球隊進行重啟，擔綱主力右外野手和偶爾的中外野手；兩個月後，我又回到了春田市。球季結束時，我通算的打擊成績是：三百六十九個打數，打擊率二成五九、上壘率三成三九，附帶二十一轟。我當然不是貝比・魯斯，可也不再是那個力有未逮的掙扎投手。從我的成績看得出來，這次棄投從打並非只是個噱頭，而是非常認真的嘗試。外野的草地踩起來十分舒適，而兩百呎到三百呎的長傳感覺起來，比六十呎的投球來得容易許多，準確度甚至更高。

球季結束，冬天降臨，帶來了新的契機。這個休賽季，我備戰的方式可以完全從外野手的角度出發，並且進行打者型態的重量訓練。要是我能在二A打出成績（我最後確實辦到），就能夠上三A，上了三A之後，只要再變得強壯一些、球商更高一些、累積更多打數經驗值、判斷飛球的旋轉和軌跡更準確，重返大聯盟便指日可待。當然，說得容易做得難，我還有一段進度要彌補，揮棒機制得更穩定些，希望能愈來愈一致，並演變成大腦的第二本能，而最難精進的球路辨識能力也需要加強，要更早分辨出來球是速球還是滑球、是卡特球還是其他變化球種。一直以來，我都認為傑出的打者很大一部分是天生的，可是若沒經過在小聯盟較為刻苦的環境磨練，也難以成為真正具有大將之風的頂級打者。球員在小聯盟能夠建立許多心理建設和幫助自己成長的習慣，讓自己升到大聯盟後，即便面對到生涯累積超過二百勝、對決過無數頂級打者的知名強

128　打擊T座是棒球員訓練打擊技巧的工具之一，能幫助球員練習揮棒姿勢，調整擊球點、球的飛行角度，讓選手在實際上場打擊有更好的表現。

投，也能夠帶著平穩的心跳進行打擊。我還記得發病前，還是大物投手的我，也曾帶著猶如二百勝級強投的霸氣，對決每個站上打擊區的大聯盟打者，不過最終我只在大聯盟賽場留下十三場勝投，而且其中一場還是在大量伏特加的助攻下，才能完成。

棄投從打後的第一個冬天，我的目標是把許多一般打者在小聯盟所需的成長時間（五到七年），全塞進那個休賽季；等到二〇〇六年春訓即將開打前，我的生理狀態已達到可以跟其他野手競爭的程度。現在我需要的是比賽情境下的實戰打擊，而春訓就是提供這些打擊機會的場域。紅雀那年的主要外野手有艾德蒙斯、安卡納西翁（**Juan Encarnacion**）、田口壯、舒馬克（**Skip Schumaker**）等人，站在他們之間，我對自己有信心，感覺不管是打擊，還是防守、傳球，都能有與他們競爭的機會。艾德蒙斯是我最嚮往的榜樣，不管他做什麼，我都跟著做；不管他去哪裡，我都跟著去。艾德蒙斯之於我，就如同當年凱爾之於我，只是位置不太相同，艾德蒙斯就外野手這個身份上，對我的無私和傾囊相授，我永遠無法忘懷。春訓表演賽正式開打前，我花很多心力練習我在外野的腳步移動，以及縮減揮棒軌跡以降低揮空率，儘管尚未達到最理想的程度，可是肯定有所進步。我的優勢是揮棒力量，此特色我從高中保持至今，仍能把球轟得老遠。

二〇〇五年的紅雀隊在例行賽拿了一百勝，最後在國聯冠軍系列賽輸給太空人，無緣世界大賽，即便如此，他們依然是眾人眼中的強隊。二〇〇六年季前，外界的預期是，紅雀要不是能維持二〇〇五年的平盤，就是可以更上一層樓，十分受到看好。我也想要成為二〇〇六年紅雀隊的一份子，這個念頭驅動著我在春訓初期勤奮地訓練，直到首場春訓表演賽開打的兩天前，拉魯薩上午叫住我，對我說：「第一場比賽，你去先發中外野。」對，這不過是一場三月份的春訓比賽，可是能在大聯盟春訓賽事擔任紅雀隊的先發中外野手，仍然是不小的榮耀，而要不是我的膝蓋不斷隱隱作痛，一切就都完美了。

結果膝蓋隱隱作痛的原因，還滿嚴重的：我的膝蓋髕骨肌腱出現撕裂傷。球團把我送去動手術，復健期長達好幾個月，等到我膝蓋完全復原、可以正常地站穩腳步時，我已經在備戰二〇〇七賽季了。值得一提的是，外界當初對二〇〇六年紅雀的預期沒有落空，雖然他們在例行賽只拿了八十三勝，但最終勇奪世界大賽冠軍。當我在為動完手術的膝蓋復健時，普侯斯[129]和卡本特[130]的精采發揮，讓紅雀拿下隊史睽違二十四年的世界大賽冠軍。

129 Albert Pujols。
130 Chris Carpenter。

第二十三章 再見，父親

差不多在這個時候，父親出獄了。他鋃鐺入獄時，我還是一名二十歲的投手；出獄時，我已經成了一名二十七歲的外野手。父親完全沒參與到我跟心魔糾纏到放棄投手生涯的過程。

他不知道從哪裡得知我新的電話號碼，某天晚上，打電話來，試著像是要跟我道歉，說什麼一切都是他的錯，要是他沒有被關，在我身邊支持我，我的生涯就會有所不同。老實說，我真的已經受夠他了。

我掛掉電話，希望跟他的牽扯能就此畫下句點，但心裡很清楚那只是噩夢重演的開端。我很擔心母親，她在父親服刑期間，仍住得離老家很近，如今父親出獄了，她很擔心會再遇到他。過去六年沒有父親的生活，母親過得很自在，現在她又得開始顧慮自己要去的地方，擔心會不會讓父親知道她的去向。已經拋下的噩夢和災難，似乎又要捲土重來。

我跟蘿瑞預計在那年冬天的跨年夜結婚。隨著時間離婚禮愈來愈近，蘿瑞也愈來愈懷念她早逝的父親。生性善良的她，和婉地建議我，應該讓我的父親重新回歸到我的生命當中。或許在獄裡的那些年，他有所改變，但也有可能他死性不改，誰知道呢？蘿瑞的想法是，給父親一個機會是值得的，看看他到底現在是個怎麼樣的人；畢竟，人一生就只有那麼一個父親，而未來如果我們有孩子，孩子也就只有那麼一個祖父。她認為試著去原諒他，無傷大雅，而且若有機會跟我重建關係，加上家裡出現新成員（也就是蘿瑞她自己），也許父親會改變對待母親的方式、也許一切都還有修補的機會。

「安基爾，你現在已經到了不同的人生階段，處境也有所不同了。」多夫曼說：「我覺得試著跟你父親重建關係，沒什麼不好。」

於是我打電話給父親，邀請他來我的告別單身派對。為了這場派對，我租了一台巴士，載送十幾個參與派對的親友，到鎮上不同的酒吧同歡，而我也為父親留了一個座位。這場派對理應是我跟最親密好友的慶祝之旅，一個能讓我們敘舊、大笑、暫時忘卻世俗煩惱的夜晚。

但最後它變調了。

現在的我已經是個成人，不再是那個我爸用言語和肢體霸凌的小男孩；現在的我，遠比那個遠遠看著母親挨打受怕的男孩勇敢得多。我成年也已經好幾年了，能夠理解生命裡有很多事情是自己所無法掌控的，而我能做的就是盡力把手上的事做好、在場上時努力表現，然後祈求一切順利。對於許多無奈的情況，多夫曼常跟我說：「那不是你的錯。」而這個說法比起「你沒那個命」、「你不管做甚麼都沒用啦」、「呃，有人在乎嗎？」來得好聽多了。

雖說如此，我還是很在乎現在的生活，而我想要掌控好對我而言很重要的告別單身派對。父親是因為「我的允許」，才能來到這個活動。巴士上，他坐在另一排，被一群年輕健壯的男子包圍，相較之下，父親就是個老人，而我也能體察到他知道這一點。其他人跟他之間的年齡背景差距，差得非常多。即便這樣，他還是試著想要融入、跟大家裝熟，但他愈想這麼做，愈顯得笨手笨腳、格格不入：他現在的移動能力大不如前，比我印象中吃力多了，而發出不明所以的笑聲只是為了化解對話中的尷尬，因為在監獄的六年使他難以融入對話的情境。

巴士才經過沒幾個街區，我就知道邀請父親來是一個錯誤。幾杯黃湯下肚，這個錯誤愈滾愈大，父親的聲音愈來愈大聲。我眼前的這個老人，依然是我記憶中那個帶來無限痛苦的父親。或許就是在那個當下，我倆都意識到我們對彼此的觀感不會改變：他在我眼裡，永遠都是那個自私、殘酷、最後被家人遺忘的父親。他仍然不配作我的父親，就如同他不配出現在那台巴士上，更不配跟即將與我結為連理的女人舉杯慶賀。有些事情是你連說道歉的資格都沒有的。

「我很抱歉。」他最後還是說了，我表現冷淡。

巴士漸漸減速，停在路邊。巴士窗外的對街有一間酒吧，裡面播放著令人搖擺的音樂，滿滿都是笑臉滿盈的人，正在享受歡樂時光。沒錯，這是個慶祝之夜，整個城鎮都要加入我們的行列，一起狂歡。我的朋友們全都下了車，走到對街進入酒吧，整台車上只剩下我跟父親。

「兒子，」他開口。

「怎樣？」

「我們需要談一談。」

「現在。此時此刻你需要談一談。你想在這個晚上談一談。」我講出的每個字語氣都很重，而這並不是問句。

於是，他開始說話。巴士上，只剩我、父親、以及假裝沒有在偷聽的司機。

他的嘴巴一直在動，但我沒有在聽。我心裡想著：他現在又要把這個本屬於我的夜晚，剝奪成他自己的，就像他剝奪了我的童年、試圖操控我的棒球生涯、攬走我成功的功勞、把我失敗的原因推託得一乾二淨。

「我得跟你解釋。」

看著他的嘴巴不斷地動，我內心只剩一個想法：這一切實在太愚蠢了。根本沒什麼改變，唯一的差別是，我現在已經不會怕他，而他也不再像過去那麼有自信。感覺起來，他已經沒辦法再讓母親受到生命威脅，也無法跑給警察追了。當我在巴士上聽父親說話時，我的朋友正在酒吧裡面度過美好時光；幾年之後，他們還是會想起那個夜晚，對我說：「我們都知道你那天心情很複雜，但我們其他人都玩得很開心。」他們也嘲笑我父親這個遲來了二十年的道歉，覺得十分荒謬。老實講，那天我沒有怒氣，只是覺得不想再跟這個人有什麼瓜葛了。

我是出於一種義務和責任感，邀請他到我的告別單身派對，在黑暗的巴士中聽他說話。他說，這些年他也過得很苦，而我只是沒什麼反應地聽著。這一切究竟是為了什麼，我已經搞不清楚。就算各種跡象都顯示他本質沒有改變，但或許我內心深處還是希望自己對他的看法是錯的，也或許我希望能藉由修補我跟他之間的關係，來盡可能地保護母親。

我錯了。

我一點都不想念他，也不想讓他回歸到我的生命裡。不過我倒是很懷念那些曾短暫出現在我生命中的父愛——來自祖父的父愛。雖然不太可能實現，但我希望我的孩子們也能有一個祖父，在卡片信封中塞進一張二十元的鈔票，附上一張手寫紙條，寫著：「不要把這些錢全花在一個地方。」[131]

131　在第三章，安基爾談到自己的外祖父有提到的內容。

第二十四章　重返大聯盟

此次回到大聯盟，最後一段路是在五十五號州際公路[132]上，往北走二百七十英里。坐在由蘿瑞駕駛的褐紅色福特皮卡車裡面，我昏昏欲睡，後座上擺著球棒袋。這段從曼菲斯到聖路易的車程，我們完全沒有停下來，速度幾乎沒有減緩。

我走進球員休息室時，裡頭的人全部站起身來為我鼓掌。我認得大部分的人，但也有一些我沒看過。他們一一向我道賀，拍拍我的背。我笑著跟他們一一握手，感謝他們的祝賀，並問他們球棒要放哪裡。

此前，我上一次以球員身份處在大聯盟層級，已經是二〇〇四年十月一日的事了。自從二

132　五十五號州際公路（I-55）是美國州際公路系統的一部份，北起芝加哥（與四十一號美國國道交匯），南到路易斯安那州拉普拉斯與十號州際公路交匯，全長九百六十四點二五英里。（摘編自《維基百科》）

〇〇〇年球季末、也就是心魔降臨之後，我只在大聯盟留下三十四局投球的成績，甚至達不到四場完整比賽的長度。

當蘿瑞祝完我好運，放我在布許球場下車時，時間點已經是二〇〇七年八月九日的午後。現年二十八歲的我，已經把許多運動生涯的精華年份，花在跟心魔對抗、試圖找回發病前那個意氣風發的投手，走了一段十分複雜的旅程。最近幾年，則是試著把內在的打者潛能激發出來、追尋再次重返大聯盟機會。我打得還算不錯，二〇〇七年在三A的曼菲斯紅鳥隊，出賽一百零二場，揮出三十二發全壘打。心魔已無法再阻礙我。

返回大聯盟的前一晚，我跟著紅鳥隊在華盛頓州塔科馬（Tacoma）結束客場作戰，預計要搭飛機回曼菲斯。不過由於原訂的班機遭到取消，所以我們得等到午夜才能離開塔科馬。中間這段時間，我們先去吃了晚餐，然後在機場休息、等待。等待下一班飛機的時間還滿長的，我和隊友一起喝啤酒來殺時間，跟許多無聊、閒閒沒事的年輕人一樣。

喝到一半，紅鳥隊總教練、綽號「鐵錘」的馬隆尼（Chris Maloney）走過來，拍拍我的肩膀。馬隆尼不只一名好教練，也是個好人。

「蠻牛，」出身自鄉村的馬隆尼，喜歡給人綽號拉近距離，而「蠻牛」就是他給我的綽號。「你要上大聯盟了。」

我注視著馬隆尼的雙眼，想確定他不是在開玩笑，也想確認自己沒有聽錯。我回答：「你說什麼？」

「對，蠻牛，你沒聽錯，」馬隆尼說：「球團希望你明天晚上就能在大聯盟球隊出賽，擔任先發右外野手。」

哇嗚，天大的好消息，為此我得再乾一杯。

我打電話給蘿瑞告知她這件事，她說她替我感到驕傲，並會在家裡等我回來。

我打給多夫曼，他說我到大聯盟也會表現得很好；我打給波拉斯，以及一個叫作布勞爾（Bob Brower）的人。布勞爾是替波拉斯工作的前大聯盟外野手，跟多夫曼類似，既是我的心靈導師，也是好朋友。

我打給母親，她問我，應該何時到聖路易看我上場比賽。

最後，我們終於搭上前往曼菲斯的班機。這架單程班機的前程點，是兩年半前位於佛羅里達朱庇特的棕色沙發，是在那張沙發上，我下定決心轉換職棒生涯的跑道。過去這兩年半，我花了數不清的時間在打擊籠和打擊區磨練。當我開始覺得滑球怎麼打都打不到、好不容易打出紮實平飛球卻又被接殺、雙手練到痠痛無比想要休息時，就會想像終於可以前往大聯盟的那天；每次賽後，我跟打擊教練艾克斯坦（Rick Eckstein）進行完額外兩個小時的打擊訓練，也會談論到之後我重返大聯盟的那天。艾克斯坦不僅是打擊教練，對我個人而言他的意義更為重大。他比我自己更希望看到我打回職棒最高殿堂，為此付出的努力不會比我少：犧牲休假時間陪我練習；每天晚上都是我們最晚離開，關球場的燈；跟我進行多次深談，討論什麼投手會如何洞悉我、會怎麼進攻我，而我又要怎麼更快地來彌補比起一般打者所缺少的經驗累積。我之所以能回到大聯盟，艾克斯坦功不可沒。對於以野手身份重返大聯盟的想望，取代了過去在夜晚糾纏我的噩夢，所以當一切真的要發生時，我的內心只有興奮和期待。登機之後，我拿著隨身包包走到機票指定的座位排數，看見我的位子被包圍在兩個身材壯碩的粗獷男子中間。通常這時候我內心會有很多抱怨，覺得接下來的旅途會很不好受，不過這次我欣然接受眼前的事實，擠進了他倆中間。

這點不舒服算甚麼呢？現在我開心得都快要能夠長翅膀自己起飛了呢。坐定位之後，我把頭往後靠，閉上眼睛。等到張開雙眼，我距離布許球場的右外野又更近了。

「安基爾。」

叫我的人叫作康威（Chris Conway），是我們的運動防護員。我張開眼睛。我很確定我們還沒飛回曼菲斯，因為我依然被夾在兩個壯碩的陌生人中間，動彈不得。

「安基爾，你去坐我的位子吧，」他說：「明天對你來說太重要了，你需要好好休息。」

「真的嗎？你坐哪？」

「逃生出口旁的窗邊座位[133]。」

「兄弟，謝了……」

這世界上真的有這麼好的人存在。

我們飛了一整夜。等到我抵達曼菲斯，蘿瑞已經把我們公寓裡的東西打包好，搬到皮卡上，準備出發了。我有點緊張，但臉上的笑容蓋過了不安的神情。波拉斯是對的；多夫曼是對的；我也是對的。我克服了棄投從打的高難度考驗，以野手身份重生我的職棒生涯。我發現我的手臂傳三百呎的距離，比投六十呎還準確，並且重新愛上當棒球員的感覺。

先前離開大聯盟時，我還是一名投手，現在重返大聯盟，我已經成了一名外野手。在那一刻，我真的為自己感到驕傲。我的性格堅韌無比，即使從小到大的環境充滿阻力和困難，我沒有向命運投降，反倒是撐了過來；在職棒賽場面臨前所未有的難關，我不願輕易放棄，持續找尋自己的定位。最終，不斷給我機會的紅雀得到了一名外野手：在二〇〇七年八月九號晚上對戰聖地牙哥教士的比賽，扛先發右外野、打第二棒，棒次夾在第一棒的D．艾克斯坦（David Eckstein，艾克斯坦的弟弟）和第三棒的普侯斯之間。

我想要成為一名傑出的球員。從一開始，我設定的目標就不單只是「重返大聯盟」而已，而

133 逃生出口旁的座位空間較為寬敞。

是要回到大聯盟，並且打得好。要是我只能打到三A，在三A留下再多好成績都稱不上傑出；要是沒有人認為我打出的成績足夠好，那同樣稱不上傑出；「我很努力、很努力，只差臨門一腳就能成功了」這樣的情況也不夠好。

我已經打電話給紅雀隊，跟他們說我會在比賽開打前抵達球場，並且詢問休息室經理羅文（Rip Rowan），我是否能使用二十四號當作背號。他的回答是不行，因為拉魯薩的板凳教練派提尼（Joe Pettini）是這個號碼的持有者。

「那就隨便給我一個號碼吧。」我說：「哪個號碼都無所謂，只要確定是繡在大聯盟球衣上就好。」

我打開那扇通往球員休息室的門。之前我有時會想，自己是否再也看不到那扇門了，現在能再次與它重逢，心情雀躍無比。先發打序上有我的名字；置物櫃裡掛著的全新球衣，除了有紅雀經典的紅白配色，背面還繡有我的名字，以及二十四號的背號。派提尼也是個大好人，我心想。我好懷念這一切，併肩作戰、互相關照的戰友情誼，以及無私的奉獻。

比賽開打，一局下半，我站在打擊準備區，轉動我的球棒，聽著場邊觀眾喊我的名字，試著不去想過去在球場上失敗的回憶：投手丘上焦躁不安的我、丟到本壘板後方的球、失控的比賽、亂噴的球。看看現在的我。我之所以能站在這地方，背後的原因非常多，但絕大多數都是我靠努力換來的。當我覺得選項已經耗盡、不知道還能怎麼做的時候，我依然相信自己；多夫曼是如此，波拉斯亦是如此；而蘿瑞出現的時機則是恰到好處。

我從塔科馬飛回曼菲斯，再從曼菲斯趕到布許球場右外野，一切都在一天的時間內發生。會那麼趕，有一部分的原因是，紅雀原本的資深外野手史畢吉歐（Scott Spiezio）忽然無法出賽，因為他有酗酒問題，需要離隊接受治療。我新制服的右臂袖子上，繡有三十二號的圓形臂章，號碼呈白色，周圍呈黑色；這是為了紀念那年四月份因車禍去世的後援投手漢考克（Josh Hancock）。小聯盟時期，我是在巴士上接獲凱爾過世的消息，後方忽然有人說：「欸，你們知道嗎？紅雀隊有人去世了。」每當聽聞有現役球員逝世的消息，我總是會想到凱爾、他的妻子、他們的孩子，以及生命的重要性遠超乎棒球比賽的意義。

開路先鋒D．艾克斯坦獲得保送，輪到我打擊了。做了一次深呼吸後，我走向打擊區，現場球迷開始起立鼓掌。我猜很多看台上的觀眾，也有去看二〇〇〇年十月的那場比賽（那感覺像是一輩子之前的事情），見證我在投手丘上崩解，並且一路跟著我的消息，直到今天。我不知道這次回歸大聯盟的表現會是如何，但我很開心有這些球迷陪伴著我，讓我覺得有歸屬感。蘿瑞也在觀眾人群當中，我能感受到她的眼神聚焦在我身上。

在將近四萬三千人面前，我站進打擊區，面對教士隊右投手楊恩（Chris Young）。第一打席我沒有打好，打成了內野高飛球，被游擊手接殺。過了兩局，第二打席，我被三振；第五局，我的第三打席也是以三振作收。來到第七局，紅雀二比〇領先；那個半局，我們已經靠對方的暴投得了分，輪到我上場打擊時，局面是兩出局一二壘有人，投球丘上站著資深後援投手布洛凱爾（Doug Brocail），球數為二好一壞。

在過去的二十多小時裡，有些時刻我心裡的想法是，能站上打擊區打擊、做一次長長的深呼吸，就很滿足了。不過在這第四個打席，我的想法變了：我還要有所貢獻。

布洛凱爾投了一顆滑球，在好球帶裡面，進壘點偏低偏外側。我用棒子去鉤球，以手腕的力量轉動棒子，把球拉回來。我們球員通常把這種揮棒稱作「遛狗」，因為只是很輕鬆地在較低的位置牽動手腕。身體向前傾，讓棒子的甜蜜點擊到球，再把力量釋放出去，感受到球被打得紮實，聽著球棒接觸到球的清脆聲響；揮棒過程中，左手漸漸鬆開，讓右手繼續牽扯棒子，將球拉向右外野。在那個當下，我心裡想的是：*逮到你了！*我沒有對投手不敬的意思，但，*我的天，我真的完完全全掌握住這球，把它打爆了。*那是一發三分砲。我們隔天的對手是來作客的道奇隊，他們當時已經下榻飯店（準備打下一個系列賽），有道奇選手說，在飯店內就可以聽到球場內的歡聲雷動，很好奇究竟是出了什麼大事。

心魔來襲之後，已經過了將近七年，我再次感受到有點靈魂出竅；然而，這次我完全沒有焦慮恐慌，呼吸之所以急促，並非因為恐懼，而是因為太興奮、太高興了。我的身心靈都沉浸在棒球帶來的喜悅之中。這次的靈魂出竅，我騰到空中看著自己繞壘，跟著周邊其他人一起歡呼、一起跳躍、一起鼓掌。

繞完壘，回到休息區，現場的觀眾們依然不停地吶喊我的名字；我走上休息區最上層的台階，揮動頭盔向所有觀眾致意，感謝他們的支持、感謝他們還記得我。此時此刻，我內心沒有任何痛楚；此時此刻，我內心充滿了力量、動能、活力。棒球比賽又變得好玩起來，而我也尋回了擅長打棒球的感覺。

我希望所有人都能看見，我的心在微笑。

比賽還沒結束，但拉魯薩卻興奮到站上休息區的台階，帶著笑容不斷鼓掌。我不記得拉魯薩曾經那麼做過，其他人也都沒看過開心情緒如此外顯的他。

「我的老天爺啊，」拉魯薩自言自語道：「喔，我的天。」

多年之後，拉魯薩談到我那支全壘打，表示那是他這輩子最快樂的時刻之一，並接著說：「我會跟我的孫子、孫女說：『這個故事你們想聽多完整？是只想聽他身為棒球員的那一面，還是他身為人的那一面？安基爾是我六十年棒球生涯所看過最令人興奮的投手潛力股。就我的想法，他作為投手所遇到的各種阻礙和困境，都很不公平，以致於那可比天高的潛力沒有被完整釋放。但這傢伙與生俱來的人格特質非常堅韌，下定決心的強硬程度跟他的投球天賦差不多，最後竟然以野手身份重返賽場。不僅重返賽場，還打回到了大聯盟，這實在超級不不可思議。沒錯，安基爾的生長背景很不容易，到職業賽場又面臨重大挫折，可是他沒有自怨自艾、沒有就此沉淪，而是努力奮戰，撐了過來。如今，他已經成了兩個孩子的父親，我非常替他感到開心，也像個父親一樣愛著他。我永遠都會祝福他，希望他接下來都能過上好日子。」

那場比賽結束之後，記者圍在我身邊，我把揮出全壘打前後的一切故事都分享出來，盡量講得簡潔、不冗長，因為蘿瑞在等我，我自己也滿累了。這個累，不只來自過去二十四小時的瘋狂旅途和比賽過程，也來自過去七年來的點點滴滴。我覺得自己可以就地睡著，躺一個月都沒問題。

「七年前的我還很年輕。我認為當時的我，並不理解那個狀況對自己的影響會有多麼巨大。」我對記者說：「那一切感覺已經很久遠，都是過去式了，那時的我還太年輕。現在，我已經是完全不一樣的人。」

語畢，我環顧四周，掃視每一台攝影機。

「對啦，我想我們七年前都很年輕。」

在場的人都不禁笑出來。

回到飯店，總算見到蘿瑞，我一頭栽到床上，放鬆身心，她遞給我一杯紅酒。我們開始一一回覆來自親友的慶賀簡訊，並再次回想這整段神奇且漫長的旅程。那七年間，每分每秒感覺過得特別慢，使得每段掙扎都更加撕心裂肺，好像沒有任何事情是輕鬆的、容易的。不過那天在飯店裡，那七年的經歷在我們的彈指之間轉瞬而過，彷彿心魔降臨的那一次投球就發生在昨天而已。

我在下定決心之後，徹底改頭換面，如今成就了更好的自己，而蘿瑞也在這過程中扮演助攻角色。當然，另一個對我而言重要的人物——多夫曼，也很樂見我的轉變。我希望多夫曼有打開電視看到我擊出全壘打的畫面；我相信他一定有看到。

「想要看一下電視嗎？」蘿瑞問，手中拿著遙控器。

她很清楚我對運動賽事精華節目的反感。過去多年來，這些節目不只一次把我在場上失控的畫面當作笑料。

「好啊，來看一下。」我說。

現在這些節目把我稱作「天生好手」。重複的精采畫面，我們看了一遍又一遍，所有攝影角度都沒放過。我看著回放的鏡頭，對於自己揮出全壘打後那開心的神情感到訝異：這也笑得太燦爛了吧！看台上的觀眾們看起來都好開心；拉魯薩嘴巴微張，不敢相信發生在雙眼前的事情；艾德蒙斯站在休息區階梯的最上面一階，第一個上前來迎接我；等我走進休息區坐回板凳席上，在我身旁的人，是那個賽季被簽回紅雀的甘迺迪[134]，而他的臉上掛著的笑容，跟我臉上的一樣開心。

兩天後，我在對戰道奇的賽事單場雙響砲，令滿場的觀眾陷入瘋狂，而那些觀眾當中，也包含了一些我的高中同學，他們特地飛到聖路易看我的比賽。八月底，紅雀作客休士頓，過去在這個地方我需要用酒精來阻擋心魔，但現在我能自在地在場上發揮，系列賽三場比賽我打了六支安

134 Adam Kennedy。

打，其中一場還單場三安猛打賞，九月開始前，我的賽季打擊率上升三成二八，附帶五發全壘打。

每一天感覺都比前一天更好。

第二十五章 禁藥

我的名字出現在米契爾報告（Mitchell Report）中，在第二百四十三頁中間和二百四十四頁上方可以找到。那三個段落不只提到我的名字，還指出我從二〇〇四年一月到十二月使用了人類生長激素（human growth hermone, HGH），而這些敘述都正確無誤。我確實有購買人類生長激素，也有把它們注射到身體裡。

米契爾報告寫到關於我的部分，一點都沒錯。

米契爾報告是由美國職棒大聯盟（Major League Baseball, MLB）資助、前美國參議員米契爾（George Mitchell）所主導的禁藥調查成果，調查為期將近兩年，於二〇〇七年十二月公開。報告內，將近九十名大聯盟球員被點名，而我也名列其中。被點到的知名球星有克萊門斯（Roger Clemens）、邦茲（Barry Bonds）、坎塞柯（Jose Canseco）、吉昂比（Jason Giambi）等人。另外，報告還有指出一名提供禁藥給數十名大聯盟球員的藥頭。

公開報告的記者會，開在紐約曼哈頓中城一家旅館的會議室，那天戶外陰雨綿綿。米契爾本人親自面對現場滿滿的記者，說明並解釋調查成果，至於大聯盟主席西利格（Bud Selig）則是坐在他身旁。這不只是棒球界的大新聞，更是為全球體壇投下一枚震撼彈；雖說如此，我並沒有花太多注意力在那上面。

四年前，我剛動完修復手肘韌帶的湯米．約翰手術，休養復健期需要大約一年。那段期間，我在健身房認識的一個人，推薦我使用人類生長激素，他說施打這個能幫助我恢復得更快。這個人給我一個醫生的地址，位在佛羅里達棕櫚灘（Palm Beach），說若有需要可以去那裡買。我回家上網查了人類生長激素是甚麼東西，仔細讀過大聯盟所列出的禁藥清單，發現清單裡沒有包含人類生長激素。接著我繼續研究人類生長激素的好處有哪些，就我看來，它是一個新時代的產物，能幫助我手肘恢復得更快更好。我甚至一度好奇，用了人類生長激素會不會連我心理層面的問題也一併解決。

不出幾天，我人已經在那個醫生的辦公室裡，先是做了一些檢查，包含抽血檢驗，而我跟醫生都心知肚明，那個抽血檢驗最後會成為開出「人類生長激素」處方籤的依據。如果我注射了這個激素，能夠加快復原進程，讓我能提早幾個禮拜幫助到紅雀隊，而且這個激素也不是聯盟所禁止的物質，那我當然要來嘗試看看。

我用支票付款，沒過多久，第一批貨來了。盒子內裝了好幾支針管，每個管子裡都有粉末跟膠狀物，兩者被阻隔開來。使用方法是，將粉末跟膠狀物混合在一起，然後利用針頭注射進體內。起初做這套流程的感覺有點怪怪的，不是很習慣，但過一陣子之後便駕輕就熟。

注射人類生長激素的日子維持了將近一年，但我的復健時間並沒有比湯米．約翰手術復健手冊上寫的來得短。比較明顯的改變，大概是我變得更精壯一些、體脂有所下滑，換上泳衣的話比較好看。

我沒有告訴任何人我使用人類生長激素，而我之所以會用，是因為就當時大聯盟的標準，這是合法的。二〇〇五年，大聯盟正式把人類生長激素列為禁藥，我也就停止注射了。

兩年後，二〇〇七年九月，賣給我人類生長激素的診所被抓包，因為提供他們藥品的上游藥局也被逮到；紐約州奧爾巴尼（Albany）的地方檢察官進行調查，查出在網路上違法販售禁藥（目的是提升運動表現的禁藥）的集團。由於我有用支票付款，留有記錄，所以最後才會名列調查報告當中，捲入大聯盟史上最惡名昭彰的禁藥年代醜聞。我沒有參與米契爾報告的調查，就只是名字跟其他十幾位遭遇類似的球員一起被列出來；我沒有犯罪，所以我不認為自己的行為有什麼問題。

九月六日，我在作客海盜的比賽單場雙響砲、灌進七分打點，可說是我重返大聯盟後打得最好的一場比賽，當時累積的賽季數據是：二十四場出賽，打擊率三成五八、九發全壘打、二十九分打點。不過也是在那天，一名休息室工作人員悄悄走到我身邊，跟我說：「去接一下在影片室的電話，賈克提[135]在線上有話跟你說。」賈克提告訴我，隔天的《紐約每日新聞》（New York Daily News）會報導我過去曾使用人類生長激素。

這一切來得真不是時候。我才剛以野手身份重返大聯盟，終於覺得能夠再次享受棒球的樂趣，甚至打出好的成績，媒體開始稱呼我為「天生好手」，就在一切看起來都在走上坡的時刻，曾經使用人類生長激素的歷史浮上檯面，我後來也因此被寫進了萬眾矚目的米契爾報告當中。

這感覺真的很糟。第一，我覺得自己沒有做任何非法的事情；第二，那已經是好久之前的事了，當時大家——包括我在內——對人類生長激素的瞭解都還沒有那麼深；第三，在《紐約每日新聞》的報導出來前，我過了一個多月只需要思考棒球的大聯盟生活，結果一瞬間風雲變色，變得連作客到鳳凰城，我都得在休息區回答記者提出關於禁藥作弊的問題，相隔兩天，又得到某家旅館的會議室，接受大聯盟調查人員和美國聯邦調查局專員的問話。如此發展，讓大家完全忽略了我沒有犯法、也沒有違法大聯盟規定的事實。

你說這些事有真的達到「很困擾我」的程度嗎？我是覺得沒有。不過在新聞報出之後，我的打擊成績確實有所下滑，接下來的一週半，打擊率只有〇成六九。

135　Walt Jocketty，時任紅雀隊總管。

第二十六章　不可思議的手臂

心魔最令人摸不著頭緒的一點是，它會依據時間、空間、其他各種面向的條件變化，造成不同的影響和效果，因此才會發生以下荒謬的案例：

對我來說，把棒球丟到六十呎以外的地方，無比困難，完全掌控不了球的去向，球出手後就像一隻因為驚慌而瘋狂振翅的鴿子，以九十五英里的時速飛行。

不過若要我把球傳到二百十五呎以外的地方，傳出的球就很聽話、很純粹，在空中的軌跡就像筆直的子彈，帶著如雷射般的準確度，飛到設定的目標附近。

聽起來沒有道理也沒有邏輯，對不對？不過這就是心魔造成的影響，很多事情都變得毫無道理。

所以為什麼傳二百五十呎的球還比較準？或許是因為傳長距離的球，可以不用顧忌太多的自由度吧；也或許是人們對長距離傳球的預期和要求，本來就比較低。基本上，不太會有人要求球員，傳二百五十呎或以上的距離，而且還傳得很精準、很完美。如果你要從中外野全壘打牆邊，直接把球傳往三壘，那你腦中想的不會是三壘上隊友的手套，就跟高爾夫球選手若距離旗桿還差一百八十碼，他腦中想的也不會是直接進洞一樣。這時候，你想的是傳球動作的節奏、送球的大致方向，有時候也會把目標設在中間負責轉傳的野手身上，不過後者就沒有像「嘗試直接把球傳到三壘手手套」那麼有趣刺激。

認真說，任何超過一百呎的距離，都是我的好朋友。雖然要我硬撐下去、每天小心翼翼地控管心裡狀態，還是能夠繼續距離六十呎的投球，可是當距離拉長，一百呎、二百呎、甚至更多，球在我手裡的感覺就愈正常愈到位，比賽打起來也不會那麼緊繃、那麼有壓力。當年令拉魯薩期待不已的左臂，依然在那兒，還是一樣強壯、還是一樣可以丟球，只是傳球的距離拉大許多。當我拾起尺寸較大的外野手套、在外野草坪深處站定位、獵捕打者擊出的飛球、狙擊嘗試推進壘包的跑者時，那段站在投手丘上跟心魔糾纏的日子就算告一段落了。

甚至，壘上有跑者在移動時，我心裡都祈求他們嘗試多推進一個壘包，這樣我才有機會去阻殺他們。

不論比賽中我的打擊表現如何，我都可以試著去追逐那顆急墜的飛球、快速地擋球阻止跑者往二壘推進、做出長傳嘗試阻殺負險搶三壘的跑者。我在做這些事情時，感覺就像回到心魔來臨前的時期：比賽就是比賽，沒有焦慮、沒有過度思考、沒有細數呼吸次數。雖然有時難免還是會陷入掙扎，勉強撐過比賽，但大部分的時間，我都能夠以具有競爭力的姿態在場上施展球技。回到大聯盟之後，我覺得自己付出的努力，可以更高程度地兌現為場上的實際表現，在某些比賽裡面，我真心覺得一切又變得好熟悉、我又能享受在比賽當中：揮棒、跑壘、接球、傳球，比賽結束後回想並總結自己當天的發揮。

就是很單純的打棒球；你知道這對過去被心魔糾纏的我，是多麼大的奢求嗎？我的老天啊，我真的好懷念這種感覺。

二〇〇八年五月六日，當年開季頭三十三戰贏了二十一場的紅雀，作客科羅拉多落磯的主場——庫爾斯球場，我擔任先發中外野手。那個賽季，我取代了好朋友艾德蒙斯，扛下紅雀先發中外野手的大位；艾德蒙斯的離開，讓我感到有些失落，因為他在我棄投從打的過程中扮演關鍵人物，教導我很多其他地方學不到的東西，告訴我如何培養出好外野手的直覺和球感，我們花了很多時間去聊該怎麼預判、該怎麼站位、該怎麼在對的時機出現在對的位置、把球收進手套。艾德蒙斯巔峰時期是全聯盟運動能力最好的中外野手之一，手握二〇〇六年冠軍戒，曾入選過四次明星賽，不過二〇〇七年球季結束之後，他已經是年逾三十七歲的資深老將了。

二〇〇七年底，艾德蒙斯被交易到聖地牙哥教士，而紅雀這邊則是獲得年輕三壘手弗瑞茲（David Freese）。弗瑞茲當時沒有什麼名氣，但後來也會成為紅雀歷史上舉足輕重的球員之一。

雖然不捨艾德蒙斯離開，但我能順勢遞補成為球隊的先發中外野手，本身就是一件再好不過的事情。我每天穩定出賽，為紅雀做出貢獻，打擊上有不錯的發揮，防守端亦展現自身特長：在二〇〇八年五月六日那天晚上，我傳出了兩次重要的外野助殺，幫助球隊獲勝。儘管在漫長的棒球季當中，日復一日的比賽讓人很難有時間去反省自己的表現，不過能夠再次憑藉手臂的威力推動球隊贏球，實在是一項值得特別紀念的功勳。

一局下一出局，跑者分佔一二壘，二壘上的跑者是落磯隊快腿塔維拉斯（Willy Taveras）。打者擊出中外野深處可以處理的飛球，二壘手甘迺迪移動到壘包上，高舉雙臂。在大多數類似的情況下，防守球隊的反應都會是如此，目的是避免一壘上跑者靠著這個飛球（被接殺之後）移動到二壘。幾乎沒有人會在此刻想去抓二壘往三壘移動的跑者，因為抓到的機率低之外，還可能付出一壘跑者上二壘的代價。不過當天的中外野手可是我，看到塔維拉斯想在我的看管之下，靠著這個飛球出局進佔三壘，我的鬥志立刻燃起。

於是我把塔維拉斯阻殺在三壘前。那是一個超精準的雷射肩傳球，中間沒有落地，球從我手掌出去之後，直接進到三壘手葛勞斯[136]的手套；就算葛勞斯因為不明原因沒接到那球，最後它也會不偏不倚地打在三壘壘包上，就是那麼準。葛勞斯接到傳球後觸殺塔維拉斯，這是一個雙殺守備，危機解除、半局結束，即便是在落磯主場，球迷依然陷入瘋狂。

當我跑跑跳跳回到休息區時，隊友仍在讚歎著我不可思議的傳球，邊搖頭邊笑著。這一刻太令人享受了。

向來不喜歡外野手直接往壘包傳，希望能先傳給轉傳野手（cutoff man）的拉魯薩，這時走過來，臉上掛著微笑說道：「這球傳得厲害，不過以後不要再這麼做了。」

他有可能是在開玩笑，但更高的機率是認真在告誡我。

這種神乎其技的傳球可遇不可求，有時候一整個大聯盟賽季就只出現那麼一次；對球員個人來說，可能整個生涯就只傳出過那麼一球。不過那還不是我當晚傳得最好的外野助殺。

落磯打者昆塔尼拉（Omar Quintanilla）敲出左中外野的平飛球，在草皮區落地，彈了好幾下，滾到全壘打牆邊。由於庫爾斯球場所在地（丹佛〔Denver〕）的地理條件非常適合棒球飛行，所以當初設計建造時，外野幅員就特別遼闊（避免全壘打過多），通常打到中左外野之間空檔且落地的球，都會變成三壘安打。等我好不容易跑到全壘打牆邊把球撿起來，在我身邊的左外野手拉德威克（Ryan Ludwick）大喊：「三壘！三壘！三壘！」我人所在的地方離三壘非常遠，其實根本看不太到三壘的位置，但知道它大概的方向。

我心想，為什麼不嘗試看看呢？於是，做了一下助跑墊步後，我使勁把球丟出去，用盡了全身的力量。一丟出去，我心裡就明白，這球能成，傳球品質會非常、非常好。這個傳球越過了兩個轉傳野手，此時落磯球迷開始發現苗頭不對，發出哀嘆聲，因為他們知道繞過二壘要往三壘衝

136　Troy Glaus。

的擊球跑壘員，凶多吉少；我的傳球最後飛抵三壘手葛勞斯的頭部高度附近，他接到之後順勢將手套往下一拉，抓到了要撲進三壘的昆塔尼拉。來自中左外野全壘打牆邊的雷射肩傳球，又殺掉了一名落磯跑者。

球界因此再次討論起我的左臂，大家激辯著我是不是現在全聯盟臂力最強的外野手，而我則是不禁為此莞爾。這隻左臂在幾年前幾乎毀掉了我的棒球生涯，差點讓我沒球可打，對我的運動生命和人生造成了極大的阻礙；而如今，它卻成了我在棒球場上備受讚譽的最大關鍵。

我覺得最大的差別在於，我不再去思考丟球的機制、不再擔心球會往哪飛了，因為我能夠信任自己的機制和出手。我有時候會擔心拉魯薩的想法，因為他不支持這種傳球，但是當可能做出類似傳球的時機降臨：我手上有球、又有大膽的跑者想積極進壘、而看球賽的觀眾都在期待能有不可思議的事情發生時，我還是會嘗試使盡全力、不經過轉傳的傳球。有時候就是要大膽試一試、不做任何保留。

幾年之後，勇士隊總教練卡克斯[137]接受媒體訪問時表示：「安基爾是我看過臂力跟準度最佳的外野手，比寇拉維托（Rocky Colavito）[138]、瓦倫泰（Ellis Valentine）[139]、羅賓森（Bill Robinson）[140]等人都還要好。」

即便寇拉維托是卡克斯最喜歡的球員之一，但他還是說：「我從來沒有看過有人傳球能像安基爾那樣。」

對我來說，有卡克斯這樣讚許便足矣。任何人如此稱讚我，我都會感到無比的開心，更何況說出美言的人是我的兒時英雄之一——卡克斯[141]？我覺得我的人生已經達到了極致。真是不可思議，這隻左臂曾一度令我陷入絕望，但我撐住了，沒有倒下；過了幾年，它反而成為我之所以能重返大聯盟賽場、持續穩定出賽、為自己感到驕傲的一大原因。

---

137 Bobby Cox。
138 一九五〇到一九六〇年代的大聯盟明星右外野手，打擊守備兼優，曾九度入選明星賽。
139 一九七〇年代的大聯盟明星右外野手，曾拿下一九七八年的外野金手套獎。
140 一九七〇年代海盜隊知名外野手。
141 卡克斯從一九九〇到二〇一〇年擔任勇士隊總教練，期間率領勇士拿下十四座分區冠軍、五座國聯冠軍、一座世界大賽冠軍。

第二十七章 難忘的一刻

二〇一〇年十月的一個週五深夜，我人躺在舊金山下榻飯店的床上，抗拒著大腦去回想這一路走來的一步一腳印。我的人生已經經歷太多，好多故事都太長太複雜，一遍又一遍在我腦中拆解再重組。

距離我在聖路易主場投手丘上崩解的那天，已經過了十年又六天。即便過了這麼長的時間，對某些人來說，我似乎仍然是當初那個垂死掙扎、不斷嘗試擺脫心魔、嘗試延續職棒生涯的投手。我想他們不全然是錯的。

不過我已經學會正面思考，把我在做的事情當作「追求更好、更完美的自己」而非「逃避過去的黑暗」。我把握現在能掌握的人生，盡量不去想「要是當初如何，我應該如何」。成為外野手之後，心魔跟我之間的距離拉開，它無法再像之前那樣影響我。我比賽一場一場打，迎接一個又一個的打席；現在的我，身份是外野手、是打者，每天試著分辨速球和滑球，挑到適合我攻擊的球路做進攻。然而，就算這些都已化為我的日常，可是過去的陰影依然如影隨形。

那個週五夜晚，C．瓊斯接受記者訪問時談到我，說道：「他（安基爾）曾經是大家公認錯不了的大物，下個世代的最強投手。」

過去的陰影，如影隨形。

十年又六天之前，C．瓊斯也參與了那場比賽，甚至在打擊區面對我；十年之後，二〇一〇年的下半季，我和他變成短暫的隊友。沒錯，我成了勇士球員，雖然只有大概三個月，但也算是達成了一個兒時夢想：我跟小時候的玩伴丹尼斯在後院玩傳接球時，經常幻想自己是勇士球員。勇士在那年七月底，把我從皇家隊交易過去，而我也跟著他們打進了「十月棒球」季後賽（C．瓊斯那年因為膝蓋受傷，缺席了整個季後賽）；球季結束之後，卡克斯就要退休了，象徵著我所熟悉的勇士世代就要畫下休止符。我們移動到舊金山，在客場進行季後賽第一輪面對巨人的系列賽。

至於我為什麼會來到勇士呢？二〇一〇年球季之前，我已經花了五年的時間在打擊區大量累積打席數，彌補那些我作為投手、忘記怎麼當投手、重新學習成為投手的過程中，所沒有累積到的打擊經驗。不過在二〇〇七年以紅雀球員身份回到大聯盟之後，我的打擊成績逐年衰退，打擊率從二〇〇七的二成八五、掉到二〇〇八年的二成六四、再滑落到二〇〇九年的二成三一，而且年輕的後起之秀拉斯瑪斯（Colby Rasmus）上到大聯盟，從我手中拿走不少中外野的出賽機會和打席。隨著打擊率下滑，我的上場時間跟著往下掉。這也是為什麼，我在真正離開紅雀之前，就已知道自己沒辦法繼續待在這支球隊。到紅雀生涯的尾聲，我並不開心，而拉魯薩也清楚這點。二〇〇九年球季結束以後，我就會獲得自由球員資格；當紅雀在國聯分區系列賽被道奇橫掃後，球季跟著畫下句點，我打包回家時，已經做好明年不會再回到紅雀的準備。

二〇一〇年一月，我跟堪薩斯皇家隊簽下一年合約，但開季打了十九場比賽就拉傷了大腿肌，躺進傷兵名單，直到七月下旬才傷癒歸隊。回到球場後，我在七月三十一號交易大限[142]來臨前的八場比賽，打出了三成六七的打擊率，因而獲得其他球隊的注意。

交易大限當天下午，距離截止時間到點的幾分鐘，皇家隊能力出眾且很會帶球員的教練昆茲（Rusty Kuntz），把手倚在打擊籠上，看著我做揮棒練習。在棒球界，不是所有教練都會把球員的福祉放在自身利益之前，但昆茲總是先替球員著想，不斷思考該怎麼做，才是對球員最好的決策。昆茲很清楚，打職棒本身就是一件非常困難的事情，所以不論是在指導球員、給予球員支持鼓勵、還是帶動球員的動能上，他都非常的無私和真誠。球員談起昆茲，都會說他「很懂」，代表著昆茲知道該怎麼做，才能讓球員在場上自在發揮、做出貢獻、打出價值；同樣重要的是，昆茲也很瞭解什麼事情會讓球員崩解，而上述這兩者之間的差距，往往只有一線之隔。

「嘿，安基爾，」昆茲對我說：「你現在得去總教練辦公室一趟。」

「怎麼了嗎？」我問。

「我唯一能告訴你的，」他邊說邊露出一抹微笑：「就是這件事對我來說不是好事。」在昆茲的眾多職務當中，外野教練也是他的一個身份。

「我被交易了嗎？」

昆茲聳聳肩。「去總教練辦公室吧。」

我把棒子倚在打擊籠的網子上，前往總教練辦公室。那年開季，我們的總教練是希爾曼（Trey Hillman），但他在球隊打出十二勝二十三敗的差勁戰績後，就遭到炒魷魚，被尤斯特（Ned Yost）取代。等我抵達辦公室，尤斯特已經在裡面等我，總管摩爾（Dayton Moore）也在他身旁。

「嘿，」尤斯特說：「你被交易了。」

「瞭解。」

「你的新球隊是勇士隊。」他說：「這是件好事，他們真的需要你。」

勇士隊，竟然是我從小到大最喜歡的勇士隊，那感覺就像棒球之神忽然在我身上打了一道

142　每年七月底，是大聯盟的季中交易截止日，也就是大家俗稱的「交易大限」。每年到接近交易大限的日子，無論是競爭球隊想要補強、增加晉級季後賽的機率，還是戰績不佳的隊伍想清掉沒有未來性的球員、重整薪資結構，都會產出一些具有不小影響力的交易案，而這些交易案亦是棒球媒體和球迷的精神糧食和話題焦點。

光。先前所有的不開心——包含季初跟希爾曼處不太來、球隊戰績不佳、到後來受傷等各種不如意——都在尤斯特說出「勇士隊」的那一刻，煙消雲散。

交易發生的當下，勇士排名國聯東區第一，是實力堅強的隊伍。我成為勇士球員，第一次跟隊友吃飯時，被二十多名隊友和教練包圍，席間環顧四周，眼睛停留在傳奇教頭卡克斯身上。卡克斯在該年球季結束後就要退休，而我竟有幸成為他告別賽季的搖滾區觀眾，這讓我感到既幸運又開心。至於我在勇士要盡到的本份，就是要用手中的棒子打出成績。

有時候我的打擊狀況真的很不錯，球棒打中球，輕鬆就能形成全壘打。二〇〇七年，我在六週的區間敲出多達十一發紅不讓，每一轟，都讓紅雀球迷陷入瘋狂，那歡呼聲聽來格外悅耳舒服；二〇〇八年，我又在一百二十場出賽中扛出二十五支全壘打。不過也有滿多時候，我的擊球狀況並不理想，連讓球棒擦到球皮都有困難，好像每次出棒我都慢了半拍，非比賽的時間則是一直在打擊籠內尋求解答。

在那個空氣沁涼的十月份晚間，勇士還在奮戰，我也還在奮戰。那是國家聯盟分區系列賽的第二場賽事（分區系列賽採五戰三勝制），我們作客巨人隊主場AT&T球場，雙方廝殺得難分難捨，比賽打到了延長賽第十一局上，所有勇士球員都期待能夠出現讓球隊領先的那一棒。我走上打擊區，想挑到一顆能進攻的速球猛力揮擊。

投手丘上是後援右投拉米瑞茲（Ramon Ramirez）。還沒輪到我打擊時，我在準備區做空揮，順便觀察拉米瑞茲的投球動作；這時我們的捕手麥肯（Brian McCann）從休息區發出聲音，吸引我的注意。他在第十局才面對過拉米瑞茲，打出一記飛球遭到接殺。

「安基爾，注意他的手套。」麥肯說：「當他要投速球之前，戴手套的那隻手都會用力握一下。」

我點點頭，表示知道了。

拉米瑞茲做好投球準備姿勢後，開始投球。我心裡想，他的手套好像有握一下，應該會是速球過來吧。

果然是速球，但我打成界外。

拉米瑞茲對我連投了五顆速球，最後一球完全在我的掌握之中，被我一棒打進了AT&T球場右外野觀眾席後方的麥考維灣（McCovey Cove）。

我得稍微壓抑興奮的情緒，克制自己不要直接衝回休息區跟隊友慶祝，還是先把該繞的壘繞完；只是這段繞壘實在顯得多餘：我想直接衝到休息區旁跟隊友一起大笑，告訴他們我是如何把那顆速球扛成全壘打、如何預判到是速球會過來、如何讓巨人主場超過四萬名觀眾目瞪口呆。

揮出全壘打後，我沒有誇張的甩棒動作，但隨著繞壘愈來愈靠近本壘，我的情緒愈來愈外顯。踩完本壘，我直奔朝麥肯奔去。

「是速球，」我笑著說。

「速球！」他大喊。

老實講，當下的我並不知道還能那樣在大聯盟打多久。我三十一歲，不算太老，自己感覺很年輕，仍能在外野飛奔、仍能傳出助殺。老天爺，我還能傳球這件事本身就已經很了不起了。我不再被本壘板上方那個由主審定義的好球帶方框所侷限，成為野手之後我獲得自由，傳出去的球變得受控，我甚至愛上了傳球。

打擊的話，是真的很難。

不過拉米瑞茲那第五顆速球就在好球帶正中間，稍微偏高；這種球我絕對能打好。球棒跟球的接觸點完美到，打出去時我幾乎感受不到球跟球棒有碰觸。巨人右外野手薛爾侯茲（Nate Schierholtz）往身後的磚牆跑了幾步，但步伐顯得十分洩氣，因為他知道這球會越過全壘打牆、飛出球場。沒有球場能夠留得住一顆推測飛行距離四百五十呎的飛球，而最後那球的落點在麥考維灣的水面。

我不記得我有比揮出那支全壘打更快樂的棒球回憶。那個在舊金山的十月夜晚，身穿我嚮往已久的勇士制服，在季後賽揮出一發重要的全壘打，幫助勇士拿下那場比賽的勝利（那支全壘打出現在十一局上半，勇士守住下半局，最終以五比四贏得系列賽第二戰）。我不只是職棒球員，還是「不錯的」職棒球員。跟其他球員一樣，我有時候會陷入低潮、打得掙扎，但偶爾還是能夠像那個在舊金山的十月夜晚，揮出經典一擊。或者可以說，我就是一名稱職的棒球員吧，不多也不少，就那麼剛剛好；光達到這點其實就很不容易了，回想過去有多少年，我心裡只懷想這目標，卻始終達不成。

「你們知道安基爾的故事有多麼厲害嗎？」C．瓊斯那晚賽後說：「回顧他一路走來的歷程，真的很不簡單。過去有這麼長一段時間，他一直在吃苦。相信我，我曾經在打擊區面對過還是投手的他，那真的一點都不好玩。然而如今，他以不同的姿態重返季後賽，身上穿著勇士隊的制服（當初安基爾在場上崩壞時，就是面對勇士隊），成為今晚的英雄，這是令人難忘的一刻。」

他說得沒錯，那真的是令人難忘的一刻。

第二十八章 多夫曼的離去

二〇一一年春訓，哈維．多夫曼去世了。那是我在華盛頓國民隊的第一年。

多夫曼離開前，仍然沒有把心魔這件事解釋清楚，也就是：我到底怎麼了？跟我有類似遭遇的人，究竟為什麼會變成這樣？為什麼忽然之間，一個從小到大可以輕鬆完成的簡單動作，變得如此困難，甚至讓整個運動生涯都受到阻礙？

心魔攫住我之後，我忘記該怎麼投球以及正常投球的感覺。我手臂應該那樣往後擺嗎？還是應該這樣？手腕又該怎麼運用？要不要彎曲？還是不要彎？手掌握球應該握在哪個位置？出手時間點是現在，還是再等一下？

當然，當我這樣想的時候，球出手的時機點就已經慢了。在球場上，每一分每一秒都只能專注於「究竟如何才能投出下一顆該死的好球」；事實上，不只是在球場，離開球場的時時刻刻，我也都在思考著、掙扎著，該怎麼做才能在下一次投球投出好球。這一點都不健康，而在某些情況比較糟的日子，一切更只能用「黑暗」、「陰鬱」來形容。

後來我撥雲見日、逐漸擺脫心魔的影響、重新要回人生的掌控權，這些後續的發展，多夫曼似乎也沒有解釋清楚。我們在二〇〇〇年春天的那個下午結識，一年之後建構了不可分割的情感連結，多夫曼成了我最需要的朋友。其實不只是我，有很多其他迷失自我、陷入困境的年輕運動員，也都接受過多夫曼的協助。他們跟多夫曼的對話都是從「嘿，你就是那個哈維吧？」開始。跟這些受過多夫曼幫助的人交談，我們有共同的語言：一起回想多夫曼的錦言金句、笑談多夫曼的處事哲理、分享彼此心目中多夫曼的優點。他拯救了很多運動員的生涯，甚至不只是生涯，也挽救了不少年輕生命，或者是說，讓許多人的人生變得比較好過。這個世界在多夫曼的視角裡變得單純許多，而他也有足夠的智慧和慷慨之心，為我們這些只覺得世界好複雜、因此飽受困擾的人騰出一些空間，讓我們跟他坐在一起，改變我們看世界的方式。我們都是「多夫曼派」。

「安基爾，所以你會怎麼面對這件事呢？你會採取什麼行動？」多夫曼總會這麼說，而我也會講出一些做法，並在他的協助下，實際去執行。

有一天早上，我從佛羅里達朱庇特出發去找多夫曼；當時七十五歲的他，住在北卡羅萊納州阿什維爾（Asheville）的家中，病情已十分嚴重，臥床的時間愈來愈長。從波拉斯當初介紹多夫曼給我（起初我只把他當心理醫生），到後來他成為我生命中渴望已久的父親角色，甚至達到能夠成為我孩子祖父角色的程度，這十年來，他已變成我日常生活中不可或缺的一部分。我必須再去親眼見他一面。那時候戴克蘭[143]才剛出生，多夫曼以為我會因為孩子而忙得不可開交，沒有時間再去跟他見面，所以當我打電話跟他說我要造訪時，他用虛弱的聲音說：「我原本以為我只能看到你兒子的照片，那是我還沒嚥下最後一口氣的最大指望。」

那天的計劃是，先飛到亞特蘭大，再轉機到阿什維爾，不過人算不如天算，因為有暴風雨的關係，轉機的航班被臨時取消，我跟蘿瑞只好在亞特蘭大租車，開大約三百二十公里的車程，到多夫曼的家。我真的很想要讓蘿瑞見見多夫曼本人。最後一小時的車程，我們了開進大煙山（Great Smokey Mountains）[144]，在漆黑且風雨交加的夜晚中前行，試圖在雨刷快速擺動和密集雨水墜落之間，掌握前方道路的視線；邊開我心裡邊想：*多夫曼住在名山之峰……這點實在合理到不行。*

多夫曼跟我都很清楚他的時日已經不多，我專程跑去一趟，就是為了親口跟他說聲謝謝。在多夫曼出現之前，我其實沒花什麼心思去想某些人在我人生駐足的原因，也沒去想他們的存在怎麼形塑我這個人。好多人在我的生命旅程裡來來去去，但非常少人留下具有實質意義的足跡，而多夫曼就是那極少數的其中之一。沒錯，技術上來說，多夫曼就只是波拉斯花錢請來安撫客戶的人，讓他在客戶打擊陷入低潮、投球找不到好球帶時介入；然而，多夫曼做的更多：如果只是為了錢，他不會在凌晨三點鐘接起電話，誠心地問：「安基爾，你還好嗎？沒事吧？」如果只是為了錢，他不會整夜不睡透過電話陪伴我，等到破曉陽光露臉、我的焦慮感消失、淚水流乾之後，才願意掛掉電話。

那天多夫曼還有體力來到餐桌和我們共進晚餐。席間我們其實沒有聊什麼，跟很多老朋友聚在一起時一樣，就只是陪伴著彼此。外面天氣很糟，但屋內卻溫暖舒適，而多夫曼妻子阿妮塔（Anita Dorfman）所烹飪的佳餚，則是撫慰人心。

我之所以選擇不再理會我的父親，除了因為我認知到如果沒有他的介入，我能成為更好的人，再者是因為我知道我有多夫曼作後盾。多夫曼會提醒我，我父親的種種言行和他造成的傷害，並非我的過錯：我不需要為「我父親的行為」、「他對我和母親造成的負面影響」負責任，也不必為了「我該做什麼卻沒做」而感到自責。雖然我不是每次都全然接受多夫曼的話，但這些話語多少削減了我的內疚感。在他的引導下，我也慢慢了解到，不管我再怎麼去多想、再怎麼試著化解內心的糾結，我都無法改變那天在紅雀主場投手丘上崩解的事實，以及後續多年的各種掙扎和磨難。

143　Declan Ankiel，安基爾的兒子。

144　大煙山坐落於美國東南部田納西州與北卡羅來納州的交界處，為阿帕拉契山脈的分支山脈。以其為基礎的大煙山國家公園於一九三四年建立，每年約有九百萬人次訪問此公園。大煙山亦是生物圈保護區成員之一，並且登入世界遺產名錄。大煙山之名稱來源於東南溫暖的墨西哥灣氣流，在沿著阿帕拉契山脈上升過程中形成的大煙嵐現象。這種現象在清晨與雨後格外明顯。（摘編自《維基百科》）

已經發生的事情就是已經發生了，重點是這個當下我能做甚麼、接下來我能做甚麼？

在餐桌前，坐在多夫曼的對面，那一刻我為自己當下的狀態感到驕傲。從很多角度來看，我都覺得自己成功克服了巨大挑戰、沒有被擊倒。我喜歡我望向多夫曼的堅定眼神，這眼神說明了我不再是過去那個充滿焦慮、心神不寧的年輕人。能夠以現在這樣、跟過去不同、比以往好很多的姿態，坐在多夫曼面前，對我來說意義重大。我去找多夫曼，最大的目的是當面跟他說再見，但另一方面，我也想以現在的樣態告訴他，他已經成功扭轉了我的人生，讓我處在很好的境地。我想藉由這個方式讓他明白：我很好，我已經沒事了。

隔天早晨，在多夫曼家門前要跟他道別時，老實講，我說不出什麼話。我倆都清楚，那會是我們最後一次擁抱、最後一次當面對彼此微笑。

「哈維，謝謝你。」我只能勉強擠出這些話：「真的謝謝你。」

那次見面之後沒過多久，我們通了一次電話，聽得出來多夫曼的聲音充滿疲憊。他告訴我，他在牆上釘了一張戴克蘭的照片，如此一來便能時常看見我兒子。

「一切都會沒事的。」他說。

「哈維……」我才正要開口，他就打斷我。

「而你，」他說：「你也會好好的。」

「我知道，我知道。」

「還有啊……」

「還有什麼？」

「那都不是你的錯。」

我笑了，多夫曼也笑了。

幾天後，多夫曼就去世了。

所以，到底易普症是甚麼？心魔是甚麼？多夫曼最清楚。他知道易普症不是暫時的，而是需要長期作戰；他知道心魔的影響不只侷限在球場上，也會延伸到球場下的生活；他知道運動員有被心魔擊垮的風險，而我本身就是個很好的例子。多夫曼一路以來都沒錯，他不只是在幫助我而已，更是在救我一命。當然，這「救我一命」並不是真的說幫我擋一槍、擋一刀、或幫我做CPR恢復呼吸那麼實際，而是比較抽象的概念。

實際把我的生命拉回正軌的，還是我自己；在多夫曼的協助之下，我沒有放棄自己。多夫曼讓我知道該怎麼做，才能做到這件事，他的做法很簡單，有時候就是單純地問：「好，現在你好好想想，對於現在的情況，你他媽的要採取什麼樣的行動？」他會特別加重髒話部分的語氣，目的是為了強調：安基爾，外面的世界現實殘酷，挫折和磨難總是會發生，而只有你能夠做出抉擇：要積極面對還是消極逃避？每一天，日復一日，我都問自己這個問題；到最後，我對於自己能反覆做到這件事並給出回應，感到驕傲。比起投出三振、打全壘打、靠比賽賺錢、穿上大聯盟球隊制服，我更驕傲的是自己能正視難題、勇於面對。對於所處的困境，我他媽的該採取什麼作為？全力求勝、努力訓練、不斷嘗試、投入參與、盡情大笑、大聲哭泣、頑強抵抗。無論用什麼方法，我都要在這個殘酷世界挺直腰桿子，就算有些時候結果不盡人意，但至少我奮戰過。或許我無法每次都投出好球、或許我無法每次都打中滑球，但我知道自己總有可能辦到。

「沒錯，安基爾，我還在注意你。」我相信在天上的多夫曼肯定會這麼說：「我一直都在看著你，為你感到無比驕傲。」

第二十九章 最後一次告別

二〇一三年夏天，紐約大都會隊把我釋出，沒有新工作上門，所以我「再次」退休，而這一次是永久的了。當時我三十三歲，快要滿三十四歲。我兩次退休中間，相隔了八年，過程中累積了約三千個打席，我跟蘿瑞也生了兩個孩子。這兩個小孩成長的地方，距離我小時候的家並不遠，但他們的環境會穩定許多，且充滿來自家庭的愛。母親跟我們住在一起；父親的話，我已經不知道他的下落。退休之後，我有一陣子都在釣魚、花很多時間陪伴兩個男孩成長；過去蘿瑞一人扛起顧家的重擔，現在我盡量幫她分憂解勞。

最後，我在大聯盟留下的投打數據如下：投手身份，累積二百四十二局，拿下十三場勝投；野手身份，在外野守了四千一百一十五局，累積二成四〇的打擊率和七十六支全壘打。我在二十歲的時候登上大聯盟，並在三十四歲生日的一個月前離開賽場，中間這十四年的歲月或許跟我當初設想的不大一樣，但我仍為這段生涯感到驕傲。我一共效力了屬於六座不同城市的六支隊伍

——聖路易紅雀、堪薩斯皇家、亞特蘭大勇士、華盛頓國民、休士頓太空人，以及最後一站紐約大都會。有些地方的球迷為我瘋狂，也有一些球迷不太知道該怎麼看待我，但他們的共通點是，都給了我非常多追尋人生目標的機會。在無數憤怒的情緒和絕望的心境之間、在諸多不盡人意或令人血脈賁張的時刻之中，我仍然達成了人生目標，找到自己嚮往的生命樣貌。過程中所花的時間都是值得的、過程中所付出的努力也都是值得的。回過頭看，雖然辛苦，但我一點都不覺得無聊。

我當了七年的投手、七年的野手，整個職棒生涯都走在成功與失敗間的邊緣地帶，試圖憑藉投球的出手動作、出棒的擊球點、外野飛球軌跡的判斷，推進自己向前行。這一路以來，我問自己的問題，已經從「為什麼心魔會找上我？」、「為什麼我得經歷這一切？」，變成「為什麼不去嘗試看看？」、「有何不可？」、「讓我來看看自己的能耐到哪裡吧！」

我其實覺得自己還能打，所以不是自願退休，而是有點被迫離開球場；為此我哀怨了一段時間，但也沒有意志消沉。離開賽場一年半的時間，我都在追著戴克蘭和萊克[145]到處跑，有機會的話就去釣魚，盡量朝離岸更遠的地方去，因為那樣才能釣到更大隻的魚；雖然過著看似閒雲野鶴、輕鬆愜意的生活，但內心仍想回到棒球圈。後來我終於等到了棒球工作的邀約，華盛頓國民請我去當他們球隊的生活技能專員（Life Skills Coordinator），而我也接下了這份工作。從職稱看不太出來這職位具體上要做甚麼事情，因為職稱本身非常模糊；事實上，這份工作的實際內容也很模糊。我猜我要做的事，大概就類似於當年多夫曼的角色：不管球員是因為什麼樣的事情，陷入到生命的困境，我都能夠看著他們的雙眼，跟他們說：「對，我知道那是什麼感覺，因為我也曾經歷過。」然後用多夫曼的口吻問他們：「所以你會怎麼面對這困境？你會採取什麼行動？」在注視這些鬱悶年輕人的雙眼、聆聽他們的故事、感受他們隱藏許久的痛苦時，我開始想起過去的自己。坐在我面前的這些年輕人，就是以前的我。

二〇一五年六月中，我跟一個名叫曼西尼（Domenick Mancini）的年輕人共進早餐。我們吃早餐的地方，是在一家叫作「吉米斯」（Jimmies）的棒球主題餐館，它坐落在一座高爾夫球場的球道旁，距離國民隊春訓基地不遠，開車十分鐘左右就能到。我從朱庇特開了九十分鐘的車程到餐館，跟曼西尼會合。此前的四個月，曼西尼都在國民春訓基地揮汗訓練，只為了尋回把球投到他想要位置的能力。承受著不小心理壓力的他，內心十分煎熬，知道自己愈來愈沒有退路。

當時曼西尼二十一歲，跟二〇〇〇年十月三號當天的我一模一樣。

我們坐在露天的戶外用餐區，周遭其他來用餐的人非常多。服務生在桌與桌之間狹窄的通道穿梭，我們隔壁桌是一個媽媽正手忙腳亂地切分鬆餅，好讓她年輕的兒子食用。露台外邊，就是高爾夫球場球道，可以看到不少高爾夫選手行經球場跟露台之間的走道。

145　Ryker Ankiel。

曼西尼看上去身高大概一百九十公分，體格精瘦。出身自邁阿密戴德社區學院（Miami Dade Junior College）的他，在二〇一四年選秀會的第十二輪被國民隊挑中，雙方以十五萬美元的簽約金達成協議，這數字幾乎是同輪次行情價的兩倍。國民隊之所以掏出比行情高出不少的價碼，是因為曼西尼擁有上看九十七英里的速球，球威十足，而各隊都喜歡球威剛強的年輕投手。那為什麼球速飛快的曼西尼，會落到第十二輪、這麼後面的輪次才被選呢？那是因為曼西尼在大學投球生涯的最後一個賽季，遭逢了傷勢（不是大傷），另外一點就是，他的速球控球並不理想。球探看過曼西尼的投球之後，都對他的速球控制抱持質疑態度，因此業界才會有這麼一個爭論：曼西尼這名右投手的速球球威夠不夠強，足不足以掩蓋控球上的瑕疵？他對速球的控制力是否能達到堪用的程度，以不至於落到職業生涯早夭的結局？

自從我高掛球鞋，開始在國民隊擔任教練職，我遇到非常多像曼西尼這樣的年輕人，比我原本想像的還要多。他們有些人跟我一樣染上易普症，開始感受到心魔的浮現、步步進逼，臉上的表情就像剛被一場大雨襲擊、淋成落湯雞的樣子；但也不是人人都如此，有些人是因為頂不住身為職棒球員的種種壓力而陷入難關，這些壓力包含：要在短時間內有所表現、有所成長；要拿出對得起簽約金的成績；要讓他們的家人和老家的鄉親父老感到驕傲；要證明先前球探報告寫的缺點已經過時；要在臨場做出正確的決策；要為球場上所犯下的錯誤承擔責任。社群媒體記錄下這些年輕球員成功美好的時刻，預示著他們有機會快速在小聯盟體系竄升，離登上大聯盟的日子不遠，但同一時間，社群媒體也留存了他們犯錯的證據。年輕球員面對社群媒體帶來的種種關注和壓力之餘，最大的考驗還是來自教練團的要求和指示：打擊率至少要拉升到三成五〇之上、把這個半局的三名打者都三振、學習一個新的球種、改變已經採用十五年以上的揮棒姿勢。除此之外，進職業後，不管是隊友還是對手的競爭強度，都是他們前所未見的。對於一個年僅十八歲、尚未發育完全、待學事項多如牛毛、仍然在一A打拚的十八歲年輕人而言，大聯盟舞台真可說是遙不可及。每天每天，都有太多的煩惱和壓力需要卸載。

這種高壓的情境肯定會對人造成影響，尤其是年紀較小的球員。對不少選手來說，這是他們生命中第一次在棒球場上面臨重大挫折，自我懷疑會因此迅速積累、壯大。在某些人的案例裡，那些自我懷疑很可能就是造成本來該進捕手手套的球，最後跑到本壘板後方的罪魁禍首。

在那個坐在吉米斯用餐的早晨，曼西尼很鎮靜，沒有心神不寧的感覺。他說話時會微笑，甚至能夠自嘲自己的窘境。他說他的職業生涯已經陷入危機，我告訴他，我能懂那種心境；他說有時候他會開車到居住地附近的少棒聯盟球場，看小男孩和小女孩們，輕鬆寫意地把球丟向他們想要的位置，心裡想著要是自己也能夠重拾那種丟球的感覺，該有多好，我告訴他，有一次我回到小時候參與過的少棒聯盟進行開球，結果一丟把球丟到了本壘板後方，為此遭到了一些噓聲伺候；他說他的情況時好時壞，但最近壞的情況居多，我點點頭表達鼓勵之意，但心裡很清楚，這孩子正深陷心魔的糾纏。

我是隊上的生活技能專員，這個職位是為了沒有大學文憑、但親身經驗非常豐富的運動心理師角色而設。他們都說，我很清楚「自我懷疑」和「心魔」的底細、知道這些內在的因子正如何困擾曼西尼的內心和腦袋、能推測他之後會有怎麼樣的發展。就算曼西尼有可能很長一段時間都擺脫不了心魔的影響，但他還是試著去對抗這股力量，想辦法找尋一個權宜之計，接著就是尋求外界的協助。國民隊找到我，要我來幫他，所以我們約來一起吃早餐。

曼西尼成長於佛羅里達羅德岱堡（Fort Lauderdale）市郊的威斯頓（Weston），他的父親薩爾（Sal Mancini）高中時期是校隊成員，非常熱愛棒球。曼西尼兩歲時，薩爾就已經開始在客廳餵網球給他打。雖然在青少年時期，曼西尼接觸過各式各樣不同的運動項目，但他最擅長也最喜歡的，始終是棒球。十歲時，曼西尼成了一名投手；上了高中，他在第一年就入選校隊；高二升高三那年，他長了八到十公分，體重增加了約十公斤；而等到他高四那年，曼西尼已經能夠飆出九十二英里的球速。高中最後一年的春天，曼西尼代表美國海瑞中學（American Heritage High School）參與高中聯賽的季後賽，奪得三場勝投，隨後被佛羅里達大西洋大學（Florida Atlantic University，學校棒球隊隸屬NCAA一級，也是大學最高層級）招攬，進入該校就讀並成為大學球隊的一員。對於一個畢生夢想就是打職棒、甚至打上大聯盟的年輕人而言，曼西尼走到大學的這一路看起來，都非常光明、很有未來性。他夠高、夠壯，重點是球速也夠快；只要他能穩定地投出好球、穩定地解決打擊區內的打者，達成進職棒、打上大聯盟的目標，指日可待。

然而，曼西尼成為大學投手後，就開始逐漸的崩解；他在佛羅里達大西洋大學沒有投過任何一場正式的比賽。

「我的情況不是投了某一球之後一切走樣，而是慢慢地、逐漸地崩壞，整個過程拉得滿長的。那年暑假，我到大學的球隊報到，當時每次投球只會出現一兩顆完全失控的球，我不以為意，只覺得：嗯，好像有點怪。暑假期間我的投球狀況都還算可以。緊接著新學期展開，每次出賽的失控球變多，來到三、四顆。」

曼西尼對這樣的情況感到困惑，開始失去自信。很快地，他就知道自己不可能在NCAA一級的賽事競爭，於是轉學到附近的邁阿密戴德社區學院，希望在那裡重建信心，慢慢投回四年制大學。他也開始回去跟父親——薩爾——在公園練傳接球，就跟小時候他剛開始學棒球時一樣。他們會帶著各自的手套，曼西尼手中拿著一桶球，一起到公園，就是很單純的傳接球。

即便是在如此輕鬆的情境，曼西尼很多球還是會完全失控；就算薩爾已經找了一個有鐵網作後擋的位置，失控球打到鐵網後反彈的方向也難以預料。為了不讓薩爾到處撿球、疲於奔命，他們會先把桶子裡的球一次消耗完，再去把四散地球全部撿回桶子裡，然後重複整個流程。傳接球時，曼西尼愈來愈厭倦球打在鐵網上乒乒乓乓的噪音，愈來愈懷念「不用思考，就能把球投在想要位置，聽到球跟手套撞擊聲響」的那種快樂。但他心裡總是懷著希望：也許下一球投出去，就能解決這個問題；如果不是下一球，那下下球也可能是那敲碎心魔的一擊。曼西尼不願放棄，相信自己能夠回到原本的狀態：在投手丘上投出足以解決打者的內容，讓自己恢復自信。

跟我一樣，儘管飽受心魔困擾，曼西尼偶爾也會遇到狀態不錯的時候。在邁阿密戴德時期，他有一些比賽投得真的很好。教練調整了他的投球動作，降低出手點，給了他不小的幫助，可是好景不常，改動作之後的蜜月期沒過太久，即失去了效用，等到二〇一三年秋天，高中畢業才一年半的曼西尼，開始認真考慮放棄棒球。他所遭遇的困境實在太艱難、現實對待他的方式實在太殘酷，以致於他逐漸麻木、甚至放棄希望：當邁阿密戴德棒球隊舉辦一年一度的球探日，邀請球探來觀察陣中的球員時，曼西尼竟沒有上場投球，而是跟球探們坐在場邊，記錄隊友的投球。

「嘿，曼西尼，」有一名球探說：「你今天會上去丟嗎？」

「今天不會。」曼西尼回答。

「為什麼不上去丟一下？」

曼西尼只是聳聳肩。

幾個小時過去，本來不想上去投球的曼西尼內心動搖了。為什麼不嘗試看看呢？我還有什麼好失去的？只要小力一點，試著用較低的出手擺臂和角度，投幾顆速球看看，就那麼一次，再試試看自己能不能辦得到。當天所有球探都在場，投不好的話，大不了給自己一個直接放棄棒球的最佳理由，反正原本也已經差不多要完全放下了。為了不留下任何一絲遺憾，曼西尼還是上去投。

沒想到那天他的狀況十分不錯，能穩定地投出好球。他可以在投球前設定好想要的進壘點，緊接著馬上把球送到該位置。曼西尼因此感受到了一點褪去已久的自信心。球與球之間，他在投手丘上笑顏逐開，自上了高中之後，他不曾在球場上經歷過這種長達十五分鐘的快樂。場邊的球探們邊看著手上雷達測速槍的數字，邊在筆記本上寫下文字。

後來有一個球探跟曼西尼說：「你投球的內容很不錯。」

曼西尼感謝他的美言，試著不露出訝異的表情。

「你知道你的球有多快嗎？」

曼西尼輕輕地搖搖頭，他只知道自己為了求控球，丟得沒那麼大力。

「八十九英里左右？」曼西尼猜測。

「不，是九十六英里。」

九十六英里，而且控在頗為精確的進壘點；重點是，球出手時感覺輕鬆且不耗神費力。那天在場上投球的感覺，讓曼西尼走下投手丘時依然能昂首闊步，因為他品嚐到了投球的快樂，並提醒了自己過去他曾經也是一名傑出的投手。曼西尼心想：或許，那個傑出投手的能耐沒有消失，仍存留在他的體內；或許，他能把這短暫的成功帶到大學球季裡，懷抱自信挺進選秀季，加入職棒，經過夏天在小聯盟的磨練，冬天持續特訓，試圖打造出最棒版本的自己，讓自己找到一條快速升上大聯盟的途徑。

數個月後，在吉米斯的露天用餐區上，曼西尼把這整個故事說給我聽。他告訴我，當時他真的說服了自己，認為已經脫離了焦慮感和心魔的魔掌，不會再因為一顆失控的球而引發情緒崩潰的骨牌效應，不再活在心魔可能隨時終結他棒球生涯的陰影之下。

講到這裡，曼西尼搖搖頭，似乎是想強調這種想法有多麼荒謬。沒多久，曼西尼丟出的球又開始不聽使喚；問題從冬天浮現，起初只是幾顆稍微偏差幾吋的球，隨著時間遞進偏差幅度愈來愈大，情緒的不穩定性也不斷增加。他投球變得猶豫不決，啟動投球動作、手臂往後伸之後，腦袋便一片空白、失去對身體的掌控。整個冬天，曼西尼都試圖對抗心魔的影響，但等到進入春訓，他依然覺得渾身不自在、感覺不太對，擔心在愈來愈多眼球關注的情況下，自己有可能在球場上崩潰。

投手在春訓早上要做的第一件事，就是排成平行的兩排——一排沿著外野邊線、另一排在外野，進行例行的傳接球。每到這個時刻，曼西尼就會陷入焦慮，因為每傳一球，偏差就愈多，他開始擔心自己會不會不小心砸到旁邊也在傳接球的隊友。當其他人都在試著把身子暖起來、進入到完全開機的模式時，曼西尼卻一直在嘗試減緩過於激烈的心跳、想辦法使自己冷靜放鬆。終於有一次，曼西尼決定帶著一桶球到外野，自己把球丟到邊線附近；當他這麼做的時候，心裡不禁想：我到底還喜不喜歡棒球啊？這個問題他自己都回答不太出來，但他可以確定的是，棒球對待他的方式很不友善。

春訓期間，我給了曼西尼我的名片，他拿到之後看了看，上面寫著「生活技能教練」，他心想：**我的人生好好的，不需要別人來教**。回到飯店房間之後，曼西尼繼續祈禱著明天球隊別要求他投球。兩個多月後，經歷了無數類似的夜晚，曼西尼還是決定打電話給我。

「所以我現在該怎麼做？」他問。

「我們一起吃頓鬆餅早餐吧。」我說。

我跟曼西尼說，我們一起見面聊聊，應該可以想出辦法，但其實內心沒有那麼篤定。我提醒他，要試著找回打球的樂趣，回想以往在球場上無憂無慮揮灑的感覺。我花了十分鐘把我的故事說給他聽，從身穿紅雀制服站上大聯盟，到決定不再擔任投手的那一天。我也在共進早餐的過程中，試想自己如果是多夫曼，會怎麼來看待這名年輕人的際遇，並借用了一些多夫曼慣用的話語，來說給曼西尼聽。那次用完餐後，接下來幾天，我跟曼西尼進行了幾次傳接球練習，邊傳接、邊跟他對話；我教他過去幫助我緩解焦慮的小技巧，希望他也能藉由這些做法改善他跟棒球的關係。我告訴他，不要著急，一球一球來，忘掉前一球，也不要去想下一球，就專注在當前這一球就好，那顆在你手中的縫線球。但到頭來，與心魔的交手，還是得靠自己去面對、去控制，旁人的鼓勵與建議，終究只是鼓勵和建議。

回到我倆在吉米斯共進早餐的場景，當我們都吃完、差不多準備離開時，隔壁桌的媽媽問我們是不是棒球員。曼西尼回說，我們都是棒球員。那媽媽把手搭在她兒子（年紀大概五、六歲）

的肩膀上，說那孩子是個超級棒球迷，並問我們要不要給她兒子一些建議。

曼西尼先是對我笑了笑，然後再對那個媽媽微笑。

「嘿，打棒球就是要覺得好玩，好好享受其中的樂趣就好，」曼西尼說：「不要太認真、太嚴肅看待它。」

聽到他這麼說，我也笑了。

「對，沒錯，這也是我想說的。」我說。

那媽媽向我們道謝。等她走了之後，曼西尼轉過來對我說：「老天，真希望我自己是那個男孩。」

兩個星期後，曼西尼人在球員休息室。他看到三名隊友輪流被叫進總教練辦公室，出來的時候都帶著球團已經將他們釋出的消息。

「嘿，曼西尼，」辦公室裡其中一個教練忽然叫他：「我們要跟你聊一下。」

該死的，曼西尼心想，應該是輪到我被釋出了吧。

他走進辦公室，看到總教練貝瑞特（Michael Barrett，退役大聯盟捕手）坐在桌子後方，另外有三、四名投手教練站在一旁。

「曼西尼，」貝瑞特開口：「我們決定釋出你了。」

貝瑞特後來又說了一些安慰的話，內容大概是其他球隊一定還有機會可以給曼西尼試試看，要他不要氣餒。不過在貝瑞特說出「釋出」兩個字之後，曼西尼便不太在意後面其他的談話內容，因為他鬆了一大口氣：終於不用再丟球，不只是那天不用，接下來也都不用了。

曼西尼回到飯店房間，接下來他得開車三個小時到下個目的地，但在那之前，他先坐在床上，拿出一張紙，在上面寫下他在棒球場上所有的美好經歷。下一段職涯和日後的人生即將到來，他不想忘記在棒球領域的歲月和經驗。當曼西尼寫完時，他發現這份清單的內容遠比他預期的多。曼西尼把這份清單放進背包，將拉鍊拉上，背起背包，離開飯店，走向他的車。

曼西尼再次回到佛羅里達大西洋大學念書，主修工商管理，副修財經，預計在二〇一七年春天畢業。

「我現在很好。」他後來跟我說：「我當初有付出努力去嘗試了，所以現在不會覺得是自己搞砸了棒球生涯。」

「不是人人都能修好自己、克服心魔。」他說。

他也說，雖然回歸學生身份，但或許，他會在幾個月之後再拿起棒球到公園丟；當然，也要看他的父親還願不願意接他的球，如果沒辦法的話，那他就自己帶著一桶球去丟吧。

當我跟曼西尼的早餐聚會結束，我們站起身來，曼西尼握了握我的手。

「嘿，曼西尼，」我說。

「是。」

「這一切都不是你的錯。」

「謝了，安基爾，我知道。」

「我們保持聯絡。」

我想我這樣的做法，就是在把多夫曼給我的教導傳承給新一世代的球員、選手，而且我還能加上自己獨一無二的親身經驗。我的經驗代表的是一個破碎且切分成很多段的瘋狂職業生涯，可是這個生涯卻令我感到無比驕傲，因為裡面充滿了酸甜苦辣、跟心魔對抗的斑駁痕跡，在在印證了我有那個資格來分享自身故事。

我當了一年的生活技能專員／教練，但就算離開了那個崗位，我仍然會接到有類似經驗的人來電或來信，他們的共通點是都飽受恐懼和焦慮的折磨。面對這些求援訊息，我的第一步都會先告訴他們：今天會面臨到這樣的困境，並不是他們的錯。

真正得到易普症的人並不多，而知道該怎麼幫助易普症患者的人，更是少之又少，我們很難再遇到第二個多夫曼。雖然我們這群被易普症糾纏的人，沒能夠完全斬殺心魔，但至少我們肩併肩站在一起，嘗試打這場仗。受傷、跌倒了，我們簡單包紮一下，再站起來、再試一次。在某些日子裡，我們或許能夠獲得喘息的機會、找到繼續奮鬥的能量、重新確認堅持下去的理由、更加堅定自己努力的原因。

二〇〇一年春天，也就是我投出開啟一切夢魘的那球之後，過了大概幾個月的時間，我小時候投入的少棒聯盟打電話找我。電話另一頭的小姐說，他們快要開季了，問我要不要來現場當嘉賓；如果我能去的話，孩子們會非常開心。我答應了。活動當天，我開車到聖露西港的運動公園，那是我拿到人生第一套棒球隊制服的地方，也是我小時候第一次發現有個能讓我感到安全的所在。球場周圍的觀眾席坐得滿滿的，五顏六色的塑膠旗幟綁掛在護網柵欄上，氣氛好不熱鬧，我站在投手丘附近，向觀眾揮手。身為該聯盟大學長的我，很開心能以大聯盟球員的身份回到那兒，參與開幕日活動，跟大家同樂，但卻為接下來要進行的開球儀式焦慮到不行。我不想開球，但沒辦法拒絕他們的請求；畢竟，理論上來說，對一個大聯盟球員而言，「開球」這件事應該再輕鬆不過了吧，而我又不想顯得在擺架子，所以只能答應。

我望向本壘板後方，那裡站著一個大約十歲的少棒球員，身上穿戴著完整的捕手護具；由於他的身材還很嬌小，所以護具在他身上感覺都過大。那孩子蹲下來，很認真地準備執行他被賦予的任務。

哇，我心想，*這樣下去，要是我丟了一個大暴投，那實在會丟臉到不行耶*。當時，愈近的傳球距離愈令我不安，而成人六十呎六吋的投球距離已經讓我相當崩潰，更何況少棒的四十六呎。

所以我想出了一個權宜之計。臉上掛著微笑，我向前走了幾步，擺出投球動作，最後用下手的方式，把球拋向那個護具穿好戴滿的小捕手。

沒意外地，現場群眾噓聲四起。

還有另一個案例，至今仍在我腦中縈繞，那是在我大聯盟生涯最後一年、我身穿休士頓太空人隊球衣的時候。當時多夫曼已經去世超過兩年，而我所擁有的棒球生涯雖然有別於最早預想的樣貌，但我甘之如飴。那時候我過著我想要的生活，內心十分滿足，儘管被三振時還是會鬱悶，但仍努力打拚，希望能以打者身份繼續在大聯盟生存。

二〇一三年的太空人戰績很差，整年吞下多達一百一十一敗，而我在被釋出之前，也參與了其中的十九場敗仗。事件發生的夜晚，我們被對手打得比前一晚更慘，投手怎麼換就是止不住失血；眼看比賽勝負早已底定，且牛棚裡的投手又快燒光，加上還有接下來的賽程要未雨綢繆，我們的菜鳥總教練波特（Bo Porter）被搞得快沒法子了。

他轉頭望向我。

「安基爾，」他說。

我抬頭。

他朝投手丘的方向點點頭，然後說：「你能上去幫我們做點什麼嗎？」

波特感覺是個不錯的人，在棒球圈打滾非常多年，對棒球的認知夠紮實、夠深刻；我相信他過去也看過一些經歷跟我相仿的個案。

「你認真？」我問他。

「我沒在開玩笑。」他回答。

我沒有被波特的回答嚇到，但老實說，有些驚訝。畢竟，我早就不是投手，也不再投球了；更進一步說，我是「沒辦法」再投球了。

當場上我們仍然在被對手狂轟猛炸時，我對波特說：「波特，如果我要投球，我得先去冬季聯盟做完整的調整和備戰，才能再回到投手丘上投球。投球對我來說，不像我們眼前看到的那麼容易，好像走進球場、站上投手丘，然後把球丟到本壘板就可以了。不是每個人都能這樣，尤其是我，我更難做到這件事。」

我何嘗不想當個為團隊犧牲奉獻的好隊友？我當然也不想拒絕波特，讓他失望。可是就「臨時要我投球」這件事，我真的辦不到。

波特聳聳肩，只淡淡地說：「我必須考量所有的可能性。」

我坐在板凳上，看完最後幾局的比賽。坐在那兒的時候，我心想，就連圈內的資深棒球人，也不太清楚易普症代表的真正意義是甚麼。

安基爾，你嘛幫幫忙，不過是把球拿起來向前丟，有那麼難嗎？就丟球而言，是能有多難？如果我不是得易普症，而是肩膀曾經動過大刀、手肘上有傷疤、有醫療報告背書、有X光診斷證明，那很可能他們就能表示理解，不會考慮再讓我投球。

你說我在那個當下，是真的百分之百沒辦法重新拿起一顆球，鼓起勇氣嘗試投球看看嗎？也不是這樣的，或許我還能投投看。

可是如果那麼做，付出的代價值得嗎？要是那麼做，過去折磨我多年的噩夢捲土重來，值得嗎？要是那麼做，我又要天天經歷像是溺水掙扎般的痛苦，值得嗎？要是那麼做，心魔再次攫住我的內心，值得嗎？我禁得起跟心魔交戰第二回合嗎？

不，一點都不值得。

我已經獲得了我想要的生活，也就是現在過著的生活，而我要好好地把握它、享受它。

後記

距離我在季後賽徹底搞砸投球任務、職業生涯和人生就此大轉彎的那天，已經過了十五年。忽然電話響了，來電顯示的區碼是三一四，代表電話另一端來自聖路易。接起電話，一個名叫法埃佛（Joe Pfeiffer）的人開始說話。法埃佛是紅雀隊銷售部門的員工，同時負責夢幻棒球營的專案，我還滿喜歡他的。

「哈囉，你好啊！」我打了招呼。

「嘿，安基爾。」法埃佛說。

他問了我家人的近況、在朱庇特的生活樣貌、最近打高爾夫球的手感、釣魚時的手氣；我一一回覆了這些寒暄的問候：不錯、不錯、手感要視當天狀況、偶爾手氣還滿好的。

「所以安基爾，這次我打電話來主要是想問……」他說。

「是的，請說請說。」我說。

「能不能來幫我們開球呢？」他問：「有可能嗎？」

法埃佛邀請我去聖路易紅雀隊的主場——布許球場——開球，這已經不是他第一次這麼做。到大聯盟球場開球的流程大概如下：球場司儀宣布你的名字、你走上球場、對現場滿滿的觀眾揮手、步上投手丘、站定位、此時可能要再揮手一次、然後把球丟向六十呎六吋之外那個蹲在本壘板後方的人；開完球後、再對觀眾揮手、走下投手丘、跟接球的捕手握手、最後回家，差不多就是這樣。法埃佛想說，反正我那天人都會到布許球場幫球迷簽名了，不如就順便開個球吧。卡本特是身經百戰的前大聯盟投手，生涯累積一百四十四場勝投，其中九十五場是效力紅雀隊時所拿下，而這些還不包含他在季後賽累積的十勝（在世界大賽拿過三勝）；他這種等級的人物都曾跟我說過，他這輩子做過最令他緊張的事情，就是開球。直到今天我都忘不了我們那次的對話。

「法埃佛……」我開始支吾其詞。

「球迷們看到你回布許球場開球，會非常開心的。」法埃佛說。

「但……」

「我知道你的難處，但想說還是提出來讓你考慮一下。」

老實說，我也很想回到布許球場跟紅雀迷見面。離開紅雀之後，我還效力過皇家、勇士、國民、太空人、大都會，但骨子裡始終是紅雀人。每次回到聖路易和布許球場，我總是感覺特別不一樣，因為這座城市、這座球場在我最困頓的時候依然接納我，而等我以新的身份重返大聯盟賽場時，也是這裡的球迷熱烈迎接我歸隊。我跟聖路易球迷建立起的深厚連結，會永遠存在。

可是即便如此，我還是沒辦法開球。

「實在沒辦法，不好意思啊，法埃佛，實在對不起。」

法埃佛是個很好的人，他提出的請求其實十分合理，甚至可以說是友善的提議。雖然我在二〇〇九年就離開了紅雀球團，但內心一直都是紅雀人；不管後來去了幾支不同的球隊、甚至高掛球鞋之後到國民隊當教練，我把自己當作紅雀人的想法從來都沒有改變。我仍然希望自己能代表那座城市和球場的精神；他們見證了年輕的我在投手丘上完全搞砸「大物新秀」的招牌，也目睹了後來稍微年長一點的我，如何以幾乎沒有人辦到過的姿態回到賽場，寫下一段令人難忘的佳話。

我就是那個在最糟糕的時刻易普症發作的投手，花了將近五年的時間，以近乎偏執狂的決心和堅持，與心魔對抗，最終以外野手和打者的身份回到大聯盟舞台，用手中的棒子把球打進觀眾席、用依然健壯的臂力創造經典的外野助殺。這一切是如此地魔幻神奇，使我更加受到聖路易球迷的喜愛。所以邀請安基爾回到布許球場開球，讓球迷有機會再次表達他們有多麼欣賞當年他的勇氣，這樣的安排不是合理到不行嗎？

但……我是真的辦不到。實在辦不到。要我做甚麼其他事情都可以，唯獨開球不行。

「謝謝你的邀約，法埃佛。還是我從中外野開球？那樣的話就沒問題了。」

我笑了，他也笑了。

「等以後有機會我們再來試試看吧。先這樣了，法埃佛，掰掰。」我說。

「祝一切順利，安基爾。掰掰。」

我掛掉電話。

投球的心魔始終都在，沒有消失。不論時間過了多久、年紀變得多大；不管換了幾個工作、幾個職稱，投球依然是我的障礙。即便有超過十年的時間不用去想怎麼投球、縱使早已卸下職業球員的身份、就算只是簡單的開球儀式或是在後院丟威浮球，我還是覺得投球是一件非常困難的事情。我仍然很抗拒別人說：不過就是丟個六十呎的距離，到底有什麼難的？

不瞞你說，對我而言，就是那麼難。

如果我真的要開球，那我得做足練習才行，而且是非常大量的練習。我得模擬整個情境：站在後院，手裡拿著球，請人戴著手套站在對面，想像周遭有數以萬計的球迷、人聲嘈雜，大家都在期待我從投手丘上，開出一記好球，把球送進接球捕手的手套裡。我得一次又一次地模擬這個情境，感受胃部緊縮、聆聽血液從腦袋流出的聲音、反覆做深呼吸的練習，在自家後院重建到現場我可能會遇到的情況，並且練習到我覺得自己能夠應付那種場面為止。

掛掉電話後，我把手機握在手裡好一段時間，思量著我是不是婉拒得太果斷了：也許只要願意花時間，我還是能夠完成開球的任務？假如我下功夫練習，應該還是可以在投手丘上用笑容掩蓋住焦慮，以一副輕鬆自在的姿態示人，好像那一切對我來說很簡單，讓周遭的人覺得開球對我而言根本沒什麼。或許，我是說或許，我能真的開出一記過得了關的球；心想著，我應該仍然具備這樣的能力吧。

但，要是我依舊做不到呢？開球老實說象徵意義遠大於實質意義，投得好不好根本不重要，幾乎每天晚上在大小聯盟總共十幾座的球場裡，都有各式各樣的開球儀式，有的邀請地方民意代表、贊助商銷售部門總經理，有的則是請到藝人歌手、地方團體的幹部，這些開球能讓人留下印象的，往往就是那些徹底投偏的。不過，我前面提到的這些人，他們絕大多數沒有職業球員身份背景，丟偏大家笑笑就算了，而我作為前職業棒球員，多少還是心懷「不能丟得太離譜」的壓力，加上整個過程可能喚起沉睡已久的心魔，隨之而來的不安定感又更大了。萬一我開球時真的又把球暴投到本壘板後方呢？

最終，我選擇相信自己的決定，不再去想該不該接受開球邀約，但那次跟法埃佛的對話，還是讓我內心受了一些煎熬。畢竟，我已經好久不曾去考慮到可能觸發心魔和易普症的事，因為我有很長一段時間身處在相對安全的環境，不必跟心魔面對面。不過這也再次提醒了我，心魔其實一直都沒消失，它依然在我內心和腦袋的某個角落蟄伏，就跟每個人心裡總有些不可告人的深層恐懼和禁忌一樣，一旦生成就離不開，只是有沒有觸發的問題而已。心魔雖然一直都在，可是隨著我卸下球員身份、遠離鎂光燈的投射、不再需要面對媒體各式各樣的提問以及觀眾不敢相信的注視，心魔就跟我沒什麼牽連，也不出來搗亂。然而，只要有其他機會浮現，例如另一個只是在做正常投球動作、卻不小心把球投歪的年輕人，心魔還是會藉機悄悄溜入他的腦袋中，使他成為下一個受害者；當這個年輕人還在想著：「嗯，剛剛那球感覺有點怪」的時候，心魔便已經駐紮下來，找到它能啃食的新對象。

一年又過去了，我兩個兒子也都再長了一歲。當初那些我交談過的年輕人，有不少仍鼓足勇氣繼續投下去，不論後續結果如何、有多麼糟糕，都選擇接受。他們都曾堅信自己能登上大聯盟，卻深陷投每一球都痛苦至極的窘境。

我亦有所成長。這段期間，母親一起來幫忙照顧兩個孩子，我喜歡聽她說故事給他們聽，並講述她父親的事情，也就是賦予我名字和雙眼的外公。先前，我跟母親處得也不是太好，因為多年來家裡的種種事情——父親的陰影、我在球場上的掙扎，磨損了我倆之間的關係。或許單純是我沒辦法連同她的痛苦一起承受；也或許是母親的存在讓我感到自責，好像我當初做得不夠多、應該再保護她多一些、應該再更努力一點。現在母親開始幫她的孫子們煮飯，唱一些滑稽有趣的歌給他們聽，那些歌曲聽來熟悉，在我遙遠的童年記憶中都能找得到。在一個安詳恬靜、不會帶給她生命威脅的屋子裡，母親重新振作起來，修補了與兒子的關係，我很樂見她的進展，真心替她感到高興。總的來看，母親的人生還是過得十分崎嶇坎坷，如果能有選擇，這絕不是她想過生活的方式，以前那段不堪回首的時期，對她的身心靈仍造成了長遠的影響。母親年紀比較大了之後，曾遭逢不只一次的心臟病發作，而且在等到能移植腎臟的機會之前，每週要洗腎三次。即便狀況比較糟的時候，母親依然陪伴著戴克蘭和萊克，盡力把握令她內心滿足的生活。看母親那麼努力地過著以前所不敢奢望地生活，我對她的敬愛又變得更為深刻，但有時候我也會想，為什麼以前她沒有再試著更努力一些，讓我的童年不必往往得靠自己的力量生存下來。但無論如何，能夠有現在這樣的機會，盡可能把以前沒經歷的家庭時光彌補回來，都是很好的，而我們也希望日子能過得愈來愈好、愈來愈幸福。

過去那一切都不是母親的錯，也不是我的錯。

二〇一五年夏天，有一個我不是很熟的人問我，要不要去位在密蘇里州春田市（Springfield）的小聯盟比賽擔任特別來賓，幫球迷簽名、見一些客戶、然後開球；當然，這一切是有酬勞的，大概數千美金。會有這樣的案子，主要是因為當時一個叫作「美孚速霸棒球巡迴嘉年華」（Mobil Super Baseball Tour）的活動剛好來到當地。大概十年前，當我正努力以野手身份重返大聯盟時，我曾在紅雀二A球隊——春田市紅雀——累積了一百三十六個打數，其中有一半的打擊機會，都是在春田市紅雀主場漢蒙斯球場（Hammons Field）所進行，而漢蒙斯球場就是該次棒球巡迴活動的舉辦地。漢蒙斯球場對我來說並不陌生，我也對當地的民情風貌有所認識。

第一時間我的想法當然是婉拒。不過在說出「不」字之前，我想到那些我曾幫助過的選手。幾乎每個人，我都對他們說過：打敗心魔沒有捷徑，沒有花招和巧計可以達成這個目的，更殘酷的是，我們可能永遠沒辦法擊敗心魔；即使如此，我們仍然可以努力嘗試去對抗它，這完全沒有什麼好丟臉的。嘗試需要勇氣，代表願意承擔失敗挫折的風險，過程可能艱困又孤獨，但唯有實際去嘗試了，才能知道心魔的真面目。所以我個人還是建議他們多去嘗試。

我也想到多夫曼。如果我跟多夫曼將這件事，他會怎麼說呢？「去試試看啊！搞甚麼呢，安基爾。」或者是「安基爾，你要想想，做這件事有什麼意義？你還需要證明什麼嗎？不要為了錢去做。除非是你真心想做這件事，不然就不要去做。」

最後，我跟那個邀約我的人說：「沒問題，我們春田市見。」

主辦單位在一間汽車用品店的貨架之間擺了張桌子，請了一個DJ炒熱現場氣氛，而我則是幫球迷簽名。現場沒有很多人，所以我開始跟他們的員工聊聊天，自己哼哼歌，並且稍微想一下當晚可能的情境，也就是我開球的場面。

你會沒事的，我對自己信心喊話。不過是投一球而已，你辦得到的，對吧？把球拿起來，向前丟就好。

漢蒙斯球場是一座由紅色磚塊和綠色鋼柱交織建構而成的建築，很有小聯盟球場的特色與魅力。雖然我上次在這裡比賽，感覺已經是很久以前的事情，但我仍記得當年我花了不少夜晚在這裡嘗試分清楚四縫線速球、滑球、卡特球之間的差異，希望能夠進步成具有足夠實力的打者；我也曾在這座球場的外野奔馳。我還記得當時比賽結束之後回到休息室，心裡會覺得自己又離心魔更遠了一些、離大聯盟更近了一點。心魔抓不到在外野馳騁的我，也無法撼動站在打擊區的我。

有個男人過來跟我打招呼，做了簡短的自我介紹，並謝謝我來參與這場活動，然後遞給我一個手套，我有點無意識地把手套收下來。拿到手套後，我問：「為什麼要給我這個手套呢？」

「我們想說，」他說：「你可能會比較想『接』開球，而不是投開球。」

我笑了笑，把手套還給他，表示我沒問題。

球員休息室在右外野全壘打牆後方，休息室旁，是一個大概跟小型倉庫一樣大的空間，裡面盡是在打擊籠內辛勤訓練的小聯盟球員。打擊練習中，球棒敲擊球的聲響此起彼落，餘音在我腦中迴盪；年輕打者們試圖從每一次揮棒中，尋找最完美的揮棒軌跡和前進大聯盟的途徑。另一邊，我猜應該是贊助商舉辦的派對，有大概一百個左右穿著紅雀T恤、戴著紅雀球帽的人，圍繞在外燴自助餐的桌子旁。有些人瞥見了我，我感受到他們認出了我是誰，不過沒有人過來說話，而是回去專注在他們的餐盤和想要拿取的食物上。

有一個空的打擊T座，沒有人使用，前方有護網、旁邊有一桶球。我拿起了球桶內的一顆球，在距離網子大約三公尺的地方朝網子丟。一球丟完，再丟一球，就這樣連續丟了好幾球。我看向一旁，發現參與派對的人群，有不少已經吃完東西開始社交，其中一部分正好奇地看我丟球。這個曾經被球界人士譽為有機會成為下一個科法斯的退役投手，正在試著為一個完全不算成績、沒有什麼重要性的投球，做心理建設和準備。此時，我聽到場中的賽前活動已經開始，所以橫越整個球場走到場邊球員休息區。當天要接我開球的球隊捕手已經在那兒等我，向我介紹自己。

我對他說：「我等下要投一顆蝴蝶球，如果你沒接到的話，就欠我五塊錢喔。」

他看了我一下，然後笑了出來。

「嘿，我可沒有在開玩笑。」我說。

現場的播報員介紹了我，我跟捕手一起走上球場。步往投手丘的過程中，我向周遭的觀眾揮手；踏上投手丘之後，我將左腳踩在投手板上，幾乎可以聽到投手丘發出低語：「喔……原來是那個曾經被譽為天才的前大物啊……」捕手在本壘板後方蹲下，做好準備，我的頭轉向捕手的位置。

老兄，這根本沒什麼好嗎？沒有人在意這個開球儀式啦。你自己都告訴那些年輕人要勇於面對心魔；現在，你也該正視自己的心魔。現在就是一個機會，你能感受到球在你手中的感覺嗎？有，你感受到了。你能把球丟到前方六十呎的位置嗎？可以，你做得到的。這一切把你嚇爆了嗎？喔，沒錯，你真的害怕到不行。

好了，安基爾，開始吧，右腳向後踏……

我的心撲通撲通地狂跳，五臟六腑忽然覺得一陣沉重。我很緊張，但一切都在掌控之中。我可以看見周遭的人，也聽得見他們的聲音。腦中的血液沒有竄出，我的感知依然清楚。

沒有任何情境會比過去心魔肆虐最嚴重的時期，來得更嚴重、更可怕，所以我沒有掙扎、沒有激烈反抗，而是讓自己感受那份害怕、感受自己活著。我不會退縮，我要向心魔揮出這一劍。我從來沒有真正找到讓自己重返大聯盟穩定投球的辦法，而且事實是，那辦法根本不存在。但我知道我能勝任這次開球，我能投完這一球，然後接受投完之後的結果。如果周遭的人嘲笑我的開球，就讓他們笑吧；反之，要是他們給予掌聲和歡呼，我也會欣然接受；假如我不小心暴投了，球飛到本壘板後方，那又如何？反正總會有人把球撿回來嘛。

根本不會有人那麼在意這個開球好嘛！多夫曼，你說是不是啊？

我吐了長長一口氣，做好球的握法，將左臂往後伸，右腿向前跨步，左臂往捕手的方向甩動，出手時手腕固定住，投出這顆蝴蝶球。那球飛過了從投手板到本壘板之間的六十呎又六吋，過程中隨風擺動，減速、加速、左擺、右擺，但最終抵達捕手手套時，在非常適當的進壘點。

那是一顆好球；就算不在好球帶裡面，也不會偏得太多。場邊的人群發出歡呼聲。雖然感覺不管我投得如何，他們都會歡呼，但他們終究是給予了慶賀。球場上的我，也向他們揮揮手，表達感謝之意。

誌謝

最早，寫這本書的想法，不過是一次在佛羅里達朱庇特邊喝啤酒邊聊天的過程中，所浮現的。我們要感謝一路上幫助把這個想法轉化成書的所有人，希望這部成品也能讓讀者感到特別。我（本書作者之一布朗〔Tim Brown〕）跟安基爾相信，這個有快樂結局的故事，對世界仍然能有所貢獻。要不是有我們妻子——凱莉（Kelly Brown）和蘿瑞——的耐心、關愛、智慧，我跟安基爾不可能完成此書。她們是最重要的功臣。

特別感謝安基爾的母親——丹妮絲，願意去回憶並分享那些她不太想憶起的往事。沒有她的貢獻，這本書也無法付梓。

另外要致謝的是，為本書付出寶貴時間和重要觀點的每個人：拉魯薩、鄧肯、班奈特、布拉斯、波拉斯、曼西尼[146]、費爾（Mike Fiore）、馬西尼、狄波里亞（Johnny DiPuglia）、馬力西亞[147]、史勒戈[148]、羅維薩[149]、歐克利[150]。

感謝大衛布拉克文學經紀公司（David Black Agency）的夥伴們，尤其是布拉克（David Black）和赫雷拉（Jenny Herrera）。也謝謝公共事務出版社（PublicAffairs），特別是亞當斯

（Ben Adams）、崔西（Collin Tracy）、歐林（Connie Oehring），他們對這本書的信念帶給了我們很多啟發，而他們在出版和編輯上的專業，更是不可或缺。

感謝雅虎運動（Yahoo! Sports）的朋友們。在我忙於寫作時，我的同事派森（Jeff Passan）給予很大的支援，不論是早上、下午、還是晚上，都幫我分攤了許多工作，真心為此感謝。另外要謝謝康多（Bob Condor）、勒敦（Johnny Ludden）、維德堡（Marcus Vanderberg）、賈薩（Joe Garza）等人的協助。

謝謝一開始把安基爾和我牽線在一起的貝克斯壯（Tyler Beckstrom）。謝謝紅雀球團公關團隊——巴托（Brian Bartow）、楊特（Melody Yount）、托諾（Chris Tunno）等人——的幫忙。謝謝海盜隊的崔迪尼區（Jim Trdinich）、國民隊的寇麥克（Amanda Comack）。

感謝P．甘迺迪（Phillip Kennedy）、簡克斯（Eric Jenks）、卡門（Don Carman）、麥昆（Guy McCuen）。

---

146 Domenick Mancini。
147 Tony Malizia。
148 Kurt Schlogl。
149 Ken Ravizza。
150 Mark Oakley。

入魂 23

心魔

前MLB天才投手瑞克．安基爾的運動「失憶」錄

The Phenomenon: Pressure, the Yips, and the Pitch that Changed My Life

作者　瑞克．安基爾（Rick Ankiel）、提姆．布朗（Tim Brown）
譯者　李秉昇

堡壘文化有限公司
總編輯　簡欣彥　　行銷企劃　許凱棣、曾羽彤、游佳霓、黃怡婷
副總編輯　簡伯儒　　封面設計　萬勝安
責任編輯　簡伯儒　　內頁構成　李秀菊

讀書共和國出版集團
社長　郭重興
發行人　曾大福
業務平臺總經理　李雪麗
業務平臺副總經理　李復民

出版　堡壘文化有限公司
發行　遠足文化事業股份有限公司
地址　231新北市新店區民權路108-2號9樓
電話　02-22181417　傳真　02-22188057
Email　service@bookrep.com.tw
郵撥帳號　19504465 遠足文化事業股份有限公司
客服專線　0800-221-029
網址　http://www.bookrep.com.tw
法律顧問　華洋法律事務所　蘇文生律師
印製　韋懋實業有限公司
初版1刷　2023年3月
定價　新臺幣500元
ISBN　978-626-7240-32-8

國家圖書館出版品預行編目（CIP）資料

心魔：前MLB天才投手瑞克．安基爾的運動「失憶」錄／瑞克．安基爾、提姆．布朗著；李秉昇譯. -- 初版. -- 新北市：堡壘文化有限公司出版：遠足文化事業股份有限公司發行, 2023.03
　面；　公分. --（入魂；23）
譯自：The phenomenon : pressure, the yips, and the pitch that changed my life
ISBN 978-626-7240-32-8（平裝）

1.CST: 安基爾(Ankiel, Rick)　2.CST: 傳記　3.CST: 運動員　4.CST: 職業棒球
5.CST: 美國

785.28　　112001780